寄语中小学

JIYUZHONGXIAOXUE

杜汀鹤 著

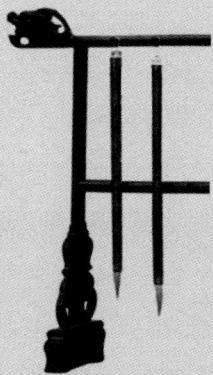

山西出版传媒集团

山西人民出版社

图书在版编目（ＣＩＰ）数据

寄语中小学 / 杜汀鹤 著 . —太原：山西人民出版社，2016.9
ISBN 978-7-203-09638-2

Ⅰ . ①寄… Ⅱ . ①杜… Ⅲ . ①中小学教育— 教育研究
Ⅳ .①G632.0

中国版本图书馆CIP数据核字（2016）第136369号

寄语中小学

著　　者：杜汀鹤

责任编辑：员荣亮

封面设计：韩宝文

出 版 者：山西出版传媒集团·山西人民出版社

地　　址：太原市建设南路21号

邮　　编：030012

发行营销：0351-4922220　4955996　4956039

　　　　　0351-4922127（传真）　　4956038（邮购）

E-mail：　sxskcb@163.com　发行部

　　　　　sxskcb@126.com　总编室

网　　址：www.sxskcb.com

经 销 者：山西出版传媒集团·山西人民出版社

承 印 者：太原康全印刷有限公司

开　　本：890mm×1240mm　　1/32

印　　张：11.5

字　　数：220千字

印　　数：1-2 000册

版　　次：2016年9月　第1版

印　　次：2016年9月　第1次印刷

书　　号：ISBN 978-7-203-09638-2

定　　价：40.00元

大爱之声　　必有和者

——杜汀鹤《寄语中小学》序　　　郭少之

杜汀鹤要出版《寄语中小学》，这是好事。

书成后汀鹤要我写序，我自觉底气不足，有点儿犹豫，原因有两个：一是我虽然一辈子教书，但不大注意教学理论，现已退休多年，对教育的现状已很生疏；二是我不过一介草民。于是推托说：记得一位专家说过，要想成名，得有"三行"：你行，有人说你行，说你行的这个人行。你行，你做到了，树通过果实被知晓，人通过作为被评价。你的教育实绩，即培养出的"桃李"虽多，但难以置于眼前，而且很难说是"你的"；但作为思考结果的这本书，白纸黑字，却可以眼见，就属于你。说你行，我也能做到，而且是实话，因为我知道你的水平，此书收集的文章，也够档次。但说你行的我这个人不行：我一生不过是教员，古代属于布衣，后期都在你的手下，还小你一岁，既无官衔，也无名气。人微则言轻，位低则声近。要我写，这好办，手在胳膊头，好赖总能来，但写出来不会有多大鼓呼作用。君不闻处高声自远，一登龙门、声价十倍？你应该找一个你认识的有分量的"龙门人"来写，庶不枉费你的心血。他说："咱俩相处几十年，知根打底，我要你写出你的心里话，书出了，还不定有几人看，行与不行，任人评说，不是你我能管得了的。至于你写序，我说行就行。"话说到这份儿上，不写不行，我只得答应："行。"我也知道，书行不行，最终决定于质量，汀鹤也一定自信，所以也就不在意借光效应。

汀鹤与我是多年的同事，多年的邻居。"文化大革命"前他在孝义中学，我在温泉中学。1969年8月，同住孝义县革命委员会在兑镇中学举办的"清理阶级队伍毛泽东思想学习班"。1970年9月，他到白璧关公社创办高中，1971年底，我调到他手下当教员，据说是他向县文教办公室要的我；半月后，我被调到兑镇中学当教员。1975年10月，他与我不约而同地调到中共孝义县委宣传部任理论教员。1978年2月，又不约而同地"归队"到新恢复的县教师进修学校，他任教导主任，我和李树润任副主任（正副校长分别是教育局正副局长苏承统、靳云焕、任希圣），其间，我调到县教研室一年，回来后自愿当了教员；1985年他改任校长，1995年卸任。2001、2003年我们先后退休。同单位供职二十八年。从1980年起，我们就是紧挨的邻居，直至现在。

汀鹤有多方面的才能，既能管理，也能独立做事；既有领导人的沉稳宽厚，廉洁公正，扶掖后进、甘为人梯的品格，有凝聚力、亲和力；也有做事人的务实求真、刻苦钻研，坚韧执着的品格，有自主性、书生气。作为领导，他创办的白璧关高中，在简陋艰苦的条件下，办得像模像样、有声有色；在他领导下，新恢复的孝义县教师进修学校很快获得省模范称号。《老子》："太上，不知有之；其次，亲而誉之；其次，畏之；其次，侮之。"有人解释"太上"领导说：最好的领导是感觉不到存在的领导，是平等对待下级，顺其自然而井然有序的领导。在他手下近二十年，我感到他就是这样的领导。作为教师，他教过语文、政治、音乐、美术、教育学，都受到学生的欢迎。作为业余才艺，他的歌、文、书、画都有较高的造诣。尤其是绘画，虽未成名家，作品却拿得出手、上得了墙、悦得了目、赏得了心。他是一个艺术人，性情中人，自有一种真、善、美的气质与追求。他清清白白、坦坦荡荡做人，兢兢业业、踏踏实实做事；低调门做人，高质量做事；望之俨然，即之温然。

教员有个现成叫法"教书人"，总觉欠妥，因为他的工作并不限于教书；时下有"体育人"、"电影人"、"演艺人"的叫法，仿此称教员为"教育人"，又可能产生歧义，思来想去，也想不出更确切的名号来，只得仍用"教书人"。汀鹤一生从事教育，是个"教书人"，《寄语中小学》这本书收集文章18篇，其中主要是关于中小学教育教学的14篇，另有教育人物回忆3篇，教育事件记录1篇，重点是总结自己从事教育的体验，广泛汲取现代教育理论，多方收集现代教育正反实例，进行深入思考，精心梳理，对中小学教育提出比较系统的建议。理论新颖，视野开阔，事例生动；既有理论性，又有知识性，既有说服力，又有感染力。读之，最使我眼明心折的是：

一、舍我其谁的担当精神

时下有人阐释"职业"和"事业"的区别：职业是今天做了明天还得做的事，事业是今天做了明天还想做的事。在汀鹤看来，教育既是职业，又是事业，是一种责任、一种追求，一种担当，是新时代的追求和担当，一种做了还想做的爱好。在岗时忠诚敬业，退休后，虽处草野之远，但心常系之，从几则不该发生而已然发生的悲剧出发，对教育深入思考，他想使学生从"应试教育"的桎梏中解放出来，让每个孩子都能"抬起头来走路、挺起胸来做人"，让他们活得自由、活得自主、活得有尊严。他将此当作自己的责任，历史的使命，肩担道义，手写文章，当仁不让，用他自己的话说是"救孩子，舍我其谁"。

二、以人为本的教育理念

这本书最闪亮的是教育思想的先进性、现代性。社会以人为本，教育以提高人的素质为宗旨，人性化、个性化，使每个学生生动、活泼、主动发展，德、智、体全面发展，真、善、美同步获得，使他们成为现代人，有现代价值观。教育价值取向：为学生获得终身学习能力、创造能力，以及生存能力打好基础。人才观：将每个学生看成独立人格的个体，发展学生的主体性，理解尊重学生，平等地为每个学生提供表现、创造和成功的机会。教育质量观：强调学生在致知过程中的主动性和创造性，培养学生独立思考的能力、分析判断能力、搜集处理运用情报信息的能力、发展新知识的能力。重点培养学生的创新精神和实践能力。人是环境的产物，为培养独立人格，中小学应努力营造宽松愉悦的成长环境，办成真正的乐园。

三、言出行随的实践精神

汀鹤不仅坐而论道，而且起而行道。他研究的本身就是当下性、实践性的学问。他不仅查阅大量文字资料，而且深入学校、学生、家长进行调查，获取了生动的实例，收集了各方面的反映和要求。尤其是把理论运用于一个学校，很快取得成效，使之成为省级模范，用实践证明了理论的正确、可行。"作之不止，乃成君子。"

出书有什么用？一是心灵的愉悦。出书先要写书，写书能保持心态的年轻。洪应明《菜根谭》："日既暮而犹烟霞灿烂，岁将晚而更橙橘芳馨。"故末路晚年，君子更宜精神百倍。"有人把老有所养分为三重境界：安养、厚养和乐养。乐养是最高境界，是做自己想做的事，老有所为，老有所乐。这本书是汀鹤的老年所为、所乐，就是"乐养"。书中跳动着一颗炽热的为孩子的心，竭诚奉献，孜孜以求，乐此不疲，不知老之已至，享受过程的快乐，真是精神百倍，达到心灵的丰盈，心灵的健康。正式出版能自我满足。读书人有自我实现的人生追求，自我实现的一种表现就是出书，书出了，才能留下"鸿爪"，以证明来过这个世界，我做了，我思了，我说了，就好像"到此一游"一样，有一种成就感，获得心理安慰。二是对别人、对社会有益。其书名有"寄语"二字，就说明它是"语"，是一种声音，是为孩子们的呼喊，是对祖国的未来的关怀。这是一种大爱。大爱，孔子叫"爱人"，墨子叫泛爱，韩愈叫博爱，意思差不多。《老子》说："大爱无言，爱善渡万物而不鸣。"大爱而鸣，才会有听之者，才会有和之者，才会有践行者。有人说，世界有两种事最难，一种是把别人口袋里的钱装到自己的口袋里，一种是把自己脑袋里的思想装到别人的脑袋里。不过，戏好不愁没人看，话好不愁没人听。正如马克思所说，理论只要正确，就会有人自愿接受，装到别人脑袋里说难也不难。

2016·元月

内容提要

本书辑录作者退休后所写的教育札记22篇。主题如下：

破除应试教育的禁锢，创建使每个孩子都能自信做人的教育。具体思路——

素质教育是孩子们健康成长的阳光雨露。只有全面实施素质教育，才能彻底根除应试教育造成的灾难，才能适应激烈的国际竞争对人才的战略需求；

校长要以教师为本，要发扬民主、科学管理，还要当好三种角色；

教师要以学生为本，要尊重学生人格，要尊重教育规律；

学生要成人成才，必须养成良好的行为习惯，必须掌握有效的学习方法；

学校要创建良性机制，加强教师师德、师能建设，主动引领教师发展；

中小学教育要积极传承并创新中华优秀传统文化。

本书以生动鲜活的正反案例见长，少有空泛的说教，便于中小学教师、学生阅读借鉴。

另收4篇附录，3篇是教育人物回忆，追忆了20世纪50年代至70年代孝义县中小学教育的三位功臣，他们是教育界的楷模。一篇教育纪事，重现40年前孝义县百名教师上山下乡为"普及高中"付出的艰辛劳动，读来令人震撼。

CONTENTS 目录

一、两个辍学少年引起的思考

公元 1998 年春季，孝义新城。

距我家不远的一幢居民楼里住着两个中途辍学的初中学生。他们辍学的原因并非家庭贫困，而是由于学业成绩太差，对学习失去信心，以至"望书生厌"、"望校生畏"，说什么也不愿上学了。

这两个少年，一个是小何（化名），一个是小华（化名）。小何初二下学期期末考试，除政治勉强凑成 60 分外，其余各科一塌糊涂。他的父母和班主任一致让他留级，可校方不同意。父母征求小何的意见，他说："留不留级，我都不去上学，一见书本，我就头痛。"劝说、批评、训斥，什么法子都用上了，小何就是不上学。父母万般无奈，只好把他送到远离家乡的某地武术学校，指望他学得一技之长。没想到，不足半年，小何又溜回家来，因为他受不了"摸、爬、滚、打"之苦。而小华呢？刚升入初三，父亲就病故。原本懒散又任性的他就更肆无忌惮地旷课、惹祸，门门考试都不及格，终因"双差"，自动离校。而母亲对他却是束手无策。小华呢？无人管束，吃喝玩乐倒也自在。多亏亲友帮忙、资助，又将小华送往本市戏校，这下小华的母亲本该放心了。可好景不长，几个月后，小华便因违反校纪又被开除了。

如今，一年过去了。这两个辍学少年，一个无所事事、游手好闲；另一个坑蒙拐骗，闯荡江湖。学校已没有责任了，家庭又无能为力。小华的母亲甚至想过要亲自送儿子去劳教。可半年多了，只能接到儿子要钱的电话，却连儿子的影子也见不着。

这两个少年就学并非一校，辍学几乎同时，辍学的原因也如出一辙。他们的现状如此，他们的未来呢？我不敢妄加推测……令人担忧的是厌学、辍学的又何止于小何、小华呢？我同小学生交谈多次，发现从二年级起便有厌学情绪、弃学想法了。一个八岁小学生说，实在不想进教室。问他为什么？他说老师太厉害。另一个九岁小学生，无论母亲怎么强制，他都不进他们的教室，甚至别人帮他母亲劝他一句，他便躺在地上打起滚来了。后来，这个孩子终于办了退学手续，转入另一学校。

人们常说，学校是儿童乐园。可是，在学生看来未必。

从1985年以来，各类恶性事件屡见报端。1985年XX市发生了12岁女生隋某因父母逼迫考高分服毒自杀。1987年11岁小学生夏某因考试未得高分，被母亲活活打死，母亲在狱中自杀，一个家庭从社会上消失。1990年4月某高中女生邓某某，因照顾重病的父亲导致成绩下降，被学校列为计划外学生，要交500元学费，遂服农药自杀。1995年1月，某中学女生因不堪忍受教师罚抄作业，服毒自杀。1995年5月，某大学附中一女生因考试成绩不好，受到老师的冷落，在家上吊自杀。1995年6月，某初中学生李某因违反学校早读不能看课外书的规定被学校老师罚款、打骂而自杀。1996年12月，某市13岁小学生王某因停电，作业未完成，被老师罚款，服毒自杀。1996 年 6 月，某县 13 岁小学生郭某某因考试成绩差，被教师罚款，在外游荡两天后回家服毒身亡。1996 年 10 月某市学生周某因参加数学奥林匹克竞赛被淘汰，在教室上吊自杀。1997 年 3 月，某市高三女生林某某因考试压力大，写了一份遗书，放煤气自杀。1998 年 3 月宜昌市某初中初二学生周某从 19 层高楼跳下，自杀身亡，手持遗书："我是被班主任逼死的……我要向上帝起诉"……

上述事件，都是不该发生的事情。但是，居然发生了，可怕的是还在继续发生。究竟是谁的过错？校长从严治校、教师呕心沥血、家长望子成龙，何错之有？一旦出了恶性事件，在震惊、感叹、并引发一阵议论之后，谁也不愿承担一点责任。校方和社会往往以学生自身心理素质差，缺乏抗挫折能力等为借口，来平息事端，对事件发生的原因往往缺乏认真深入的分析研究。

其实，读了上列事件，不难看出，孩子们都是被作业、考分、升学害死的。"作业"为了"考分"，"考分"为了"升学"。升入大学是全体学生的共同目标。似乎升入大学就是幸福人生的巅峰。完不成作业、考不了高分就上不成大学。上不成大学人生便到尽头。这一逻辑充分表明，我们的教育已被扭曲，已经变味到何种地步。

基础教育原本是为孩子们的幸福人生奠基铺路，可怎么变成了断路者甚至是掘墓者？

人生天地间，各自有禀赋。孩子们的禀赋是千差万别、各各不同的，却怎么总要用一个模型塑造？12 岁的爱迪生醉心于科学把戏，完不成作业，入学三个月便被冬烘先生开除了，爱迪生后来成了大发明家。只上过小学的高尔基后来是苏联的大文豪。初中毕业的华罗庚靠自学成为世界知名的大数学家。严文井高考几次落榜，靠自己的努力，终于成了著名的儿童文学家。

那么，我们能不能创办一种让每个孩子抬起头来走路、挺起胸来做人的教育呢？我想，答案应该是肯定的。比如课程加宽点，针对国计民生的实际需要，既设必修课，又设选修课；教法灵活多样化，遵循教育规律、青少年身心发展规律，尽可能教师适应学生，不可强使学生适应教师。这样，把学生的受教育权利还给学生，让学生活得自在、学得自主。那么，悲剧还会发生吗？

(1999.10)

二、教师要为学生营造一个宽松愉悦的成长环境

教育，并不完全由行政部门的政令、教育理论家的宏论所决定。从根本上说，它取决于每一位教育工作者，特别是教学一线的教师的教育思想。教师的教育思想和教育理念直接决定了学生的成长，这个道理是古今中外的教育实践早已证明了的。

上课铃响了，一位教师走到教室门前没进去，因为里面一片吵闹声。两分钟后，学生发现了老师，立即安静，端坐，准备"挨训"。而教师走进教室提了一个问题："知道老师为什么不进教室吗？"学生答："教室太吵"、"老师生气了"……教师笑着说："不对，我是在外面倾听你们的争论，欣赏你们的童趣，你们真可爱！那我们现在可以上课了吗？"同学们一片掌声，可以想象，这节课一定上得很好，因为学生们的心态特别好。

学生的好心态是教师给予的。课堂上师生的好心态，构成了和谐课堂氛围，有利于学生专心学习；课外师生的好心态，构成了和谐的交往氛围，有利于学生做人。课内课外师生之间都有好心态，便能营造一个宽松愉悦的成长环境。要做到这一步，教师得具备一

种品质：学会尊重，即尊重你的学生的人格、尊重教育规律。从这两个"尊重"出发，做到激励、赏识，最大限度地理解、善待、宽容你的学生。

一、研究激励理论

激励，词典上释为激发鼓励，激发使振作。在心理学中是指激发人的工作、学习的动机和行为的心理过程。它是个体受到某种内部或外部的影响，产生和维持一种兴奋状态，而有效地完成工作、学习目标的过程。激励理论就是研究人的需要、动机和行为的规律，以激发和控制人的良好的工作、学习行为的理论。

美国心理学家马斯洛提出了一种需要层次论。马斯洛认为人的需要是一个整体，并把各种需要归为生理、安全、社交与归属、尊重和自我实现等五大层次。马斯洛需要层次论，比较接近现实，对搞好教育工作具有一定的参考价值。只有满足学生合理的可以实现的需要，学生才能积极努力地学习。在教学中教师只有努力满足学生的认知需要，才能调动学生听课和做作业的积极性。在思想工作中，要重视满足学生自尊的需要，爱的需要和美的需要，才能丰富学生的精神生活，提高学生的思想境界。

请看一个小学生的精神需要满足后的变化。XX 小学教师在一篇文章中谈到，在学习了一段描写瓜果丰收、赞美美丽秋色的小短文后，他要求学生背诵这段课文。第二天上课前，他发现一个学生在教室里故意在擦已经擦得很干净的黑板。只见他一边擦，一边用眼瞟着老师，好像是有什么事要对老师讲又难以启齿。于是老师过去亲切地问："什么事使你这么高兴啊？"他不好意思地伏在老师耳边悄悄地说，"宋老师，昨天您布置背诵的短文，我背过了……"老师明白了，对于一个很少主动完成背诵任务的学生来说，此时，他多么需要老师和同学能了解他的劳动成果啊！

上课了，宋老师让他到讲台前背诵，他成功了。老师和同学们报以热烈的掌声，使他的精神需要得到了满足。由此所产生的情绪体验，反过来使他的学习愿望进一步提升，鼓起了他奋进的勇气。第二天一大早，这个学生又在校门口等着宋老师，告诉宋老师，他主动背诵了刚学完的课文——《在炮兵阵地上》。就这样，一个微不足道的精神需要得到满足之后，竟使这个学生发生了令人吃惊的变化，他由后进生成了班级中的"背诵大王"，1987年以213分的成绩升入省重点中学。如果宋老师对他有偏见，对他的心理需要漠然置之，或厌恶地说，"你嬉皮笑脸地干什么！"那么后来他可贵的良性转化也就无影无踪了。

另一位小学生李小全，课堂三次举手，老师叫他答问，他张口结舌，说不出来。课后，老师与他谈心，他说："大家都举手，我不举，太难看。"老师为满足他的自尊心，暗暗约他以后不懂的问题举左手，懂了的问题举右手。此后，老师见他举右手就叫他回答，他答对了，老师报以满意的微笑。由2：8渐渐地提高到8：2、10：2的成功率，这一暗约激励李小全步步登高，终于成了优生。

人的行为是由动机引发的，而动机是在需要的基础上产生。上面的良性转化正是因为他们精神需要的满足而形成的。两个小学生的精神需要是自己提出的，只要教师重视并及时满足，就会奏效。而有些孩子由于受过某种磨难，心灵惨遭重创，看上去根本没有什么精神需求，甚至是万念俱灰。教师能否把社会进步、祖国建设、人民幸福的客观要求变成学生内心的需要，从而又激发其上进的动机呢？请看马月的故事。

马月第一次来到李老师的家是1995年8月的一天，马月对李老师说："你不要救我，你救不了我，9 月 1 日就要开学了，开学之前我一定要死。"这之前她由于厌学到厌世，多次割腕自杀，医生急救两次了。本来聪明、漂亮、充满幻想的小女孩，幼儿园的老师严厉呵斥，小学的老师又说她傻、体育课上集体游戏驱逐她，全班合唱排斥她。对学校恐惧，对学习失去兴趣，只好装疯，逃避现实。装疯时受不了精神病院的折腾，不得已又出院回家。妈妈怀疑她智力差，领她去检查，她智商指数在 130 以上。父母不再怀疑她智商低下了，但马月因为逃避上学装疯，却成为她永远摆脱不掉的耻辱。进了中学后，在同学和老师的眼里，她不但是个"傻子"，还是个"疯子"。绝望了的马月只好多次寻死。万般无奈，妈妈把她送到了救助过数十名"傻孩子、坏孩子"的李圣珍老师身边。

听了马月"一定要死"的话，李老师用温柔的目光注视着她说："你想死，可是你心里却很矛盾，因为还有一种叫作'希望'的东西在吸引着你。不然，你不会来我这里。"

马月的心猛地一震。从小到大还没有人了解和洞悉她那自卑和自尊交织在一起而无法摆脱的矛盾，还从没有人认为在她心里还有那种叫作"希望"的东西。那天她们畅谈三毛、海明威，《老人与海》、生与死的意义……马月觉得，坐在她身边的这位老师与她见过的其他老师不同，和她一起交谈，她不紧张也不害怕，因为她和她是平等的。

此后的日子里，李老师同她像游戏一样做当年高考的试卷。马月做得很轻松，竟得了 300 多分。李老师高兴地说："马月，你真行！只要努力，你一定能考上北大。"

马月成了李老师班上的学生。开学初，李老师鼓励她竞选班干部，她被选成宣传委员。学校举行秋季运动会，李老师又鼓励她参加 4000 米越野比赛。结果也跑出了好名次。

转眼就是期中考试，对考试的恐惧又紧紧地纠缠着马月。考试前一天，她发起了高烧。那天晚上，李老师坐在她床边守了一夜……早晨，马月退烧了。可她缩在床上不去考试。李老师轻轻拍着她的背说："好孩子，别怕，你能行。"

期中考试成绩出来了，入学时成绩排在全班最后一名的马月，总分排在了全班第 14 名。一直被打击被毁灭的自信在一点一点地修补，在一点一点地建立。马月说："生活真好，我再也不想死了。"

1999 年，马月以高分被北京一所重点大学录取。今天人们看到的马月，是一位充满了自信充满了活力的马月。

马月摆脱噩梦终于成才的事实证明，没有尊重，就没有教育。缺乏爱心，就不能为师。在学生心目中，亦师亦友，民主平等，是好老师的最重要特征。具有爱心和具有知识，对学生来说，他们更喜欢前者。青少年学生特别渴求和珍惜教师的关爱，师生真挚的情感，必定有着神奇的教育效果，会使学生自觉地尊重教师的劳动，愿意接受教师的指导。因此，教师对学生要倾注全部热情，和学生平等相处，以诚相待，给学生亲切感、安全感和信赖感，成为学生的良师益友。

二、学会赏识教育

赏识，在词典里解释是欣赏、赞赏，对别人的德才或作品加以重视或赞扬。

赏识用于教育，是指教育者对被教育者所具有的闪光点欣赏、赞赏并使其发扬光大最终获得成功的过程。学生在教师的重视与赞扬声里，会产生一种满足与愉悦的情绪。这种情绪，又能激起其积极的优势动机，进而促使其跃跃欲试、甚至欲罢不休的冲动行径。

赏识作为一种教育品牌是中华民族的教育瑰宝。其创始人是周弘老师(一个普通工人、老三届初中毕业生)。周弘用二十年的生命探索出来的,他不仅把双耳全聋的女儿周婷婷培养成留美硕士,而且用这种方法,培养出了一批又一批的早慧聋童。他又把这种方法引入健全孩子的教育实践后,让许多所谓"差生"、"后进生"又重新找回了"好孩子"的自信,改变了成千上万孩子和家庭的命运。

赏识教育的特点是注重孩子的优点和长处,充分肯定,不断强化,逐步形成燎原之势,让学生在"我是好孩子"的心态中觉醒。赏识教育是承认差异允许失败,符合生命成长规律的教育。它是一种积极的心态,它是一种永远相信孩子"行"的信念。

下面讲两个故事:

英国牛津大学著名心理学教授肯特·基恩是一位得过多次国际大奖的名家。2001 年 9 月应邀来到我国一所少年管教所演讲。他说,他小时候捣蛋,不爱学习又极爱报复。父母、老师、同学都极其讨厌他。小学三年级时来了一位年轻漂亮的新老师,名叫玛丽娅,整个教室里沸腾了,她太漂亮。基恩带头吹口哨、飞吻、向空中扔书本,好多男生学他……玛丽娅没有像别的老师那样大叫"安静",她只是微笑着友好地面对大家。几分钟后,教室里逐渐安静下来,她开始自我介绍,想把自己的名字写往黑板上,然而没粉笔。她和气地说:"谁愿意替老师拿粉笔?"全班同学纷纷举手要去。玛丽娅说:"大家不要争,"并且仔细看了每一位学生,最后说:"基恩,你去拿。""为什么是我?""因为看出你热情、灵活又具号召力,我相信你会做好"。"在此前还没人说过我有一点好处。"——基恩想她"真是一位天使。从此以后,我决定做一个上进体面的人,因为我知道,天使在注视着我。天使就是玛丽娅老师。"

在这一故事里，玛丽娅的一句赞赏，奠定了肯特·基恩一生的发展，试想，如果玛丽娅揪起带头起哄的基恩，训骂一通，情况会怎样呢？也许，喧闹的教室会平静下来，但一位蜚声世界的大学者基恩还会诞生吗？

再讲一个故事

一个湖南小山村的放牛娃，有四个弟妹，上小学时既要照看年幼的弟妹，又要惦记着放学后到山野去放牛，所以学习成绩总排在倒数几名。老师和同学都看不起他，他有了强烈的自卑感。直到小学五年级，换了一个班主任。开学不久学校开展了"学雷锋、见行动"的活动，放牛娃为了能在好人好事公布栏上出现自己的名字，让新班主任"看得起自己"，趁父母外出务农，把家中的老母鸡生下的一颗鸡蛋交给了学校，谎称自己在路上拾到的。放牛娃的这件好事轰动了全班，尤其得到了班主任的表扬。

一天体育课上，同学发现操场上散落着一堆还冒着热气的牛粪，大家都在犹豫怎么办，只有放牛娃二话没说，走出队伍，挽起衣袖，用他那双长有冻疮的小手，利索地捧起牛粪抛到旁边的菜地里。这件小事打动了班主任，班主任赞扬他反应快、勇敢、不怕脏，让放牛娃担任了劳动委员。班主任还到放牛娃家中进行了家访，对他的父母说："你的儿子很懂事，勇敢、热爱劳动、反应快、上进心强，他的学习成绩很快就会追赶上来的。"

班主任的赏识、信任和期望给了放牛娃巨大的成长动力，学习热情高涨，从此忙家务时不忘背课文，放牛时还用小树枝在地上演算着数学题……到了升学考试那一天，学校带队的老师对放牛娃说："你肯定考不上，即使考上了，你父母也不会让你读的。"

等到成绩公布时，放牛娃竟然考了全公社第一名，并且被重点中学录取！放牛娃顺利地读完初中和高中。高考那年，出于对班主任的崇敬，放牛娃考入了师范院校。大学毕业后，放牛娃成为湖南一所重点中学的教师。此时的放牛娃事事以班主任作为榜样，特别关爱那些"差生"。他用赏识唤起了差生的上进心，使他们很快找到了自信。1995年，作为年级组长的他，带领全年级老师，将原本排在倒数几名的年级，在短短两年的时间内，创下了毕业会考全市第一名，合格率100%的突出成绩，因为成绩显著，他被评为湖南省的优秀教师，并被破格提拔，成为所在城市最年轻的一名校长。

后来，这位校长结识了疯狂英语创始人李阳，为了改变中国传统英语教育观念落后和低效应试的现状，他毅然辞职，成为李阳疯狂英语在全国推广讲学的总策划、总指挥，协同李阳一道创立了疯狂英语的品牌和产业，创造了巡回讲学200多个城市和地区，3000多场次，最大一场讲学4万人，最多一天讲学10万人，直接讲学听众2200万人次的教育奇迹。

从一个放牛娃到一名大学生、优秀教师、中学校长和疯狂英语产业创始人之一，一步一个脚印，每一次人生的转折都离不开赏识。正如他所说的"在我的成长中，我是最幸运的！因为我曾经遇到了一位懂赏识的班主任，是他当年对我的赏识和激励，改变了我的一生。"

赏识教育是神奇的，然而又是很朴实的。

赏识包含尊重、肯定、信任、鼓励和赞扬等等，如果我们的教师都学会运用赏识，那我们的学校将会真正成为儿童的乐园，人才辈出的摇篮！

上述两例说明，成长需要激励，成功需要赏识。在前进的道路上，无论失败或成功，都可能成为沉重的负担，也都可能成为新的动力，评价在这里起着重要的作用。教师的作用是尽可能多地激励、赏识，帮助学生维持良好的情绪体验，树立再创佳绩的信念；无论何时，不能讽刺、挖苦学生，防止他们形成自卑的人格，产生自我否定甚至反社会倾向。

三、要理解、宽容、善待学生

中、小学生正处在高速生长发育时期。他们生存能力差、生活经验不足，常常会发生一些可笑而又不能笑、可恶而又不能恶的事情来。这时真正需要的是老师设身处地为他们着想，立即采取措施，让他们远离尴尬，呵护他们的自尊，增长他们的见识。

请看下面一例

三年级的教室里，同学们正在紧张地进行期中考试，监考老师也静静地守在这里。教室最后一排，一个小男孩的脸一阵红一阵白，这并不是因为试题太难，而是他太想上厕所。但是，腼腆的他想等考试结束后再冲向厕所。可是漫长的考试还没有结束，小男孩憋得满头大汗。忽然，最尴尬的事发生了，他尿裤子了。小男孩羞愧得不知所措，他想：这下完了，如果同学们发现，我会被笑死的，再也不会有人愿意和我一起玩了，怎么办啊？小男孩的眼中盈满了泪水，幸好同学们都在埋头答卷，没有人发现小男孩的异常。

细心的老师发现了小男孩的焦躁不安。他轻轻地走到小男孩身边，立刻就明白了一切。随后，老师不动声色地来到教台边，端起教桌上自己的一杯茶水轻脚漫步走过来，经过小男孩身边时，他"一不小心"把茶水撒到小男孩身上。这突如其来的事故惊扰了其他同学，大家都回过头来看着老师和小男孩。老师连忙向男孩道歉，并示意其他同学继续考试。接着，他领着小男孩，来到自己办公室，擦干男孩身上的水，并给他一条干净的裤子让男孩换上。

　　小男孩回到教室的时候，穿着一条极不合身的裤子，皮带都系在了胸口上，看上去滑稽可笑，但是没有一个同学嘲笑他，而是对他报以友善和同情的眼神。

　　考试结束了，同学们陆续离开了教室，小男孩最后一个走到老师身边，他怯生生地对老师说："谢谢您，老师。"老师拍拍男孩的头微笑着说："不要紧，我小时候也弄湿过裤子。"

　　由于老师的理解，进而采取了积极的救助行动，使小男孩远离了被嘲笑、受讥讽的困境。小男孩的自尊心受到了呵护，小男孩是值得庆幸的，这位老师的善举也是令人称道的。

　　类似的情境，也有不如人意的结局在发生。由于老师的失察、失误，留给我们的是难以弥补的遗憾。

　　那是孝义解放初期，我正在上小学五年级。放学排队是以村列队。老师宣布，哪行列队迅速、整齐，哪行先离校。我们这支小队是外村的，有五年级、也有六年级。由于各个班级下课不一，所以下学列队也不齐。那位主管离校先后的老师训话本来多了点，我们这支小队因列队慢了点，迟迟不能离校。正在大家焦躁不安的时候，我们队里的一个六年级女同学尿撒在脚下一摊。她跟前的同学便叽叽喳喳嘀咕开了。老师发现有意外，跑到我们队列跟前，从前到后查看一遍，突然大喊一声："嘀咕什么？不就是尿裤子了！"周围的同学"轰"地一下，沸腾起来了，都喊："尿裤子了！尿裤子了！"。那个女同学哇哇地大哭起来。至此，那位女同学再也不见了。——她辍学了。

　　教师一句脱口而出的话，原本是无心的，小学生群体性的嘲笑或许也是无恶意的，然而由此引出的后果却是严重的，甚至是可悲的。因为那个女孩子从此极不情愿地结束了她的学校生活了。

　　为什么前例中的老师能采取措施，让学生远离尴尬，后例中的老师却把学生抛进难堪局面？我认为，根本在于教师能否来个换位思考，懂不懂小孩子也有自尊心，该不该呵护学生的自尊心。

　　未成年的中小学生正处在身心发展阶段，是非观念尚未成熟，对一些问题有不正确的看法或错误的做法，甚至于做出一些荒唐的事情，是难免的。我们当教师的也要理解。少年儿童向善的本质需要加以保护，教师不能因为孩子犯错误就把他当坏孩子看待。学生中的错误，大多是心理问题，而不是道德问题。孩子的行为动机往往是纯真的，也许是好奇的、表现欲所导致的行为过失，不能轻易或者盲目地定性为道德品质问题。孩子们犯错误时，他们迫切想得到的是理解、善待和宽容。

请看下面的故事

　　故事一。俄国著名园艺家米丘林在科学实验中培育了许多鲜美诱人的水果，果园附近的一些孩子常常翻墙入园偷果子吃。一天，米丘林在一群偷果子的孩子中间抓住了一个"小首领"。正在这个孩子等待"惩罚"的时候，米丘林却和蔼地对那个孩子说："这果树是做实验用的，摘去一个果子，也许会毁灭一项重要的实验。"米丘林说完后又把这个孩子领到自己屋里，让他喝茶，请他吃果酱，并对他说："等你长大了，你可以培植这样的果子。那时你会懂得我今天所讲的道理的。"十五年过去了。一天一个二十几岁的农学院果树专业毕业生，来访问米丘林。这青年便是当年偷果子的那个"小首领"，名叫雅可乌列夫——这个年轻人来到米丘林身边，当了米丘林的助手。以后，米丘林更加精心培养他，使他当上了生物学博士。成为米丘林事业的卓越继承人。

　　假如当时米丘林抓到雅可乌列夫以后，不是待之以礼，而是痛打一顿了事，那情况又会怎样呢？偷果子挨揍，是自作自受，没人会同情。也许雅可乌列夫和他的伙伴以后不会再爬到米丘林的园子里偷果子吃了，可说不定还会到别的园子里去窃瓜呢。这样米丘林的园子虽然得到了安宁，但从教育人、改造人的角度看，这样处理却是教育的失败。而米丘林园艺事业的卓越继承人雅可乌列夫也就不复存在了。

故事二。英国著名解剖学家麦克劳德因发现胰岛素可治糖尿病而荣获诺贝尔医学奖。他每每谈到成功的因素时，总是对小学时的一次受罚念念不忘。他说，就是在那次受罚中，体会到自己知识的缺乏，由此发奋学习，才终于有了后来的成功。

原来，小时候的麦克劳德不仅顽皮，而且不时有些惊人的举动。有一次，他突然萌发看看狗内脏是个啥样子的念头，于是，他和几个小伙伴偷了别人一条狗，宰杀后开膛一件一件地观察。然而，这次他却祸闯到了校长头上，这条狗是校长的宠物。校长决定给予麦克劳德一个重要的惩罚。可谁都想不到惩罚的方式竟会是让麦克劳德画狗的骨骼图和一张狗的血液循环图。麦克劳德知道责任难脱，只有认真地将图画好，交给校长。校长看后，认为画得很好，而且对错误的认识较深刻，决定不再追究"杀狗事件。"

麦克劳德的校长教育麦克劳德是成功的。他面对杀死自己心爱宠物的学生，没有感情用事，没有大动肝火，相反是理智的、宽容的。用他的这种出乎众人意料的"惩罚"促成了一个后来的诺贝尔奖获得者。如果没有校长的这一惩罚，麦克劳德对动物的兴趣不一定更浓，胰岛素可治糖尿病的发现也可能要推迟多少年。

以上两个故事，给我们很多启示，最重要的是：第一要尊重孩子的人格。一个孩子学走路，摔跤是必然的；一个学生学做人，犯错误也是不可避免的。这是由于他们一定年龄阶段的生理、心理特征决定的。关键在于教师怎样看待。作为教育工作者，学生有错误应该批评，但要严中有爱，真诚对话，给他们以希望，找回自信。教师尊重他们鼓励他们，他们就会感到学习的快乐。这种快乐感会激发出求知欲望和创造的冲动，从而发掘出每个人原本存在的潜能。

第二要讲究育人艺术。教书的目的是育人，而育人是一门妙趣横生的艺术。面对偷果子、杀宠物的顽童，最省事的办法，莫过于狠凑一顿或罚款一笔。然而那两位事业上的精英却决不会面世了。英才的损失是人类社会最大的损失，那种教育还有理由存在吗？因而，为人师者，一定要研习教育机制，深钻育人艺术，一瞥信任的目光，一句暖心的话语，一个会意的微笑，会让学生充满自信，走向成功。而一副冷淡的面孔，一句带刺的训词，则会使学生丧失信心、走向消沉。

最后，让我们时常想一想伟大的人民教育家陶行知先生的谆谆告诫："你的教鞭下有瓦特，你的冷眼里有牛顿，你的讥笑中有爱迪生。你不要忙着把他们赶跑，你不要等到坐火轮、点电灯、学微积分，才认他们是你当年的小学生。"教师一定要尊重学生的人格，即使是公认的"坏学生"，我们也要理解、宽容，善待他们。

（2004.4）

三、师德是教师成长、成功的导向系统

　　教育质量的提高，其关键是教师队伍的建设。办好学校的根本途径在于建设一支高素质的教师队伍。教师队伍的素质要全面提高，但必须明确师德为首，因为师德是教师成功、成长、发展的导向系统。以下分四个题目讨论：

　　（一）立德固本，己立立人；

　　（二）教师职业道德是教师立教之本；

　　（三）我国教师职业道德的基本原则；

　　（四）我国教师职业道德的基本规范。

（一）立德固本，己立立人；

　　2002年9月21日的中国教育报连续四天用四版的篇幅，刊登了一篇文章题为《一个教育函数式的解读》。这篇长文详尽地报道了河北省衡水中学——一个普通中学所创的奇迹：近几年，每年高考升学率跃居河北之冠，以2002年为例，1300人参考，上线者1100多人，而且考入清华、北大者数十名之多，此等成绩在全国也是凤毛麟角。奇迹从何而来？源自一个教育函数式的解读：

$y = kx$，因变量 y 是表示教师的教育力，系数 k 表示教师的人格修养，自变量 x 表示教师的教学能力和教育观念。

原来河北省衡水中学对学生的学习心理进行了长期研究，发现：一个学生一门功课的学习成绩好坏，与他是否喜欢这门功课的教师相关。学校组织了问卷调查，由全体学生对全体教师的教学进行无记名问卷打分，打分结果，教师得分高低不单与教学能力和水平相关，还与教师的人格有关。虽然问卷只是要求学生对教师的教学情况进行评判，但往往是大家公认的、教学水平最好的教师得不到最高分，而那些课教得也许相对差一点，但人格力量很强的教师得分最高。反应在教学效果上，一位教师人格力量与他的教学成绩正相关。而教师的人格是由教师的道德品质和道德行为构成的。

这告诉我们一个道理：教师的师德状况、人格水平是他的教育教学能力的重要组成部分。

其实在中华传统文化中，高尚的道德品行一直是教师的立教之本，"为人师表"是对教师就职的根本要求。唐人韩愈说："师者，传道受业解惑也。"教师的三大任务，"传道"居首位。"道"体现并落脚在动机、目的、价值取向的选择上。一个教师踏上教育岗位、一心追求中华民族的伟大复兴、全体人民的共同富裕，把个人幸福与祖国命运前途紧紧系在一起，才会干得有滋有味，干出好成绩。唯有如此，才能祛除职业疲劳，消弭职业倦怠，产生持之以恒的职业动力，成就职业辉煌。

半个世纪的教育生涯，我结识了数百上千的默默奉献在平凡岗位上的中小学教师，其中不乏"许身稚子终不悔，为伊消得人憔悴"的老师，有许多使我感动不已，甚至让我崇拜之至。他们真不愧是红烛、是人梯、是人类灵魂世界的明星。

我常常为我们身边的"人梯""红烛"感动不已。

在祖国的西南边陲云南丽江地区，有一位女教师张桂梅，她丈夫病逝，自己又病魔缠身（子宫瘤），但她毅然离开城市条件较好的生活环境，她没被天大的不幸压倒，反而化悲痛为力量，精神得到升华。她把全部的爱献给山里的农民子女。她奔赴穷得令人心碎的华坪县民族中学任教：住在"房顶漏雨、老鼠成群、花花绿绿的蛇在墙上爬"的宿舍里，传播文明，培养高尚；家访一人，爬山数小时；学生穷得上不起学，她节衣缩食(月生活费控制在100元)资助数十人；学生跟不上课，她激励学生的自信心。她所教语、政两科均取得优异成绩，语文竞赛她的学生获云南省一、二等奖。领导和同事知道了她的病情要她住院，但为了学生她一次次推迟。她把亲戚给她的治病费也资助了贫困生。她得到的奖金、慰问金分文不取，全部资助学生，捐给灾区。她说："我不怕死，但我在乎生命的质量。只要有口气，我就要释放出生命的全部能量。"她发誓为改变华坪面貌竭尽全力，她得到了许多荣誉。她的高尚师德放射出无比的力量。如今的华坪，张桂梅最受人敬佩，连上街买菜，小贩都低价售予。她做报告场场爆满，她的精神鼓舞了当地的百姓，许多家长送孩子上学，有的戒了赌博恶习。更多的教师由衷地向她学习，提高了师德。2000年，美国一个教育基金会的一行人，拜访了她，表示愿出资请她去美国，先治病，后学习，再送到内地条件好的地方工作。她说："谢谢你们的好意。但我不想离开这里，我在国内一样可以治病；美国的教育方法也不一定适合我们这里。我属于华坪。我的理想在华坪，此生我只想为华坪献出自己的全部。"丽江地区30多名政协委员视察她所在的民族学校。当场为她深深地三鞠躬以示敬意。华坪的教育这两年一年一个新台阶，华坪县委书记说："只要有了张桂梅老师的精神，华坪就没有做不成的事。"这位老师学历并不高，正在进修学习专科，她的才能也未必超群出众，然而她的德行是震撼人心的。

下面我还想介绍一位老师的故事——北京22中数学教师兼班主任孙维刚的故事，用"可歌可泣"来评价他也不为过。他于2002年1月24日已病逝，噩耗传来，不仅他教过的学生及家长，一些普通市民百姓、甚至一个素昧平生的老板（一个专营骨灰盒的阔人）也怀着沉痛的心情去吊唁。这位老板执意要赠送一只精美的骨灰盒。他说："我和我的孩子虽无缘得到孙老师的教诲，但孙老师的师德风范，早在市民中传颂，我也充分感受到了。我愿以此表示对孙老师的崇高敬意及深切的哀思。"由于工作操劳，孙维刚老师早已病魔缠身。1990年他就被诊断出了膀胱癌；1998年他又查出患直肠癌。这其中他经历了多次大手术，然而他拖着病体却创出了新中国教育史上一个一个的奇迹。

22中生源差，因是普通中学，初一录取的都是不达重点中学最低线的学生。孙老师提议自己从初一执教，直到高三毕业。以1997年他当班主任的高三（一）班为例，全部超出录取线，全班总平均分558.67分，600分以上的9人，全班数学平均分117分。全市数学第一。全班40人，全考上大学，其中38人达重点校标准，其中22人考入清华、北大。这在全市绝无仅有。孙老师连续17年带了三轮实验班，三轮总共121名学生，高考升学率100%。其中50名进北大、清华。打开学校专为孙老师设立的档案，发现他教过的学生中有多人现在在美国深造，有的已获得博士学位。他怎样教学？

他留作业多吗？请听孙老师的话："要正确对待做题，从1998年至今，我是不给学生留家庭书面作业的。题不在多，但求精彩，更在于做的质量。我主张：一题多解，达到熟悉，多解归一，发掘共同本质；多题归一，抽象出思考规律，上升到哲理的高度。保证学生充足的睡眠。由于我不留书面作业，其他科老师也少留作业，使同学们每天都能睡 9 小时左右。"

孙老师的绝招是指导学生掌握科学的学习方法。例如从初一开始即指导学生进行问题研究，近十几年，他班学生在刊物上发表的获奖论文已在30篇以上。其中最突出的是彭壮壮同学，他以一篇数学论文和三轮答辩获美国西屋科学奖，他是迄今为止唯一获得这一奖项的中国高中学生，表现了很高的创新能力。孙老师从来不搞应试，不搞猜题押宝，大大减轻学生的负担，又提高了教育质量。

实践检验效果。孙老师教的三轮班，都是东城区乃至北京市先进班集体。以第三轮班为例，全班都是共青团员，班长是共产党员。班风正，考试时，老师发完卷子就可离开。响铃后由同学自己收卷送回，绝对无人作弊，因为"诚实"是他们最珍贵的财富，谁都不肯糟蹋它。

国家规定，高中生评上省级三好生，高考录取时享受加分待遇。考虑到他班的特殊情况，上级给了四个名额，按三好学生标准，他们班有35名学生都达到了，评谁呢？这时排在前15名的同学都主动放弃当三好生机会，把利益让给别人。在个人前途攸关的大事面前，他们放弃，竟是那样坦然。在他们班，困难抢着担，荣誉利益相让，蔚然成风。

孙老师不只会教数学——

他不按课本去讲，古今中外史地生化音体美，甚至文学、天文都囊入数学教学中。他的学生上了课抢着解题当乐，下课自己找题当乐。

清华大学学生温世强说：他听孙老师讲的第一堂数学课，没讲数学题，而是讲数学和谐对称的美感，自然界万物造化，哲学中一分为二，都能在数学中予以体现。此后一个月，他讲的都是如何做人。除了数学课，孙老师还教过物理、历史、地理、音乐等，他还是22中唯一的手风琴伴奏，他是22中学校排球队、篮球队、乒乓球队的教练。

他鼓励学生"打倒老师"——

考入北大的桑丽芸说，上数学课，孙老师一般都是选出一个题来和大家一起做。有一次孙老师求证一个定理，用了七八步，阎珺用另一种证法只需四步，老师大加赞赏，鼓励大家另辟蹊径。结果同学们相互激发，竟找到了七八种证法。孙老师最喜欢这样向他挑战，鼓励大家"打倒老师"。

五封信改变学生的命运——

在孙维刚的眼里，没有不好的孩子。有个小雷同学，非常调皮，上课总影响别人，后来他考上北大物理系。他的家长说，孩子改变是因为孙老师曾给小雷写过5封信。那些信很短，都是孙维刚在第二次做膀胱癌手术住院期间写的。其中有一封是这样写的："王一（当时的班长）今天来电话，说你今天上课时没有说话，听到这个消息，我多么激动！我知道你是用难以想象的坚强毅力在克制自己……你的孙老师"。小雷家长说，小雷在看这些信时，那眼神是"从来没有见过的"。

他曾这样"骗"学生——

毕业于清华的陈硕，父亲是个下岗工人，家里生活很艰辛，学校收各种费用时，孙老师都说陈硕的费用全由学校报销——后来陈硕才知道他是"骗人"的。这些费用统统都是他自己出的。孙老师把去外边讲学、写书所得的报酬全都花在了学生身上。高二时，班上七名同学参加全国数学夏令营，每人要交1000元，孙老师又"骗人"了，说是费用学校出，实际上也是他个人出的。一年后学校知道了才又补上。

他用生命来教课——

孙维刚是用生命在教课。据他的学生回忆说，很早以前，孙老师就经常便血，但拖到1990年5月才到医院就诊，一查是膀胱癌。手术后他就带着第二轮实验班的四名高二同学代表北京参加第七届中国数学奥林匹克竞赛，比赛第一天早晨，孙老师突然又大量尿血，他仍然乘公共汽车从东城到了海淀魏公村。同学们发现，孙老师每天上厕所，都是在便血，但他不让人看到，自己也不看。那次参加中国奥林匹克竞赛的同学最终全部上了北大、清华。

他的财富是学生——

学生是孙维刚老师一生中最宝贵的财富。孙老师家中用的是80年代的床和衣柜，珍藏的是每一届学生的合影。在孙老师生病的日子里，许多家长自发地排班前来护理他。一位家长含泪说："这样的老师走了太可惜了，如果可能，我愿用所有的积蓄换他的十年生命。"

论学历这位孙老师仅仅是大专毕业。然而他赢得社会广泛的敬仰，你能说只是因为他教出了全部达线的高才生吗？谁能不为孙老师的高尚师德和美好情操而动容呢？

以上两位老师的事迹，告诉我们什么呢？——为人师者应德才兼备，而德为先。因为"道德常能填补智慧的不足；而智慧却永远掩饰不了道德的缺陷。"（意大利诗人但丁语）

《左传》有"大上有立德，其次有立功，其次有立言，虽久不废，此之谓不朽。"自古以来，许多志士仁人追求"三立"。今天，一个进步的知识分子，要为社会的发展，人民的幸福做贡献，即"立功"，就理应先"立德"，有德者才有希望"立功"、"立言"。知识分子都有"才"，然而未必都有德。宋人司马光说"君子挟才以为善，小人挟才以为恶。挟才以为善者，善无不至矣；挟才以为恶者，恶亦无不至矣。"因为"道德是做人的根本。根本一坏，即使你有一些学问和本领，也无甚用处。没有道德的人，学问和本领愈大，就能为非作恶愈大。"（陶行知语）希望大家能记住这些名言，并且经常以此警示自己，主动提高自己的师德素质和人格修养。

（二）教师职业道德是教师立教之本。

教师职业道德是指教师在其职业生活中，调节和处理与他人、社会、集体、职业工作关系所应遵守的基本行为规范或行为准则，以及在这基础上所表现出来的观念意识和行为品质。

要想成为合格的人民教师，胜任21世纪教育发展的要求，必须具备并不断提高教师职业道德。因为教师职业道德是教师成长、成功的导向系统。

1.教师职业道德不仅体现为教师自身的行为，而且是作用于学生的教育因素，它不仅影响在校学生，而且影响学生的一生，对学生全面人格发展具有重要的意义。

中国古代教育家孔子在谈到教师的行为对学生的影响时说："其身正，不令而行，其身不正，虽令不从。"说明了教师的行为是否符合道德规范，"身正"，对学生具有教育作用。在现代教育中，孔子所揭示的教育规律仍起作用，教师职业道德对其教育对象，仍具有教育功能。

教师职业道德对学生的教育作用体现在教师职业行为的示范性特点上。在校学习的青少年们，尽管他们也有自己的情感、意识和主观能动性，但是，他们对于是非、善恶、美丑还没有成熟的观念和切实的体验。这时，他们要想成长、成熟、学会做人、学会思维，就必须学习。在知识方面，教师可以通过传授书本知识进行。而在思想品德、行为习惯等方面，仅停留在理论上是远远不够的，教师还必须以自己的言行为学生树立学习的榜样。学生往往从教师的道德、思想、行为中学到为人处世的方式方法，认识是非、善恶、美丑。当教师按教师职业道德严格要求自己，使教师把自己向学生提出的思想品德方面抽象的规范和要求在自己身上具体化，人格化，学生便可以在富于形象性的榜样中受到启迪和教育，从而增强教师教育的可信度、吸引力和有效性，在潜移默化中形成教师所期望的思想品德。

教师在教育过程中遵循教师职业道德可树立教师高尚的人格形象，从而提高教师在学生中的威信，这对于建立良好的师生关系和优良的学生集体都具有重要的作用，而良好的师生关系与优良的学生集体对学生个体来说都具有教育的意义，这也体现了教师职业道德对学生的教育功能。当教师以符合道德的职业行为作用于学生集体时，学生集体便可能表现出教师职业道德所包含的内在的本质精神，形成学生良好的风气，正确舆论，出现团结友爱、互相帮助的人际关系和良好的心理气氛。这是教师职业道德对学生集体的教育功能。与此同时，教师职业道德还通过学生集体的平行教育作用，对每个学生个体产生影响，这时的学生集体实际上已是教师职业道德的化身。

2.教师职业道德不仅教育着学生，而且也广泛深入地影响着整个社会成员乃至影响整个社会的进步和未来。

教师职业道德内化到教师的思想中，便会时刻规范教师的各方面的行为举止，这时教师职业道德便以人格化、形象化的方式对社会文明起到示范作用，成为社会各行各业人员学习或效仿的楷模。教师职业道德深入到整个学校教育环境，便会出现良好的道德风尚，为社会其他行业或群体提供学习或效仿的榜样，发挥示范功能。

教师劳动的对象是学生，而学生是具有多重角色的个体，他们在学校是学生，在社会则是社会成员，在家庭是家庭成员。学生的成长和发展与社会、家庭的影响息息相关。教师为了做好教育工作，实现教书育人的目的，必然要与社会及学生家庭等各方面成员打交道，以实现社会、家庭教育与学校教育的统一，从而消除或避免一些不良的社会或家庭的因素对学生的消极影响并对一些社会或家庭的影响进行教育改造，使之成为有益于学生健康成长的因素。在这样的社会活动中，一方面要求教师有较高的工作技巧，另一方面也要求教师有较高尚的道德情操和敬业精神，当教师严格遵循教师职业道德，以较高的能力和高尚的道德面貌出现在社会活动中，不仅会使他们的工作得以顺利进行，同时，他们的人格、他们的道德风貌、他们崇高的形象还将对社会各方面人员产生积极的影响，成为人们学习和效仿的楷模，从而体现了教师职业道德对社会文明的示范作用。

学校是社会的重要组成部分，更是社会瞩目的文明园地。中国长期以来一直把学校看作充满文明的神圣殿堂，称教师为先生，视教师职业为文明园地。这种文明的声誉不仅仅是因为学校和教师是知识的摇篮，更主要的是因为学校和教师是道德的载体。在学校中对教师加强职业道德教育，使每个教师都能按教师职业道德规范要求自己，处理各方面的矛盾，调节各方面的关系，支配自己的职业行为，这样必将促进良好的校纪、校风的形成。良好的校纪校风不仅为学生健康成长提供了一个和谐的美好的环境，而且，由于学校在社会中的地位，也将在社会道德风尚中显示它的示范功能，促进社会文明的进步与发展。

随着时代的发展，社会的进步和人民对精神生活和文化生活要求的逐步提高，整个社会对教育越来越重视，教师的社会地位正在发生重大变化，尊师重教的社会风尚正日益形成。在这样的形势下，作为教师职业行为规范的教师职业道德对社会文明的示范功能更加显著，体现教师职业道德的教师职业品质、道德风貌对社会的影响更加广泛而深刻。这对社会精神文明建设和民族素质的提高都具有重大而深远的意义。

3.教师职业道德作为一种行为准则，对教师的职业行为起着规范和制约作用。

教师职业道德体现着社会对教师职业要求和作为教师应有的职业追求。它在教师的职业行为中，具有一种启动的力量，激发、鼓励教师工作的积极性，主动性和创造性，促使教师不断自我修养、自我发展、自我完善、自觉地做好教育工作。

教师职业道德以"应当怎样"和"不应当怎样"的外在尺度和内部的命令来规范教师的言行，指导教师在教育过程中正确处理各种矛盾，选择正确的教育行为，保证教育活动的正常进行。另一方面，教师职业道德内容为教师的职业行为提供着"应该怎样去做，不应该怎样去做"的标准，这种标准在良心和义务感的作用下形成一种内心隐秘的命令和呼声，使教师在他们的工作中和生活中自觉地把它作为自己的行动特别是自身修养的指南。另一方面，教师职业道德也常常通过社会舆论和教师个体内心信念等手段，确立教师内在的荣辱观、善恶观，从而实现教师按教师职业道德原则进行自我控制，自我调节，自我修养。社会舆论作为一种控制社会生活的现实力量，具有无孔不入的渗透性。当教师职业道德为社会所认同时，它是否被教师所遵循便会进入社会舆论，形成包围教师的一种道德气氛，无形地控制着教师的言行。教师为保持自己的信誉，得到他人的肯定和尊重，必然会按社会舆论的导向，遵循教师职业道德规范，加强自身修养，这实际上是教师职业道德对教师自身修养引导功能的实现。

（三）我国教师职业道德的基本原则

教师职业道德的基本原则，是教师在教育活动中处理各种利益关系、调节和评价一切道德行为的根本规则。

我国教师职业道德原则主要包括以下三个方面：

1.教书育人原则

教书育人原则是指传授知识，培养人才。这条原则要求教师在其职业活动中，既要努力教授学生学习知识，又要培育学生成人成才，把两者有机地结合在一起，更好地实现教育目的。

搞好教书育人，首先要明确教书育人的关系：教书是手段，育人是目的。这正如农民种地一样，种地不是目的，目的是收获粮食。其次是理解育人的含义，我们培养的人，应该是多方面适应社会、推动社会发展的完整的人，即在德、智、体、美、劳等方面和谐发展的人。

2.乐教勤业原则

乐教勤业是指教师要乐于从事教育事业，勤奋地进行工作。

孔子说过"知之者不如好之者，好之者不如乐之者"，对于一份工作，业务能力强的人，比不上喜欢这份工作的人，喜欢这份工作的人比不上能陶醉于工作中的人。教师能沉浸在热爱工作中，就能忘却很多外来的烦恼，陶醉在自己的快乐世界中。乐教勤业是教育实现自身效益和社会价值的内在需要，也是教师胜任工作，做好工作的首要条件。

3.人格示范原则

人格示范是指教师通过自身的人格力量给学生以良好的榜样示范。它是教师职业道德的主要特征，是教师应当遵守的基本的师德原则。

人格，广义的人格指个人所有比较稳定的心理特征的总和，包括思想、品德、认识、行动、情绪、智能等。教师人格从伦理学哲学的角度来看它是由教师的道德品质和道德行为构成的。其中，教师的道德品质是教师职业人格的内部心理，是内在的。教师的道德行为是教师职业人格的外部行为特征，是师德品质的外在表现。

教师良好的人格是一种对学生有着直接影响的教育因素。乌申斯基认为，只有人格才能够影响到人格的发展。斯宾塞认为："野蛮产生野蛮，仁爱产生仁爱，这就是真理。对待儿童没有同情，他们就变得没有同情；而以应有的友情对待他们，就是一种培养他们友情的手段。"而研究表明，学生具有强烈的向师性（学生尊重、崇敬教师）和模仿性。因此，教师的价值取向、行为习惯、品质情绪等都深深地影响着全体学生。教师应当给学生树立一个良好的榜样，以自己高尚的人格力量来教育和塑造学生的人格形象。

（四）我国教师职业道德的基本规范

教师职业道德规范是依据道德原则调整教育过程中各种利益关

系、判断教师行为是非善恶的具体道德标准。它是师德原则的具体化，比师德原则更直接、更具体地指导和评价教师的教育行为，是构成教师职业道德体系的基本因素。

我国中小学教师职业道德的主要规范有以下八条：依法执教、爱岗敬业、热爱学生、严谨治学、团结协作、尊重家长、廉洁从教和为人师表。

1.依法执教

依法执教是调整教师劳动与法律制度之间关系的教师职业道德规范。其基本含义是：学习和宣传马列主义、毛泽东思想和邓小平建设有中国特色社会主义理论，拥护党的基本路线，全面贯彻国家教育方针，自觉遵守教师法等法律法规，在教育教学中同党和国家的方针政策保持一致，不得有违背党和国家方针、政策的言行。

为什么"执教"必须依法呢？因为社会主义的法律、制度、政策等是人民意志愿望的反映，是维护人民利益的。依法执教是完成本职工作的前提基础，是国家和社会对教师提出的道德要求。如果违法违规，定会招致损害人民利益的恶果。例如《中华人民共和国义务教育法》第29条规定：

"教师应当尊重学生的人格，不得歧视学生，不得对学生实施体罚、变相体罚或者其他侮辱人格尊严的行为，不得侵犯学生合法权益。"然而从1985年以来，此类违法事件时有发生：1990年4月某高中女生邓某，因照顾重病的父亲导致成绩下降，被学校列为计划外学生，要交500元学费，遂服农药自杀。1995年1月，某中学女生毛某，因不堪忍受教师罚抄作业服毒自杀。1995年5月，某大学附中一女生因考试成绩不好，受到老师的冷落，在家上吊自杀。1995年6月，某初中学生李某因违反学校早读不能看课外书的规定被学校老师罚款和打骂，自杀。1996年12月，某市13岁小学生王某因停电，作业未完成，被老师罚款，服毒自杀。1996年6月，某县13岁小学生郭某因考试成绩差，被教师罚款，在外游荡两天后回家服毒身亡。1998年3月23日，宜昌市五中初二学生周某因班主任老师歧视跳楼身亡……这些触目惊心的现象，虽然不是天天发生，但也足以引起广大教育工作者的反省深思。

"依法执教"要求教师认真学习法律法规，并联系实际自觉反思、严格遵守之。同时要重视自我修养，强化责任意识，努力在实践中维护教育法律法规的权威性，保证教育的人道化惠及每一位学生。

2.爱岗敬业

爱岗敬业是调整教师与教师职业之间的相互关系的道德规范。其基本含义是：热爱教育、热爱学校、尽职尽责、教书育人，注意培养学生具有良好的思想品德，认真批改作业，不敷衍塞责，不传播有害学生身心健康的思想。

爱岗敬业是教师职业道德的基本规范，是做好教育工作和履行其他教师职业道德规范的思想前提。没有爱岗敬业，就谈不上热爱学生，严谨治学、廉洁从教、为人师表也不可能实现。

爱岗敬业体现了对社会分工的必要性、现实性的尊重，其基本价值取向是要求人们明确自己的职责并恪尽职守，履行自己的社会义务。具体要求是：一要教书育人，尽职尽责。不让一个孩子掉队，帮助每一位学生成功；二要学而不厌，诲人不倦。因为教育过程具有长期性、复杂性、艰巨性，教师必须不断学习、主动适应，还需宽容忍耐和百折不挠；三要认真工作，不敷衍塞责。严在当严处、爱在细微中。在"小事"上显风格，于细节处见精神。四要勤奋钻研，科学施教。育人不能仅仅满足于经验，更要探索规律。大胆实验、不断创新，才是新时期人民教师应有的风格。五要淡泊名利，育人为乐。一个教师快乐不快乐、幸福不幸福，取决于自己的思想境界。许多优秀教师在山乡、居陋室，领低薪，但他们却兴趣盎然。因为他们一心一意、舍身忘我。他们对求之不得的东西想得通、看得透，对自己平凡的工作想得深、看得远。反之，在三心二意、无心无意的境界中，即使当了地球的球长，甚至做了太阳系的主任，他仍然是这山望着那山高，和银河系主任相比，自觉渺小，仍然愤愤不平，天天经受贪欲之火的煎熬。如果我们进入了一心一意、舍身忘我的教育教学境界，灵魂不再流浪，精神不再漂泊，思想不再浮躁，那么便感觉天天都在幸福快乐之中。

3.热爱学生

热爱学生是调整教师和学生之间相互关系的道德规范。其基本含义是：关心爱护全体学生，尊重学生的人格。平等、公正对待学生，对学生严格要求，耐心教导，不讽刺、挖苦、歧视学生，不体罚或变相体罚学生，保护学生合法权益，促进学生全面、生动、健康发展。

热爱学生作为一种教师职业道德规范，是由我国社会主义教育的人道性所决定的。它不仅体现了社会主义所倡导的新型师生关系，而且包含着对学生的一种深厚的人道关怀和期待。

热爱学生这一规范对教师有以下要求：

①要尊重信任学生，这是为师执教对学生应有的起码态度和行为。你可以批评教育，但不能侮辱学生的人格，不能漠视学生应有的权利。

②要关心学生、爱护学生、关爱学生，这已经不是一般的尊

重，而是带有责任感和对他们成长寄以良好期待的态度和行为。

③要平等公正地对待学生。教师与学生保持民主、平等、和谐的关系非常重要。有人曾根据美国心理学家勒温和他的同事李皮特、怀特等人关于领导方式的实验研究结果，把师生关系分为"专制型"、"放任型"和"民主型"三种。他们认为在专制型的关系中，学生的心理、情绪往往总是处于紧张之中，害怕受到严厉的惩罚，在学习中的行为总是被动的，学习热情不大。在放任型的关系中，学生虽没有随时受到惩罚的紧张和焦虑，但因没有明确的必要要求，学生学习的积极性也不是很强，学习行为常常受个人的兴趣、爱好所支配，学习效果不是太好。而在民主型的关系中，由于师生之间注意协商、沟通，关系比较和谐，学生感到轻松愉快，在被他们所认同的目标或要求的指引下，主动积极地参与各种学习活动，学习的积极性和热情都很高。由此可见，要想教育效果好，必须建立民主型师生关系。

④要把尊重学生、关爱学生与严格要求学生结合起来。教育的目的，在于使学生得到良好的发展，这意味着教师对学生的爱中要有一定的要求。原苏联教育家赞可夫讲过："不能把教师对儿童的爱，仅仅设想为用慈祥的、关注的态度对待他们。这种态度当然是需要的，但是对学生的爱，首先应当表现在教师毫无保留地贡献出自己的精力、才能和知识，以便在对自己的学生的教学和教育上，在他们的精神成长上取得最好的成果。因此，教师对学生的爱应当同合理的严格要求相结合。"这说明，真正的教育爱总是与对学生的严格要求结合在一起的。一方面，在关心爱护学生的过程中严格要求学生，这是教师育人责任的重要体现，教育中没有严格要求是对学生不负责的表现，实现教育目的就会成为一句空话。另一方

面，尊重关爱学生和严格要求学生，是做好教育工作的两个相辅相成的必要条件。没有尊重关爱学生的严格要求，容易使学生产生情感障碍，而缺乏严格要求的尊重关爱，也容易造成学生行为上的放任。尊重关爱是严格要求的基础，各种要求常常是伴随着对学生的尊重关爱的情感而被学生所接受；而实事求是的严格要求又是尊重关爱学生的重要体现。可见，严与爱的结合有利于增强教育效果。

4.严谨治学

严谨治学是处理教师和教学劳动之间相互关系的道德规范。其基本含义是树立优良学风，刻苦钻研业务，不断学习新知识，探索教育教学规律，改进教育教学方法，提高教育教学和科研水平。

严谨治学体现出一种良好的人生态度和职业态度。这一规范要求教师做到以下几点：

第一要学而不厌、精益求精。即对知识、业务刻苦钻研，知不足而自反，知困而自强，务求教学相长。第二要把握规律，科学施教。对名家的学说不盲从，要用实践检验；对自己的经验不自贱，要及时总结提炼，使之上升到规律性的认识。第三要严于律己，严格施教。既敢于追求真理、坚持真理，又勇于承认自身不足，闻过则喜、知错必改。最好能倡议全体学生为纠正自己错误的学生鼓掌喝彩。第四要不断探索，勇于创新。在明了教育规律的基础上，注意发现问题和正确解决问题。"问题"当课题，"解决"即科研。因为教育科研是教师发展的快车道。

5.团结协作

团结协作是调节教师与教师、教师与学校领导等教育主体之间相互关系的道德规范。其基本含义是：谦虚谨慎，尊重同志，相互学习，相互帮助，维护其他教师在学生中的威信，关心集体，维护学校荣誉，共创文明校风。

教育实际上是整体劳动，是教师、学校领导和职工群体脑力和体力劳动的统一。教育过程是一种"教育合力"影响的过程，每一位学生的成长都凝结着群体的智慧和力量。正如陶行知说的那样，每一个活人之塑像，是这个人来一刀，那个人来一刀，有时是万刀齐发。倘使刀法不合与交响曲之节奏，那便是处处伤痕，而难以成为真善美之活塑像。在刀法之交响中，投入一丝一毫的杂声，都是中伤整个的和谐。陶行知的比喻极其生动地说明，教师间团结协作才能培养出合格的人才。

团结协作的基本要求是：一要关心教师集体，维护集体荣誉。二要克服文人相轻，相互学习，取长补短。三要尊重同志，相互支持配合。建立和谐的人际关系。

6.尊重家长

尊重家长是处理教师和学生家长之间相互关系的道德规范。其基本含义是主动与学生家长联系，认真听取意见和建议，取得支持和配合，积极宣传科学的教育思想和方法，不训斥、指责学生家长。

促进学生的良好发展，需要学校教育与家庭教育的有机结合。实现这样的结合，从现有的途径来说，基本上是通过教师和家长的联系，相互合作来实现的。如何处理好与学生家长的关系问题，不光有家长如何对待教师的问题，也有教师如何对待家长的问题。从教师来说，如何认识与家长的关系，如何对待家长，不仅关系到教育效果的好坏，而且反映着职业道德水平的高低。

正确对待学生家长，需要合理地认识与家长的关系。合理的基本关系主要有三方面：

一是社会地位平等。教师与学生家长虽然职业不同，岗位不同，身份不同，但都是一个普通的社会公民。都享有法律所赋予的共同的社会权利和义务，其社会地位都是平等的。在法律所赋予的共同的社会权利和义务面前，没有高低之分。

二是联系交往的互相尊重。教师与学生家长的联系和交往一般都是围绕孩子的教育而发生的。这种联系和交往是否和谐，关键在于互相尊重，作为教师，应该努力自觉地做到。因为教师是"为人师表"。

三是教育过程的相互配合。确立这样一个相互配合的基本关系，主要是由于中小学生的良好发展，需要各方面影响的一致性，特别是学校和家庭影响的一致性。

7.廉洁从教

廉洁从教是调整教师与物欲诱惑之间关系的道德规范。其基本含义是：坚守高尚情操，发扬奉献精神，自觉抵制社会不良风气影响，不利用职责之便谋求私利。

廉洁是教师立身的根本，经不起金钱物欲的诱惑，把教书作为向学生索要的条件，以职谋私，或对本职工作应付了事，把主要精力投放在有经济效益、能使个人有很大收入的"第二职业"上等等，都是为师不廉的表现，也难以立教树人。当代社会，还存在许多金钱物欲的不良诱惑。教师作为社会精神文明和物质文明的体现者和传播者，保持廉洁从教，不辱为师气节，不仅是教书育人所必需，而且对于净化社会风气也具有重要意义。

廉洁从教对教师的基本要求：

一要保持廉洁自律，坚守高尚情操。

孟子说："穷则独善其身，达则兼善天下"。一个人在显达的时候能以天下为己任，而在困窘之时还不放弃个人修养，还能心怀天下，这是多么难能可贵的胸襟和炽热的感情啊！儒家讲"天下己任"的情怀，在今天更有必要弘扬。台湾有所职业学校，该校的毕业生最受社会欢迎。校长高振东被邀到内地多处讲学，他讲话的震撼人心之处是"天下兴亡，我的责任"。他要求他的教师要以远大的理想，高尚的情操影响学生。

二要抵制不良风气，保持教育公正。

教师要公平合理地对待每一位学生，不仅是实现公正化教育目的要求，也是教师做好教育工作所必需。教师的公正，利于树立威信，端正师表，在人格上为学生所敬重，在言行上为学生所信赖，在道德上为学生所效仿。

教师从教廉洁能抵制不良风气，才有公正之心，正直之志。倘若见利忘义，必然营私舞弊，丑行不断，终将自毁形象，自食恶果。

三要自觉接受外在监督，增强廉洁意识。

外在监督，能经常促其行为检点，将更好促进廉洁从教意识之形成，纠正行业不正之风。

8.为人师表

为人师表是教育活动对教师个人言行提出的一条重要的教师职业规范。其基本含义是：模范遵守社会公德，衣着整洁得体，语言规范健康，举止文明礼貌，严于律己，作风正派，以身作则，注意自省、自察、自纠。

加里宁说："教育者影响受教育者的不仅是所教的某些知识，而且还有他的行为、生活方式以及对日常现象的态度。"俗话说：喊破嗓子不如做出样子。教师言行对学生思想、行为和品德具有潜移默化的影响，它是一种重要的教育力量。

教师应有的师表风范：

1.高尚的思想情操

高尚的思想情操体现在教师的道德境界和思想觉悟水平以及高尚的感情和精神风貌上。"捧着一颗心来，不带半根草去"，他们淡泊名利，乐于奉献，倾一腔热血为中华哺育英才，尽一生精力为民族培育栋梁。尽管物质生活可能贫困，但精神生活却很丰富。他们待人接物，出以公心，胸怀开阔，豁达大度。他们不因"荣"而趾高气扬，目中无人；不因"辱"而耿耿于怀，怨天尤人。他们说话办事言行一致，为人正大光明，处事廉洁自律。他们正气凛然，疾恶如仇，对社会丑恶现象敢于拍案而起，横眉冷对，绝不丧失人格。他们没有卑劣，没有猥琐，坦荡出磊落，肝胆照日月。从他们身上学生不仅学到广博的知识，更获得了终身受益的做人道理，熔铸了道德的丰碑。

2.文明的言行举止

（1）语言文明

语言是教师劳动的重要手段。丰富科学知识的传授，美好思想感情的交流，不仅需要纯洁健康的语言、准确生动的语言，还要富于启发激励的语言。国家教委有规定，所有中小学教师必须通过普通话测试，不合格者不得上岗。

（2）仪表大方

教师的仪表是教师精神面貌的外在体现，是个人修养的标志，对学生具有强烈的示范作用。教师的穿戴应当朴实、整洁、得体，既体现职业特点和个人气质，又不失亲和力。切忌奇特古怪，艳丽花哨。

（3）举止端庄

教师在职业劳动中，待人接物要落落大方。要谦恭有让，不冷漠傲慢。要以礼相待，不粗野蛮横。教师的风度应该朴素自然而不呆板，稳重端庄而不轻浮，热情大方而不做作，善良和蔼而不怯懦，谦逊文雅而不庸俗。教态要高雅洒脱。教态是无声的语言，是教师的情感、姿态和表情的自然流露。表情要自然丰富。授课时，面部表情要庄重而亲切，目光温和而慈祥，并随时根据教学内容而适当变换。站态要端庄有活力。端庄稳重有助于稳定学生的听课情绪，振作学生的精神。塌肩弓背，不停走动，摇头晃脑，以及各种不必要的小动作都会影响课堂气氛，削弱教学效果。

此外，教师的个人品质健康、乐观、开朗、幽默、自信、进取，能善待学生的过错，宽容学生的无知，理解学生的心情也是必要的师表风范。

（2004.2）

四、校长树立一个理念
教师强化两个翅膀

　　孝义市这块热土，近年来经济持续发展的强劲势头令人瞩目。1999年至2003年，全市GDP由17.3亿元上升到38.9亿元，增长124.9％，跨入全省十强行列，财政总收入由1.69亿元上升到4.6亿元，增长172％，五年翻了一番多，.跃居全省第四位；2004年，财政总收入完成9.27亿元，同比增长101.6％，整体经济呈现持续高速发展的强劲势头。与此同时，全市生态环境质量不断改善，人居环境明显好转，2003年底城区大气总悬浮微粒比1999年下降25.1％。上面准确的数据说明，我市的经济建设的的确确在高速发展，孝义人民的物质生活无疑也在不断改善。不言而喻，人们对优质教育的需求必将日渐迫切，而基础教育的竞争也必将日益强烈。作为基础教育基本部分的我市中、小学教育，怎样面对这一挑战？毫无疑问，只有激发潜力，加大改革力度，才有希望走出困境，实现持续发展。

　　我市中、小学教育的潜力在哪里？中、小学教育的潜力一般在校舍、设施、经费、生源、领导班子、教师队伍等等方面。其中校舍、设施、经费主要由政府主宰，这几年我市教育大发展，也主要在这些硬件上，至于生源，几乎不用操心，剩下的就是领导班子、教师队伍了。领导班子是核心，教师队伍是关键。而领导班子也来自教师队伍(至少目前是如此)，所以中小学教育的潜力主要蕴藏在教师队伍身上。这正印证了那句名言：民族振兴，教育为本；教育振兴，教师为本。

要激发教师队伍的潜力，其前提是各级领导要牢固树立一个理念：尊重教师、依靠教师、服务教师，公道正派地善待教师。尊重教师，就是人格上平等看待教师；依靠教师，就是工作上信任教师；服务教师，就是为教师的生存和发展操劳；公道正派地善待教师，就是在教师的切身利益上出以公心，不偏心眼，能让教师放心。这就是以教师为本的理念。

怎样才能算教师为本呢？以校长为例，我有三点意见：即一民主、二科学、三要当好三个角色。

首先要发扬民主。发扬民主的关键，是领导者要摆正自己的位置。一个学校，教师和学生是主人，校长呢？校长是领导者，"领导就是服务"，校长是教师和学生的服务员、公仆。魏书生当校长、书记，强调12个字：多工作、少得利，勤服务，无亲疏。他自己兼课带班，他的领导班子都兼课带班，而奖金呢？他的领导成员都拿二等奖金，让骨干教师拿一等奖。在入党、提干、评职称上都能力求无亲无疏。对那些和领导持不同意见，甚至采取不正当手段对领导搞小动作的人，他都做到一视同仁。领导不拉帮结派，不搞远近亲疏，复杂的问题也能变得公开化、简单化。群众感受到校长一片公仆之心，他们意识到了自己是学校的主人，于是产生了热爱学校、关心学校的风气。

第二，要科学管理。科学管理的关键是制定科学的、符合实际的、具体可行的规章制度。学校的各项工作都有章可循，让领导和群众都养成按规章制度办事的习惯，由人治转变为法治。

有位校长，每到年终评模、评优，或每隔三年评职称，他就把全体教职工集中起来投票，一票定乾坤，既没有平时工作成绩的具体数据，又没有比较具体的条件，大家只凭印象选。选的结果是可想而知的：谁会搞关系，谁的人缘好，谁会耍花里胡哨，谁会巴结溜舔上司，谁就当选了。踏实工作的人吃亏了，只好转行去钻研"关系学"……这个学校还能办下去吗？这个案例从反面证明，学校要发展，必须在发扬民主的基础上，制定各种科学有效的制度，还要在实践中不断修改、完善这些规章制度。同时在执行过程中要重视民主监督。计划、监督、检查、总结、反馈，形成完整的管理系统。从上到下，目标明确，各负其责。大家的工作不是为哪一个人，为哪一个领导，而是对群众共同制定的制度负责，也是对集体利益、对人民和国家利益负责。学校获得成绩，大家感到光彩，工作遇到困难，人人都勇于拼搏。学校还愁办不好吗？

第三，当好三个角色。

校长是学校的"领袖"。校长要根据国家的教育方针和本地的实际进行教育的决策，制定学校工作的计划，带领全体教师实现教育目标。为此校长就应有一种"吸引人跟着干的人格魅力"。校长已有上级赋予的领导权力，怎么还需要"人格魅力"？因为"领导权力"不能代替"人格魅力"，如果"一朝权在手，便把令来行"，不管众人服不服，硬是"强按牛头喝水"，肯定收不到预期效果。"领导权力"只能控制其身，人格魅力才能吸引其心。当年南开大学的创始人、校长张伯苓先生在困难重重的逆境中办成了蜚声中外的名校，根本没有"领导权力"可依靠，靠的只有"人格魅力"，他的教师只发一百七、八十元的薪水，但别的学校给三百元都拉不走。可见"人格魅力"的吸引是多么的神奇。"人格魅力"这种非权力性的影响，不是来自职权，而是领导者自身的品德、作风和情感诸因素的综合。如果有这样两位校长要竞争上岗，其中一位勤政廉洁、以身示范，诚信待人，从善如流；而另一位则见利忘义、言不由衷、不分是非、八面玲珑。请问，你投哪一位的票？

校长是学校的"专家"。校长应有自己的教育理念。校长需经常以高尚的思想、先进的理论、有效的实践活动，影响、改变你的下属，使其心理和行为纳入实现目标的轨道。为此，校长就应关注每一位教师的观念更新、专业发展、工作上进，并为他们的成长创造条件、提供方便。

校长也应是一位慈爱的"家长"。有的教育家说，学校应当是家庭的延伸，这道出了人们对学校所期盼的那份温馨和亲情。学习、活动、人与人的交往、合作、融入亲情，才有可能坦诚、深刻、有意义。在亲情中，问题容易化解，教师的精神世界能够得以升华。

我以为，一位能以教师为本的校长一定是一位好校长。一位好校长，一定能带出一所好学校；一批好校长，一定会带出一批好学校。

各级领导真正树立了教师为本的理念，并以实际行动取得了教师的信赖，教师没有任何后顾之忧，然后可以谈激发教师队伍的潜力。

那么教师队伍的潜力在哪儿呢？有人说，我市教师数量不足，质量不高，哪来的潜力？我以为数量的问题较好解决。近几年，我市每年招聘师范院校以及非师范类大、中专毕业生数十名乃至上百名充实教师队伍，事实上已基本解决。较难的是教师队伍的质量问题。教师队伍的质量决定于教师队伍的素质。教师队伍的素质是多种因素组成的，但最基本、最主要的是"师德"和"师能"。这两者好像两个翅膀，"两翼"强，变雄鹰，定能腾空万里遨游："两翼弱"，是鸭子，只会在平坦小路蹒跚。

下面谈谈强化"两翼"的问题。

一、强化师德建设

《中小学教师职业道德规范》已颁布多年，《中小学教师职业道德修养》继续教育必修教材也宣讲了、学习了、考核了。可是效果微乎其微：绝大多数学校的年终教师师德考评是"一个号"，每年都评师德标兵，可是人们不太愿意当选，他们私下议论"当了标兵，就什么事也不敢做了"。可见师德规范，只是标语口号，实际行动还是我行我素。

要加强师德建设，就必须解决"规范"同"行动"两张皮的问题，使其言行一致表里如一。这就得想方设法把师德规范内化为教师教书育人的行动指南，在此基础上形成观念意识和行为品质，构建一种"遵循师德规范光荣，违背师德规范可耻"的氛围，把我们的学校建成弘扬精神文明，传承中华美德的"精神特区"。

为此，我们必须创建一套贴近生活、方便操作的师德教育机制。

1.制定师德考核标准。如把师德规范的八条要求，条条都细化为几个层级，顺应教师心理，适合教师攀登。让师德考评成绩也像各学科教学成绩那样可计可量，一目了然。每学期开学都要组织教师逐条温习，期末对号入座总结师德成绩，以此加大教师自我教育的力度。

2.建立师德档案。学校领导要把教师日常教学中有关师德的事件、学生家长及社会对教师的表扬、批评电话和信件统统记录在案。每年教师举办师德展览，以资表彰师德高尚者、策励师德低下者。

3.加强学生、家长、社会评师评教和教师互评活动。为此学校师德考核组每学期要召开一两次相应的会议。如学生代表、家长代表、社会有关人士等会议。这些会议要有准备，并回避本班班主任和科任教师，以获取真实而有价值的信息，避免弄虚作假现象的发生。

4.表彰师德标兵，举办师德报告会，大力弘扬求真、崇善、尚美，以人格塑造人格的师魂，为师生健康成长、终生发展构建一个宽松、愉悦、和谐的环境。

以上师德教育机制已于2004年9月在我市府西街小学试行。运作一年，已见可喜变化。试行前的一年，校长收到学生家长举报电话31人次。其内容为体罚、侮辱、变相体罚学生，乱开名目收费，作业量大，学生无力完成，强迫学生统一购买教辅资料从中渔利等。表扬教师的电话、信件没有一次。校内还有三个教学组闹矛盾、不团结。试行后第一学期，举报教师违规电话只3人次。表扬教师的书信、电话有了十来人次。如一位四年级班主任，有两封家长信感谢她不嫌弃一个差生。另一位班主任有几位家长赞扬她每天早到校半小时，组织学生诵读诗文。还有几位家长面告校长，对五年级一位班主任深表满意放心。一年来，那三个有矛盾的教学组也有了不同程度的好转。尽管这个学校的师德教育还在试行阶段，还需要不断改进和完善，但其整体的师德面貌确实在向上、向好发展。

以上师德教育活动意在增强教师的责任意识、服务意识、奉献意识，从而提高教师的人格修养和道德品质。经常性的师德教育，让教师时刻意识到：面向全体学生，关注每一位学生的成长是自己的天职；全心全意为学生服务，才能实现自身的价值；爱学生、爱岗位、爱事业，才有希望创造出学生、家长满意，社会认同的优质教育。这才是我们师德教育的出发点和落脚点，沿着这条道一步一个脚印走下去，一定会收获更大的成功。

二、强化"师能"建设

"师能"即教师的教育教学能力。我市教师的教育教学能力建设已取得了肯定的成绩。我市小学教师2729名，其中研究生1名，大学本科毕业47名，专科毕业1591名，中师(内含高中)毕业1089名，高中以下毕业1名，学历合格率99%；初中教师2037名，其中研究生5名，大学本科毕业545名，专科毕业1346名，中师(内含高中)毕业141名，学历合格率90%：高中教师747名，大学本科毕业673名，专科毕业71名，中师(内含高中)毕业2人，学历合格率90%。另外全市有省级学科带头人36名，省级骨干教师28名；有地级学科带头人14人，地级骨干教师19人。全市有特级教师7名。

但是，我们的工作，还远远不能适应广大学生、家长、社会的需求，也不足应对激烈的教育竞争挑战。近年来，我市每年都有数十名中小学生舍近求远支付高额费用远赴省城或其他地市名校就学。面对充满竞争、充满挑战也充满机遇的新时期，我们的教师除了具备责任意识、服务意识、奉献意识外，还要确立一种创新意识。有了这四种意识，我们的教师便具备了与时俱进、精益求精的品质与争创一流永攀高峰的本领。这种创新意识，光啃书本啃不来，光喊口号更不行，要靠脚踏实地、动手动脑的教育科研干出来。

学校开展教育科研，要解决五个问题

一、抓反思，提高对教育科研的认识。

过去的几年，年年都喊加大教改力度、全面提高教育质量。可是几年过去了，教学还是"时间加汗水"、"日光加灯光"，考分还是"王二过年，一年不如一年"。教师不谓不尽力，学生不谓不勤奋，师生都够精疲力竭了，等来的却是"大滑坡"。为什么？以损害师生健康为代价换取高分的做法是不科学、不合算也是不可能的，早该摒弃了。我们的工作应该符合现代教育的规范要求，既要追求高质量，也要追求高效率。如果在国家规定的八小时工作时间内还不能完成自己的工作任务，还需加班加点、加重负担、补课辅导……河北衡水中学定为"教育事故"，是要做检讨、扣奖金的。如果说讲求工作效率是正确的话，那么我们就得探讨提高工作效率的办法。要提高工作效率，单凭加重负担、疲劳战术是绝对不可能的，必须打破常规，改革创新，这就要开展教育科研。

一提教育科研，教师们就会说那是专家学者的事。其实许多教育专家学者本来就是当教师的。苏联教育家苏霍姆林斯基在巴布雷什一所农村中学，一干30年，年年搞实验，他给教师的100条建议，就是一百次教育科研成功的体验。誉满神州的"平民教育家"孙维刚老师，执教在北京22中一所普通中学里。他把不达重点中学考分的学生培养成德、智、体全优的高素质人才，那是三轮17年科研的结晶。还有辽宁盘锦市的魏书生老师，他的"教学民主"、"培养学生自学能力"、"培养学生自我教育能力"等等"金点子"都是同学生"商量商量"后试验的成果。无数事实证明，我们天天和学生打交道的第一线教师最有能力、最有条件进行教育科研。

二、抓机制，激发教育科研的活力。

为保证学校教育科研有序有效地运作，市里要成立教科所，学校要成立教科室。学校教科室要负责全校教研的组织协调工作，主动提供导向和服务，其具体任务是：

1.向教师提供必要的资料；

2.举办教育科研讲座：

3.引导教师学习教育科学理论；

4.测试教师教育科研理论水平，记录教育科研数据、资料，及时整理，存入业务档案。

三、抓课题，引导教育科研上档次。

教育科研应始终坚持"以人为本"的理念，树立科学的发展观，以解决问题、适应学生发展需要为目标，把教育科研作为推进学校发展的载体。这是拟选课题的原则。在课程改革中，教育重心由"教"转向"学"，教育科研也要以学生为中心的课程内容和方法为主；随着信息技术的广泛应用，教育科研要自觉关注信息技术与学科的整合；随着法制建设不断完善，学校要通过教育科研，为学校科学决策，依法治校服务。这应该是课题涵盖的范围。

在教育科研中怎样促进教师由初级的教学研究向高一级的教育科研转变，关键在于教育科研的实效性。而实效性又来自于透过问题分析提炼出来的课题。课题是方向标是指挥棒，对教育科研的层层深入，步步登高，循序发展有着关系全局的作用。为此，市教科所要逐步构建课题网络，成立各级课题领导小组，出台研究方案。在此基础上各校要让每位教师在学校科研课题框架下，确定自己的子课题，把日常的教学行为与自身的专业成长结合起来，与课题研究结合起来，与积极投身课程改革结合起来，在研究交流中发展自己，提高自己。

为了保障研究实效，市教科所要当好顾问，指导研究工作，深入课堂研究教学行为，与教师面对面地研讨，使理论与实践在对话中产生融合。努力做到以研促改、以评促改，有效地推动改革进程。

另外，教师选题要先易后难，这样有利于教师克服自卑，树立信心。

四、抓考核，不断地规范教师教育科研的行为。

人们的心灵里既有积极上进的一面，也有消极懒散的一面。考核有检查、督促的作用。通过考核，调动积极因素，消除消极因素。通过考核，就能策励教师积小胜为大胜，从成功走向更大的成功。抓考核也要制定一套教育科研量化、细化的考核标准，并以此记分。主要项目是：

1.写出个人教改实验方案，要符合五条要求：

(1)实验教师与班级；

(2)实验课题与教材；

(3)实验时间起止；

(4)实验目的与要求；

(5)实验班学生基本情况(包括男女生比例、智力概况、双差生比例、学科基础成绩)。

2.按时交教改实验总结，要符合总结规定的四条要求；

(1)与实验方案相联系；

(2)有详细的实验过程；

(3)有具体的实验效果；

(4)有解决存在问题的措施。

3.学术论文与经验材料，要在国家、省、地、市、校级教研会上发表，按等次记分。

4.教师自制教具，在国家、省、地、市、校获奖，按等次记分。

5.承担国家、省、地、市、校公开课，按等次记分。

6.每学期进行教育科研理论知识测试，得分折合五分制记入量化分。

7.教育科研工作取得突出成绩，为校争得荣誉者，给予奖励分。

认真搞好教育科研考核，学校评优、晋级不需要大家推选，而是按师德考核、教学工作考核、教育科研考核的总分计算，谁得分高，谁就是先进，谁就可以晋级。这样可以避免"人情分"、"关系分"的干扰，还能有效杜绝庸俗、低级趣味的团团伙伙滋生蔓延。

五、抓过程，保证教育科研进程健康发展。

学校教科室要始终注重科研过程，强化对教师学习教育理论的督促、检查；强化对教师教育科研计划的检查；强化对教育科研日记的检查。在教育科研中严格按照教育规律办事，杜绝虚假研究、功利研究；严格规范研究程序，加强对研究过程的跟踪。发现科研成果，要及时发布并推广，鼓励教师寻找教学科研中的优秀成果，结合自己的教学实践进行创造性的应用。

以上关于学校开展教育科研的赘述，是自己学习魏书生教育文集、学习河北衡水中学、湖南师大附中、福建南安实验中学等学校教改经验以及学习斯霞、霍懋珍等前辈先进模范事迹的心得、体会。这些名师名校一再证明："敬业爱生"是教师成长的基石，教育科研是教师发展的"快车道"。

综上所述，"师德"建设和"师能"建设是教师成长发展，教育质量腾飞的"两翼"。"师德"建设解决愿不愿意干，乐不乐意干的问题；"师能"建设解决能不能干好，会不会创新的问题。这两个问题解决好了，两个"翅膀"就健全了，教育工作会从根本上改观，教育质量能不断提高，保持科学发展。

(2005.8)

51

五、创建良性机制 引领教师发展

【题记】2004年初，我被府西街小学聘为顾问。校领导征询我对学校发展、师资建设等方面的意见。在深入考察的基础上，我对有关问题提出了一系列建议，经校领导班子反复研讨达成共识，由我执笔写成此件。

一、府西街小学师资建设总体思路

学校要发展，关键在教师。教师的成长发展，是学校发展的根本保证。教师的成长发展需要一个和谐的环境和必备的条件。环境的形成和条件的具备需要着意的营造和提供。为此，我们将创建一系列良性机制，以便扎实有效地引领教师成长发展。

（一）首先要继续推进我校师德建设，不断提高教师的爱心、良知及社会责任意识水平。我校创立的师德考核标准、方法、师德档案的有关软件、硬件都要不断完善、与时俱进。为此有必要将其投放于师生员工、学生家长甚至社区之中广泛征求意见，一则表示我全体教育工作者的决心，二则便于主动接纳全社会的支持与监督。这样做虽然可能招致一些压力，但更能焕发一股新的活力和动力，我校的师德建设必将再上一个新台阶。

（二）其次要开展全员性的教育科研，从课题、过程、效果等多方面加强监察与指导，力争在近三两年内把我校的教育教学提高到一个崭新水平。为此，我们将立即组成教育科研机构、制定教育科研方案。在新学年开始之时要人人有课题、组组有项目。新学年结束之时要人人见成效、组组出成果。(方案另发)

（三）在继续推进师德建设和开展教育科研的同时，我校在近期内将实施"三抓"、"三建"的配套措施，实实在在地启动教师成长发展的良性机制。

"三抓"即：一抓教师教育行为的规范与养成。为了帮助教师转变观念、规范行为，我们要明确提出三不做，即不做违背教育规律的事，不做违反教育法规的事，不做有损人民教师声誉的事。所谓违背教育规律的事，包括歧视后进生，不重视学生全面发展，教学不能做到因材施教等；违反教育法规的事，如乱补课、乱收费、乱购教辅资料及体罚学生等；有损人民教师声誉的事，包括不负责任，不符合事实的个人言论，庸俗低级趣味举动，向学生或其家长索礼要钱物、要服务，以及一些见利忘义的个人行为等。（具体操作与师德考核合并进行）

二抓课堂教学能力的提升。我们要引导教师重新审视课堂的意义，从而树立正确的教学观，把教学创新当作自己永恒的追求。刻苦钻研、潜心治学，让自己的课堂教学与时俱进，不断创新。（具体操作与教育科研合并进行）

三抓个人专业发展的设计与反思。我们要唤醒教师的角色意识，让教师对自己作分析，向自己提要求。学校要为每位教师制作《教师专业发展目标自我设计书》，首先教师给自己定发展方向：

其次，要审理自己的现状，然后对自己学科领域的现状及趋势作简要描述，接着规划三年后达到的目标，最后是制定措施，不说大话、空话，要非常具体。

与《教师专业发展目标自我设计书》相对应，我校每个季度要发一张《教师专业发展目标自我设计对照表》，指导教师回顾近阶段做了什么、成效如何、原因在哪里：读了什么书、有哪些收获；正在研究什么问题、怎样做的……用这一办法强化教师的目标意识，重视过程中的努力；培养教师的反思意识、改变出现问题把责任归咎于学生的陋习。另一方面这样做也记录了教师成长的轨迹，形成一个真实的《教师专业档案》，有利于把握教师专业发展的规律。

所谓《三建》是：

一是为教师搭建一个展示与交流的平台。我校将设置教师论坛，组织不同主题的演讲活动。比如举办"我的课程故事"演讲，谈自己对新课程的理解认识，对课程的开发应用，对教法的改进完善，对评价机制的改革创新等，促进教师与新课程一同成长。又如"我和学生一起成长"，谈一谈自己在教育教学实践中，师生关系的微妙变化，心灵碰撞的璀璨火花，彼此感动的精彩故事，从而揭示爱生尊师，已立立人的轨迹。

二是建立一个积极有效的考核评价机制。

学校考评制度是引导教师发展的最有力的指挥系统，学校要充分发挥考评制度的导向功能，引领教师不断发展。我们激励教师上进，但不搞一刀切，要尊重差异。每学期，让教师结合自己的实际，制订各自具体可行的成长计划。学期结束，根据每个教师不同的学习内容或笔试，或演示，或演讲，或答辩，考核不拘一格。考评成绩按一定比例记入教师业务考核成绩。这种做法，在尊重个性、激发积极性的基础上，可促进教师多方面、多层次发展，也可为学校的发展需求提供人才储备。

三是建立一个催人奋进，争优创先的激励机制。学校应破除教师职、级的终身制。诸如教学能手、学科带头人、特级教师等，如过去那样，只要评上便一劳永逸。实践证明，弊多利少。因而往往会失去激励上进的动力，使既得利益者停步不前。因此，我校要根据教师教学基本功、专业水平、授课艺术、教学成绩、科研成果、师德表现等综合评定，分别设立教坛新秀、骨干教师、教学能手、学科带头人、学者型教师等不同的等级，不同的等级代表着不同的成就，对应着不同的待遇，以此激励教师不断成长，积极发展。

"天生我才必有用"，"人皆可以为尧舜"，良性的机制是激励每位教师成长发展的发动机和助长器，让我校大胆一试。

二、府西街小学名师工程方案

随着我市经济建设的持续发展和市民物质生活的不断改善，对优质教育的需求必将日渐迫切，基础教育的竞争也必然日趋激烈。作为基础教育一部分的府西街小学，怎样面对这一挑战？毫无疑问，只有激发潜力，加大改革力度，才有望适应形势需求，赢得竞争胜算。

"国家大计，教育为本；教育大计，教师为本"。建设一支高素质教师队伍，是学校发展、教育质量提高的根本。教师队伍的高素质是由"师德"、"师能"两翼所制约的。"两翼"强，变雄鹰，定能腾空万里翱翔；"两翼"弱，是鸭子，只会在平坦小路蹒跚。

兹将"两翼"建设分述如下：

（一）师德建设

我校要继续加强中小学教师职业道德规范的学习与实践活动。

努力使教师职业道德规范内化为教师教书育人活动的指南，在此基础上形成观念意识和行为品质，构建一种"遵循师德规范光荣、违背师德规范可耻"的氛围，把我校建成一个传承道德弘扬文明的"精神特区"。为此，我们将加强以下措施：

1.坚定不移地运用"一把尺子量师德"，每学期开学重温师德考核标准，期末对号入座总结师德，以此加大教师自我教育的力度。

2.充分发挥师德档案张扬与警示的双面作用，定期、不定期地举办师德展览。以此褒扬师德高尚者，策励师德低下者。

3.加强学生、家长、社会评师评教和教师互评活动。为此学校师德考核领导组每学期要举办一至二次相应的会议，如学生、家长代表、社会贤达等参与，这些会议要有准备，并回避本班主任和科任教师，以此获得真实信息，避免弄虚作假。

4.表彰师德标兵，举办师德标兵或优秀师德群体报告会。每学年举办1~2次。通过以上活动，增强教师责任意识、服务意识、奉献意识，从而提高教师的人格修养和道德品质。让教师时刻意识到：面向全体学生、关注每一名学生的成长是自己的天职；全心全意为学生服务，才能实现自身的价值；爱学生、爱岗位、爱事业，才有希望创造出社会认同的优质教育。

（二）师能建设

"师能"即教师的教育教学能力。我校教师的"师能"建设已取得了肯定的成绩。我校专任教师83名，通过函授、自考，已有65名达大专毕业，其余18名也都达中师、中专学历。学历合格率100%。从实际水平看，有7名教师被评为省级学科带头人或省级教学能手；有18名教师被评为地级学科带头人或地级教学能手；有

12名教师被评为市级学科带头人或教学能手。三项合计，共32名教师，占我校专任教师总数的39%。

但是我们的努力，还远远不能适应广大学生、家长、社会的要求，也不足应对激烈的教育竞争挑战。面对充满竞争、充满挑战也充满机遇的新时期，我们的教师除了具备责任意识、服务意识、奉献意识外，还要确立一种创新意识。有了这四种意识，我们的教师便具备了与时俱进、精益求精的品质和争创一流永攀高峰的本领。这种创新意识，光喊口号喊不来，光啃书本啃不来，要靠脚踏实地、动手动脑进行教育科研干出来。许多名师、名校的经验证明：教育科研是教师成长的快车道。

学校开展教育科研，要解决五个问题。

第一、树立一个人人能搞教育科研的信念

提高教师教育教学能力的传统办法是"走出去，请进来"，"函授"、"自考"，这些办法不能丢，但要总结经验教训，要改变不重水平重文凭、不重效果重形式的倾向。同时要摒弃"题海战术"频繁考试，以师生健康的损害为代价换取高分的做法。我们的工作应该符合现代教育的规范要求，既要追求高质量，也要追求高效率。如果在国家规定的八小时工作时间内还不能完成自己的工作任务，我们就有必要追究一下其中的原因：如果说讲求工作效率是正确的话，那么我们就得探讨提高工作效率的办法。要提高工作效率，单凭"时间加汗水"、"日光加灯光"是不行的，必须打破常规，改革创新，这就要进行教育科研。

一提教育科研，有人就说那是专家学者的事。其实许多教育专家、学者就是当教师的。苏联教育家苏霍姆林斯基在巴布雷什中学一干30年，年年搞实验，他给教师的100条建议，就是一百次教育科研成功的体验。誉满神州的"平民"教育家孙维刚老师，执教在北京22中一所普通中学里。他把不达重点中学考分的学生培养成德智体美劳全优的高素质人才，那是三轮17年教育科研的结晶。还有辽宁盘锦实验中学的魏书生老师，他的"教学民主"、"培养学生自学能力"、"培养学生自我教育能力"等等"金点子"都是同学生"商量"以后反复试验的成果。

无数事实证明，我们天天同学生打交道的普通教师最有条件也有能力进行教育科研。

第二、建立一个教育科研机构

为了加强对教育科研的领导，学校要成立教育科研室(简称教科室)，人员不足者可与教务处合并，还可聘请专家学者当顾问。

教科室的任务：

1.向教师提供必要的资料。将本校发展、师生现状、学生德智体发展情况随时提供给教师查阅：

2.举办教育科研讲座，为教师介绍教育科研方法和信息；

3.引导教师学习教育科学理论，掌握基本的教育科研方法，开阔教师的视野；

4.测试教师的教育科研理论水平，记录教师教育科研数据、资料，及时记录整理，存入业务档案。

第三、制定一套教育科研考核标准

同师德考核一样，也要制定一套教育科研量化考核标准，并以此记分。

1.写出教改实验方案要符合五条要求：

（1）实验教师与班级；

（2）实验课题与教材；

（3）实验时间起止；

（4）实验目的与要求；

（5）实验班学生基本状况(包括男女生比例、智力概况、双差生比例、学科基础成绩)。

2.按时交教改实验总结，要符合总结规定的四条要求：

（1）与实验方案相联系；

（2）有详细的实验过程；

（3）有具体的实验效果；

（4）有解决存在问题的措施。

3.学术论文与经验材料，要在国家、省、市、校级教研会或刊物上发表，按等次记分。

4.教师自制教具，在国家、省、市、校获奖，按等次记分。

5.承担国家、省、市、校公开课，按等次记分。

6.每学期进行教育科研理论知识测试得分折合五分制记入量化分。

7.教育科研工作取得突出成绩，为校争得荣誉者，给予奖励分。

搞好教育科研考核，学校评优、晋级不需大家推选，而是按师德考核、教育科研、教学工作等考核量化分合计总分计算，谁得分高，谁就是先进，谁就可以晋级。这样可以避免"人情分"、"关系分"的干扰，还能有效杜绝庸俗、低级趣味的团团伙伙滋生蔓延。

第四、选定一批教育科研题目

教育科研题目十分广泛。从容量上看，大到教育与国民经济的关系，小到学生作业中的批语；从时间上看可以研究学生三年五年中的性格变化，亦可研究每日三分钟的记忆力。大题小题都是科研题，各有各的作用。这正如爱因斯坦研究相对论、爱迪生研究报话机一样，对人类的发展、对社会的进步都有贡献。

教育科研也像应考答卷，可以"先易后难"。初涉教育科研的教师把日常教学中常遇到的困难、常出现的矛盾、常发生的问题筛选一下，其中最具普遍意义的作为课题，研究起来容易见效，又有趣味，这叫"先易"。比如后进生学习效率低下的原因、各科教学中组织学生自主探究的办法、学生良好习惯的养成、集体活动中引导学生尊重人关心人等等。至于"后难"也许是"贪大求洋"、哪怕是"好高骛远"，只要在探讨优质教育这个总目标里，上下求索就行。如"借鉴发达国家的改革成就，全面推进我国的素质教育"、"跟踪实验十五年(从幼儿园到高中毕业)，高素质人才翻几番"等等，这不是开玩笑，这是那些献身事业又肯开拓、拼搏的大手笔们实现人生价值的理想课题。

一个课题允许几个教师同时研究，因为各人角度不同、策略不同、实践不同，结果也未必相同。但只要符合学生实际，符合教育规律就好。这样更利于"百花齐放、百家争鸣"，更利于教育改革的深入发展。

一个教师在一段时间内，也可以同时研究几个题目，这样可以加快教育质量提高的速度。自己曾经研究过的题目，过后还可以重做研究。因为重复研究，绝不会停留在原有水平上。这也有利于科研效果不断提高。

选题小一点，同时选几个，持续搞下去，效果会好些，教师的科研兴趣也会随之高涨起来。

第五、写好一部教育科研日记

教师进行教育科研，是教师用创造性思维解决问题的既饱含艰辛又充满乐趣的过程。把这一过程严严实实地记下来，有一个好办法就是写日记。写日记魏书生老师认为有如下好处：

1.能记住自己的经验教训；

2.能改变自我，超越自我；

3.能磨炼人的毅力；

4.能提高分析问题、认识问题的能力；

5.能积累材料，提高写作水平。

写教育科研日记除了上面五条好处都占外，另有三条：

6.上级来检查能提供"全过程"，证明我们不是弄虚作假；

7.同行来参观便于学习交流，有言可发；

8.自己常翻阅，反复享受成功来之不易的欢乐。

所以，建议教师人人写好教育科研日记。

综上所述，师德建设和师能建设是教师成长、学校发展、教育腾飞的两翼。我校将从即日开始，一步一个脚印执行这一方案，以期3~5年内培养一批名师，带动全体教师沿着德艺双馨的大道阔步前进。

三、府西街小学师德档案及师德量化考核标准

（一）师德档案

1.建立师德档案，旨在促使教师对《中小学教师师德规范》的认同与内化，以期产生与素质教育相适应的崭新的师德境界。

2.师德档案的构建是提高教师素质的重要举措之一，是推进素质教育具有实质性意义的基础工作，也是以德治教的坚实一步。

3.师德档案的内容有二，一是教师在其教育教学实践中所表现的能体现师德境界的具体言行材料的原件或复印件。此内容由学校

考评组定期和不定期向教师、学生、家长及社会贤达征集。二是《师德量化考核标准》。此表由学校考评组依据征集资料分类列项填写并权重记分，然后，教师本人、考评组长、校长签字盖章，最后入档留存。

4.师德档案可作为教师评优、聘职、晋级之依据之一。

（二）师德量化考核标准

1.依法执教(基础10分)

甲、奖励

A.全面贯彻教育方针，关注每一个学生的成长，加1~5分

B.自觉坚持和维护教育法律法规，抵制违法违纪歪风，加1~5分。

乙、惩处

A.学业负担过重，影响学生健康，减1~5分。

B.歧视、侮辱、体罚、变相体罚，减1~5分。

2.爱岗敬业(基础10分)

甲、奖励

A.教书育人，尽职尽责，默默奉献毫无怨言，加1~5分。

B.对工作极端认真，精益求精，不断探索不断创新，加1~5分。

乙、惩处

A.对本职工作存有厌恶和反感，减1~5分。

B.敷衍塞责，工作中出现失误，减1~5分。

3.热爱学生(基础10分)

甲、奖励

A.关爱学生，热情帮助，善造一个和谐愉悦的育人环境，加

1~5分。

B.当学生的身心健康受到伤害时，能挺身而出，保护学生，加1~5分。

乙、惩处

A.一个班有5个以上学生不喜欢的教师，减1~5分。

B.口头上"为了学生"，实质上为自己谋私，减1~5分。

4.严谨治学(基础10分)

甲、奖励

A.好学不倦，努力精通业务，有论文刊出，加1~5分。

B.科学施教，有科研课题及成果，加1~5分。

乙、惩处

A.不学无术，不懂装懂，误人子弟，减1~5分。

B.弄虚作假，遮人耳目，骗取荣誉，减1~5分。

5.团结协作(基础10分)

甲、奖励

A.与人为善，尊重同志，虚心学习，加1~5分。

B，敢于进取，善于合作，维护集体荣誉，加1~5分。

乙、惩处

A.贬低别人，抬高自己减1~5分。

B.搬弄是非，挑拨离间减1~5分。

6.尊重家长(基础10分)

甲、奖励

A.帮助家长形成正确的育人观念和思想，加1~5分。

B.主动征求家长意见取得支持配合，加1~5分。

乙、惩处

A.记恨提意见的家长或对其子女报复，减1~5分。

B.对家长冷淡傲慢、训斥指责，减1~5分。

7.廉洁从教(基础10分)

甲、奖励

A.以奉献为乐，能扶贫济困，温暖他人，加1~5分。

B.抵制不良风气，保持教育公正，不收礼，不吃请，加1~5分。

乙、惩处

A.课堂应付，课外"补课"创收，减1~5分。

B.强制为学生统一购买教辅读物，从中渔利，减1~5分。

8、为人师表(基础10分)

甲、奖励

A.追求真善美的理想人格，以身立教，加1~5分。

B.光明磊落，襟怀坦荡，知过必改，见贤思齐，加1~5分。

乙、惩处

A. 阳奉阴违，口是心非，背后捣鬼，减1~5分。

B. 我行我素，抱残守缺，拒绝帮助者，减1~5分。

四、另外抓紧几项具体工作

1、改善德育工作

长期以来，在学校教育中，我们虽然喊"德育为首"，但实际上是可有可无。表面工作做了一些，查查效果却似有似无。其根本原因在于人们都认为，"智育是实的，德育是虚的"。面对学校和社会我们要大喝一声：危险！大家要赶快醒悟，德育不仅是实实在在的，而且是每一个孩子立身处世之本，德育决定着一个社会的未来。教师们都应该知道，我们的学生，智育不合格是次品，体育不合格是残品，而德育不合格是危险品！据公安部门的统计数字，从2000年到2003年，全国未成年人犯罪嫌疑人的比例分别是11.8%、12%、13.4%和18.7%呈逐年上升趋势。在这样一组令人担忧的数字面前，我们学校的教育应该躬身自问，这其中有多少我们学校教育中德育缺位的责任？还有一个问题值得关注，就是学生厌学情绪蔓延和辍学现象的泛滥。据北京市教育学院在北京市部分中小学的调查显示，这些学校学生的厌学率已经超过30%，学生不喜欢上学，对学习缺乏兴趣，内在驱动力不够，上课听不懂，学不会，严重的则表现为自暴自弃，由厌学而辍学。这种情况在农村比城市更严重。应该说，厌学和辍学是贯彻《义务教育法》和落实素质教育的逆动，厌学和辍学的主要原因是"片面追求升学率"和"教不得法"，但是与学校教育中德育缺位也是不无关系。德育做得好，也可以补教学之失，德育做不好，却会给教学之偏带来更大的后患，助长了厌学和辍学。而厌学和辍学的未成年人必然增加社会的不安定因素。

我们的德育工作必须加以认真的有效的改造。长期以来，学校德育的目的就是教会学生顺从，在家里是"遵父母之言的好孩子"，在学校是"听老师话的好学生"，老师是说一不二的道德权威，神圣不可侵犯。德育的主要办法就是灌输与训导，这种传统做法必须革除。我们倡导培养学生主体性道德人格，把学生看作是具有独立人格、自主意志与选择愿望的主体（而不是道德容器）、把教师看作学生社会化过程中的顾问（而不是说一不二的道德法官），把德育看作是对学生的指导（而不是居高临下的训导）。德育内容，以学生生活为起点，关照学生的整体生活，以生活世界为依托，引导学生在生活情境中直观地面对道德问题，体验道德生活，解决道德问题以生活为目的，引导学生学会过有道德的生活，提升生活的意义和价值。我们要坚持三条原则：主体性原则（学生是德育的主体），主导性原则（教师是德育的主导）和创新性原则（德育的途径、方式要不断创新）。

2.开发教育资源

我们的小学教育从某种意义上来讲，是使学生学习、熟知人类积累的文化成果，从而了解人类文明的进程，体验人类文明的光辉，让儿童从中获得人类创造世界的精神力量，最终转化成为儿童内心的精神财富，并形成其做人处世的行为品质。但是单纯的符号活动、众多的习题解答、频繁的考试并不能转化成为儿童的精神财富，更难形成行为品质。因此，我们学校教育除去教授国家统一的书本教材外，还应开发本地、本校的独特的教育资源。那些曾经发生过和现在正发生着的鲜活的生动的人或事均可作为学生学习的教材，为我校育人所用。例如已拍成电影的巾帼女英雄《马牡丹》，已拍成电视的"百岁老人侯佑诚"，还有创造良种硕果累累的梧桐农场老劳模杨金生，还有闻名遐迩的全国敬老孝亲的明星本市退休职工郑丽华……这些生活在孝义大地，距我校咫尺之远的真人真事都是我们的教育资源。

3.拓宽课程设置

课程的价值在于促进学生知识、能力、态度及情感的和谐发展。这一和谐发展中理所当然地也包含学生个性的发展。对学校课程也要改革，在保证完成国家课程的前提下，打破学科课程一统天下的局面，我们要创设多元化的突出学校特色的课程体系，把每节40分钟改为35分钟，挤出一节特色课程实施的空间。

（1）计算机课程：计算机发展到多媒体阶段是一次质的飞

跃，今天的计算机不仅用于数学、逻辑运算和有限度地处理文字，还增加了处理声音、图像、影视、三维动画功能，几乎能同人的所有感官交流对话。计算机在不断扩展应用范围的同时，从根本上引发了阅读、写作、计算方式的历史性变革，而且使计算机变得更加简便易学。加快普及信息技术教育，使学生从小养成一定的信息素养和收集、处理信息的能力，具有长远性意义。

（2）创造性思维课程：创造精神和能力是未来工作者的基本素质要求。如果说工业经济时代能够按照规范完成任务就算是合格工作者的话，那么，在知识经济时代，还要求工作者有新思想、新创意、新建议，不断有所前进。而这些新思想、新创意、新建议都不是人们头脑里与生俱有的，而是后天习得的无数次创造性思维训练的结果。因而我们应该开设创造性思维训练课程。低年级侧重科技小故事、小知识的学习，重点指导学习方法，培养健康的积极向上的学习心理；中年级与数学智力训练、语文智力训练结合，运用思维训练技法进行专项训练，重点培养观测力、思维力、想象力；高年级侧重于介绍最新科技成果，了解世界科技动态，重点培养学生在实践活动中求同求异思维、正向逆向思维、发散综合思维等思维方法，培养学生自主探究和创造性思维品质。

（3）艺术课程：包括管乐、弦乐、键盘乐、声乐、美术、书法、舞蹈等课程。艺术不仅能有效进行美育教育、健全人的个性、提高人的品位，而且还能开发人的全脑，激发人的潜能。

（4）另外还可开设乒乓球、足球、武术等体育课程和英语、日语等外语课程。这些特色课程是为发展学生个性、供学生选修而开设，绝不可统一规定以班开设。

4.改革评价体系

　　教师的评价是学生感受成长的主要参照物。教师的积极评价，会有效地改变学生自我认知的倾向性、自主行为的调控力，以及认知动机、风格和技能，使学生的实际发展状况比预见的更好。考试应充分体现出对学生的尊重，力求让学生找回失落的自信。学生的成长与发展应是多方面的，教育方针规定为德智体等诸方面。然而长期以来我们的教育评价只重书本知识的考分。这种评价单就智育一项也是不够格的。现代心理学有一种提法，至少有七种智能在个人发展和人类社会发展中起重要作用，它们是：语言、数学逻辑、空间、音乐、身体运动、人际关系和自我认识能力。而现行的教育评价中，只偏重于前两三种智能。这不利于多方面、多角度地发现和培养人才。

　　为此，我们必须改革教育评价体系：

　　（1）学校教育评价的指标要多元化。即从德、智、体、美、劳等多方面，从认知、能力、态度和情感等多角度，从思想、行动、理论和实践等多层面设计多元评价指标。

　　（2）学校教育评价的主体也要多元化。即学校、教师评价，家长、社会(社区)评价，学生自我评价等相结合。努力促成各主体之间相互监督、相互帮助的群体评价体系，达到各方共同进步的目的。

　　以上设想，如实现，三年后，将涌现一大批名师、我校将迈出吕梁，进入山西一流名校。

（2004）

　　【附记】此件实施一两年后，绩效渐显。2006年该校被评为"山西省德育示范学校"，2007年被评为"吕梁名校"，2010年12月被评为"山西省德育示范学校先进单位"，先后共获省、地奖5项、孝义市奖十多项。（附照片3张）

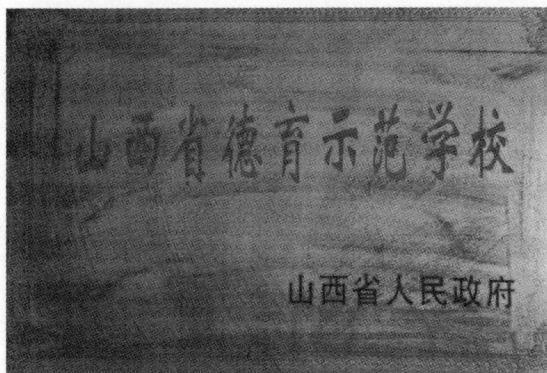

山西省德育示范学校

山西省人民政府

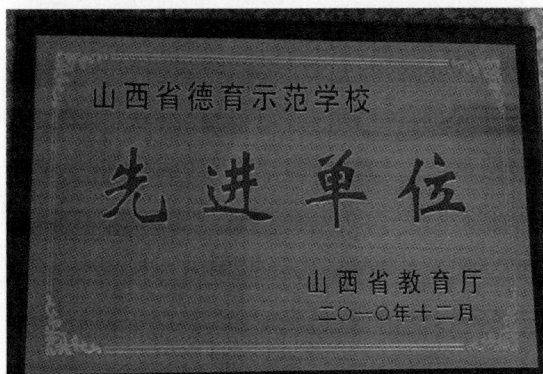

山西省德育示范学校

先进单位

山西省教育厅
二〇一〇年十二月

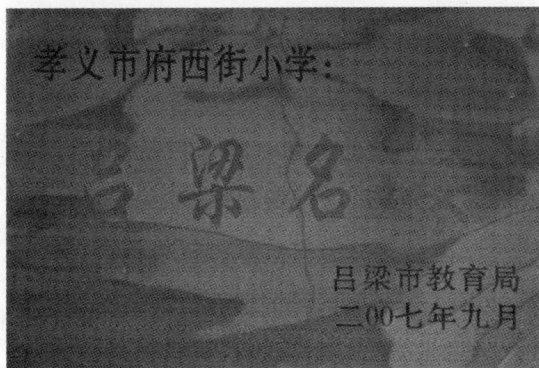

孝义市府西街小学：

吕梁名

吕梁市教育局
二〇〇七年九月

六、鼓励并引导学生质疑、探究、观察、实践

大家知道，素质教育的重点是培养学生的创新精神和实践能力。这是因为，未来社会充满竞争，而竞争的内容不仅仅限于学习成绩和考试分数。一个人只会纸上谈兵、坐而论道是不会竞争取胜的；一个人只懂循规蹈矩、唯命是从也无望取得成功人生。作为未来文明的创造者，青少年学生必须养成理性思考的能力。只有今天敢于质疑，敢于探究，明天才能善于创新，善于超越；只有今天勤于观察，勤于实践，明天才能大胆变革，开拓进取。所以，我主张教师要积极引导学生质疑、探究、观察、实践。

一、教学生"敢质疑、敢探究"

质疑与探究是科学创新的先导。爱因斯坦敢于质疑牛顿、探究牛顿，才在牛顿古典力学的基础上发展成了相对论，成为举世闻名的大科学家。陈景润敢于质疑、敢于探究《堆垒素数论》的舛误，终被虚怀若谷的华罗庚推荐，得以发展自己的才能，撷取了数论皇冠的明珠。在刚刚完成的全国教育科学"十五"规划重点课题"青少年创造力培养现状社会调查和对策研究"分析题——《科学

探究学习活动的理论与实践》调查中，调查者认为学生能在学习过程中学会质疑，对于启发他们的思维，诱发他们的兴趣，培养他们的创新能力十分有益。

那么，学生质疑教材、探究定论时，教师如何面对呢？请看下面的案例：

在一堂语文课上，王老师讲到如何向陈毅同志学习时，班中的小廖却起身大声说："老师，我有不同的看法。我曾听医生说过，挤压化脓的伤口是不好的，这会将细菌和脓毒挤入血管的。陈毅同志这样做是不对的！"，她的话音刚落，教室里顿时沸腾起来。有的学生立刻反驳她说："教科书上怎么会出错呢？"有的学生振振有词地说："陈毅同志是我国老一辈无产阶级革命家，是我们学习的榜样呀！课文这么写，就是要我们向他学习的呀！"更有不少同学窃窃地笑话小廖的话真"荒唐"。小廖涨红着脸，喃喃地说："我为这事请教过爸爸。爸爸说我没错。"

小廖的父亲是上海市长征医院有名的军医。听了她的话，学生们都将目光注视在王老师身上，等着老师下结论。对这篇课文，王老师已经教过四遍了，在已往的教学过程中从未遇到过这样的情况。对待这个与教材本意并不相同的观点，王老师正要进行否定时，转而细细一想，小廖说得有道理啊！

对于这个与众不同的见解，王老师先对孩子能独立思考，敢于向教科书提问题，向老师质疑的行动给予了充分的肯定。听着王老师的话，小廖脸上露出了自豪的笑容，看得出她挺为自己的"政见"得到老师肯定而很有"成就感"。随后，王老师又因势利导地告诉孩子们陈毅同志这么做的确是不科学的，但那是当时的恶劣的战争环境所迫。而在当今条件许可的情况下，我们倡导的任何勇敢行动都应建立在科学的基础上。

从此以后，小廖在阅读课文和写作文时，总是努力希望能够提出阐述自己的"独到的见解"。

一次在进行阅读分析《荷叶》一文时，当她看到"当荷花含苞的时候，荷叶默默地为荷花提供养分；当荷花开放时，荷叶自己却枯黄了。"时感动极了，她在答卷上向老师提出这样的疑问说："如果大家都去当荷叶，谁来做荷花呢？"

对于这样有独立思想的孩子，王老师又从赞赏她的勤于思考入手，再引导她自己得出这样的结论：荷叶和荷花其实都是"一家人"，并不是对立的。成为"荷花"抑或"荷叶"，是由包括智力、体力和社会等诸多因素决定的。我们既要有甘为荷叶的美德，也要有争做荷花的勇气。

这一案例告诉我们鼓励学生质疑就是鼓励学生创造性的思考。要让学生成为教学的主体就必须解放学生的头脑，破除对教师的迷信，对教材的迷信，对权威的迷信。只有破除迷信，敢想敢干，才能获得真知灼见。这正印证了著名科学家李四光的名言："不怀疑不能见真理。"

请再看一个案例。

在2003年举行的全国青少年科技创新大赛上，一个名叫聂利的12岁小学生撰写的科学论文《蜜蜂不是靠翅膀振动发音》荣获大赛优秀科技项目高士其科普专项奖。

蜜蜂只能靠翅膀振动来发声——生物界一直这么认为，我们的教科书也一直这么认为。但12岁的聂利却推翻了这一似乎公认的"真理"。那么多的专家、学者、教授都没有发现蜜蜂有自己的发声器这样一个事实，而被小聂利发现了。这恐怕与聂利具有一种质疑、探究的勇气和观察、实验的科学精神有关。

我国现行的中小学教育模式，教育方法并不尽如人意，其中最大的缺陷就是"应试教育"制约了学生全面素质的提高，"标准答案"束缚了学生创造能力的培养。有人曾将我国教育和西方发达国家的教育作过比较，发现了两者的根本不同在于：我国教育注重结论——是什么，西方教育注重原因——为什么，我国教师把应付考试、学生成绩当作教学的重点。标准化的答案成了考试中唯一正确的答案。课堂教学就是为了应付考试，而题海战术、死记硬背，无疑扼杀了学生学习的乐趣，剥夺了学生独立思考的机会，淹埋了学生渴望求异、力图表现的天性。正是这些，使得我们的中学生虽然在国际数学、物理、化学奥林匹克竞赛中屡获好名次，但是至今我们无人站上诺贝尔奖的领奖台。聂利的科学发现，主要依赖的并不是扎实的基础知识，而是它的创新精神（其中包括质疑探究精神），这对于我们的基础教育无疑是一个有益的启示。

二、要学生"勤观察，勤实践"

先谈观察。观察是有目的，有计划的知觉过程，是从现实中获得感性认识的主动积极的活动形式。观察是人们学习知识，认识世界的重要途径。

观察的能力是科学研究，创造发明的基础。古今中外，许多伟大的科学家，研究者都具有敏锐的观察力。进化论的创始人达尔文曾说过；"我既没有突出的理解力，也没有过人的机智，只是在那些稍纵即逝的事物，并对其进行精细观察的能力上，我可能在众人之上。"生理学家巴甫洛夫在他的实验室门前刻有"观察、观察、再观察"几个大字。这是他从科学实践中总结出来的切身体验。巴甫洛夫通过对动物条件反射实验的长期观察，在积累大量科学事实的基础上建立了高级神经学说。许多伟大的科学家都十分重视对研究对象的实际观察，从而取得了杰出的成就。观察也是艺术创作的源泉，艺术家从实际的观察中提炼创作题材，进行创作。施耐庵通过观察和调查积累了大量生动的资料，才写出了脍炙人口的《水浒传》。齐白石是闻名世界的大画家。他一生主要的是画花、鸟、虫、草等。他画的草虫，就像活的一样：蚱蜢好像会跳，蝴蝶和灯蛾的翅膀上，好像有一层一碰就会掉下来的细粉。他画出来的虾，看上去身体是透明而有弹性的，虾须是柔软的，但软中带硬，似乎碰一下就会动。他画的蜜蜂，好像真的在空中飞着，翅膀振动得非常均匀。看着它，就仿佛能听见嗡嗡的声音……齐白石热爱这些小动物，常常静静地观察它们的动作，有时看出了神，别人在他旁边喊他吃饭，叫了几声他都听不见。蚱蜢在要跳的时候，和在落地以后，它们腿的动作和触须的方向是怎样的呢？为了观察这两种情形，老人就满院子跟着蚱蜢跑，累得浑身出汗。他不肯把蚱蜢用线拴起来，因为那样做，蚱蜢一定感到不自由，动作也就不自然了。齐白石画花草，也都经过一番实地的观察，他没有见过的花草，是不肯轻易画的。有一次，作家老舍先生选了四句诗，请老人作画，其中有一句是"芭蕉叶卷抱秋花"，老人虽然看见过芭蕉，也画过不少芭蕉，但芭蕉的叶子是怎样的卷法，倒没有留神看过。当时是冬天，北方芭蕉又太少，找不到实物参考，老人就没有画这幅画。可见没有观察就没有艺术创作。

中小学的各科教学也常运用观察的方法，使学生对学习对象获得鲜明、生动、具体的感性认识和丰富的感性经验，以便抽象概括，让感性认识上升到理性认识。国外，有些国家的小学自然课教学要求学生用80%的时间进行观察，初中和高中的理化、生物课分别要求学生用60%和40%的时间进行观察、实验，可见观察对于教学的重要性。

再谈实践。实践——即社会实践。指人类能动地改造自然和社会的全部活动。马克思主义哲学认为，实践是认识的基础和真理的标准。革命的理论和先进的科学，永远是在实践的基础上产生的并随着实践的发展而发展。

中国传统教育里，儒家经典《礼记·大学》中说"致知在格物，物格而后知至"。意即探察物体而得到知识。其本意也是付合实践出真知的观点的。现代人民教育家陶行知先生把实践第一的观点用在自己的教学上。他说小孩子起初必定是烫了手才知道火是热的；冰了手才知道雪是冷的；吃过糖才知道糖是甜的；碰过石头才知道石头是硬的……富兰克林放了风筝才知道电可以由一根线从天空引到地下。瓦特烧水，看见蒸汽推动壶盖便知道蒸汽也能推动机器。他的结论是"亲知"为一切知识的根本，"闻知"（耳听所知）与"说知"（推理所知）必须安根于"亲知"里面方能发生效力。他还认为在实践中，动手又动脑，是"一切发明之母"。他以鲁滨逊荒岛上烧制水缸为例，证明了"一面行、一面想，必然产生新价值"。陶先生既反对"用脑不用手"，"只能坐而言不能起而行"的书呆子教育；又反对"用手不用脑"，只知埋头干活的经验主义教育，只有"在劳力上劳心""手脑并用"，使理论与实践结合起来才是培养学生活力、创造力的正确途径。

在国际上被称为"杂交水稻之父"的我国水稻专家袁隆平，把水稻从亩产300公斤提高到500公斤，继而提高到800多公斤，他不仅获得了中国第一个发明特等奖，也获得了八个国际性的大奖。国际上甚至有人认为他的发明是继中国人的四大发明之后的第五大发明。他的成就正是他近五十年艰苦奋斗、勇于实践的结果。就说寻找雄性不育株吧，那是需要花很长时间到田间地头一棵一棵地找的。他每天到稻田去，开花的时候，头顶烈日，脚踩泥巴。一边动手，一边观察，找十多天才找到。然而第二年种下去，一抽穗，却大失所望，高的高，矮的矮，穗子大的大，小的小。失望之际，产生了灵感……然后，再试种，重实验。最后终于成功。按照遗传学的经典理论，杂交水稻是行不通的。然而，袁隆平用实践推翻了那个定论。可见实践创奇迹，实践出真知。

据报载，河南省某中学一个高中学生，高中毕业时已有发明专利20多项。他的发明，就是一边实践，一边创造的。比如他随父到大田里耙地，他站在耙上压着，一边压，一边观察，发现地头拐弯处很难耙到。于是他自制一种简单的零件，附加到耙上，地头的边角再不剩一点了。他每天上课要擦黑板，老师同学都是粉尘扑面，对健康不利。于是他设计的"无尘黑板"面世了。总之，没有一样发明是离开实践的。

发明创造是离不开实践的。学生的学习是否也要实践呢？

请看下面的案例。

《千米的认识》是小学三年级的一节数学课，本课的教学目标是：1.让学生真切感受1千米的长度，建立1千米的长度观念；2.使学生能进行千米和米之间的简单换算。其中，重点是建立1千米和米的长度观念。

上课铃响后，老师带领大家整队上操场。

师：老师为什带大家来操场？可能有同学已经猜到了，我们在操场上学习"千米的认识"。你们知道关于"千米"的哪些知识呢？

学生纷纷回答道："1千米是很长的，有1000个1米。""3千米是3000个1米。""我知道在长度单位中，千米是一个很大的单位。""我知道千米就是公里。"

师：同学们通过预习弄懂了这么多的知识，我很高兴，说明大家学习是非常自觉的。一千米究竟有多长呢？我们还是来实践一下吧。我们一起跑一千米，如何？

师生共同绕着跑道跑步。前两圈慢跑，后三圈慢走。跑完后，全班学生围着老师席地而坐，休息两分钟。

师：刚才我们跑完了5圈，有什么感觉吗？

生1：老师，太累了。

生2：我的心脏都快跳出来了。

师：我们一共跑了5圈，每圈是200米。请大家一起来算算我们一共跑了多少米？

生：1000米。

师：对了，5个200米，就是1千米。1千米就是1000米。

教师边说边拿出写着"1千米=1000米"的纸条展示给学生看。学生一边嚷道："1000米这么长啊，要是几千米，我们不要累死啊！""跑了这么长才1千米啊，真累。"

师：请大家估计一下，我们跑1千米大约花了多长时间？

生：大概10分钟左右吧。

师：接下来，让我们跑到市区去，好吗？"不，太远了，那还不累死我们啊！"学生答道。

师：从我们学校到市区才8个1千米呢，为什么就不去了呢？

教师边说边用手指示意"八"。

生：虽然只是8个1千米，但它是用千米作单位的。千米是一个很大的单位，8千米还是非常长的，我们跑不到。

师：从你们的发言中，我们知道了千米是一个很大的单位，它一般用在什么地方呢？

生1：在公路的标牌上。

生2：在地图上。

……

师：在我们生活中的许多地方都用到了千米，一般来说，千米是计量路程的长度的。先前有同学已经告诉我们了，千米也叫公里。那8千米里面有多少米呢？

生1：8千米就是8000米。

生2：因为1千米=1000米，所以8千米=8000米。

师出示写着"8千米=8000米"的纸条，让学生说说想的过程。

再出示写着6000米 =（   ）千米的纸条，让学生回答，并要求说出想的过程。

接下来，教师让学生现在跑1米，比较跑1米与跑1千米的感受，感知1千米、1米、1厘米、1毫米的长短。并想象用毫米作单位量量从学校到丹阳有多长的路程，了解不同长度单位的长度差别以及应用差别。

然后，学生运用刚刚感知的长度，估计一下教学楼以及远处的通讯塔的高度，眼前旗杆的高度，一棵小草的高度和一片叶子的长度，并交流估计的方法，教师总结。

最后，请学生回到教室，估计教师出示的各种交通工具一般每小时行驶多少千米。教师再出示上海至连云港的地图，要求学生根据地图，算一算南京到连云港的路程和徐州到上海的路程。快结束时，请学生谈谈上这堂课的体会，并在课后通过日记或小作文的形式写下来。

这节课的特点：一是学习场所的开放，创设了一个民主、和谐的学习氛围，让学生在无拘无束、心情愉悦、精神振奋的状态下，在实践的活动中真切感受到了1千米的长度、形成了1千米的空间观念。这说明，数学学习不一定都要在教室完成，它可以发生在生活中的每一个角落。二是师生融洽情感，由于孩子们把老师当作他们的伙伴，他们才能轻松地参加到学习实践活动中来。三是，这堂课给孩子们呈现的是好玩的数学。数学课上还跑步？数学课上还要写作文？这些都是孩子们感到新奇好玩的地方。在玩的过程中，学生在认识知识的同时感受和理解知识的真实意义，获得精神的丰富和心理的满足。这样的课堂，学生玩得痛快，也学得扎实。

下面请大家再看看《面积和面积单位》教学片断。

《面积和面积单位》是小学三年级的一节数学课。认识三个常用的面积单位：1平方厘米、1平方分米、1平方米是本课的教学目标之一。让学生比较深刻地感知并建立三个常用面积单位大小的概念是本课的重点和难点。通常，教师遵循课本上由小到大的认知顺序，即先认识1平方厘米，再认识1平方分米，后认识1平方米的教学过程，但有一位教师的教学有别于众人。这位教师对教材的编排顺序进行了大胆的调整。先引导学生形象直观地认识1平方分米，再教学1平方厘米和1平方米，这样不仅突破了1平方分米的教学难点，而且使1平方厘米和1平方米的两个面积单位从大小上形成了明显的对比，强化了学生的记忆。这堂课最大的特点就在于：教师让学生真实感知和体验了1平方分米的大小。教学片断如下：

师：请同学们从你的学具袋中取出一张红色的正方形纸板。先用尺子量一量它的边长是多少分米（1分米），用手来摸一摸这个面的大小。这就是一平方分米的大小。

学生认真地用尺子量边长，然后用手触摸这个正方形的面。

师：请同学们想一想，你见过哪些物体的面近似1平方分米？

学生努力列举生活中的例子，如，粉笔盒面、墙上的开关盖面……

师：请同学们把你手中1平方分米的红正方形放回学具袋里。闭上眼睛想一想，1平方分米该有多大，再伸出手来比划一下，1平方分米是多大。

学生闭眼想后，和同桌一起伸手比划1平方分米的大小。

师：请同学们拿出剪刀，用这张（16开）白纸，剪出面积是1平方分米的正方形。同学们能剪好吗？注意：请不要拿出袋里的红正方形纸板去比，也不要用尺子去量。

不到一分钟，学生就都剪出了他们心中的1平方分米，有几位同学还把自己的"作品"高高地举起来。看得出他们很得意。师：请大家从学具袋里再拿出那张红正方形纸板与你剪的比一比，自己评评剪得怎样？

学生都忙着进行比较，课堂上立即发出了"嗨……""哎……呀"的惋惜声和自我埋怨声，"老师，我这次剪大了""我剪得太小了"、"我剪坏了……"

师：同学们，你们对自己剪出的"作品"满意吗？

"不满意"。几乎是齐声回答。"老师，这次不算，我们没看好。""我没剪好。""老师，让我们重新再剪一次吧！"

师：（略加思索）好，请大家还是按照上次要求，再剪一次吧！

一声"再剪一次吧"，学生们都非常投入地开始思量怎样剪更准确。他们剪得比上次更认真、更专注，花的时间也比上次更长。当老师再让拿出袋中的"标准"比一比的时候，尽管还都有点误差，可是同学们都高兴地把自己的杰作高高地举过了头顶。他们那稚嫩的脸上充满了愉悦和自豪。

让同学们在实践中"做数学"，从而形成数学概念，建立起面积与长度单位的观念是这两个案例的共同点。

国际学习科学研究领域有句名言：听来的忘得快，看到的记得住，动手做更能学得好。这里所强调的，就是学以致用，勇于实践的重要性。酸甜苦辣都有营养，成功失败都是收获，尊重学生属于自己的体验，让他们走进自己的生活世界，体验生活、体验社会，即使失败，也可能成为学生终身受益无穷的财富。

（2004、9）

七、"自主、合作、探究"

——教给一种对学生人生影响最大的本领

新课程倡导"自主、合作、探究"的学习方式，这是当前中小学教师在课程与教学改革中探索的一大热点。反复学习之后，我以为"自主、合作、探究"中，"自主"是一种途径；"合作"既是一种形式，也是一个目标："探究"是一种手段或策略，即通过手脑并用的"探究"实现创新精神与实践能力的培养。这种学习方式，用一句话表达是：强调充分发挥学生的主体作用，给予学生开展自主性、探索性活动的机会，通过个体与群体的合作参与，体验学习的过程。

为了方便表述，我分三个问题与大家商榷。

一、教师的尊重与赏识是学生自主学习的前提。

在传统的教学模式中，教师总是高高在上，有着浓烈的"权威"意识，在学生面前，命令多于交流，斥责多于鼓励，否定多于肯定。不论课内课外，教师总是居高临下，很少平等相待。随着教改的深入，广大教师自觉摒弃"师道尊严"的陋习，积极创造民主和谐的教学氛围，但怎样唤醒学生自主学习的意识呢？实践为我们做了很好的解答：教师以生为本的尊重与赏识能激发学生自主求知的欲望和勇气。XX中学做过一份学生"喜欢什么样的老师"的问卷调查，百分之九十以上的学生喜欢和蔼可亲、不当众训骂学生、讲课幽默风趣而又循循善诱的老师。学生为什么喜欢这样的老师？因为这样的老师能尊重学生。因为尊重，就能平等相待；因为平等相待，不懂敢问，有话敢说，还敢说实话、真话，说错了也不是"放屁、胡说"、"无稽之谈"。这样学生可以站起来插话、畅所欲言，思维无禁区。一句话，有了教师的尊重与赏识，也就有了真正意义上的"主体意识"和"教学民主"的体现。以生为本的观念产生尊重赏识、平等相待的态度。尊重赏识、平等相待的态度促使教师的教学语言、教学策略随之改变：冷峻变热情，命令变商量，"独角戏"变成"群言堂"。

有一位张老师教《社会分工和角色》时，一名学生质疑"李大钊'青春'这首诗的含义是什么？"这首诗不是课文的正文部分，对这个问题张老师没有思想准备，如果在以往，她会说："扯哪儿去了？这是语文学科的问题，下课去问语文老师！"但如今张老师的处理则变成了"其他同学是如何理解的？""老师，我是这样理解的：诗人希望国家、民族、人类、地球、宇宙永远充满青春，每个人包括作者本人都应承担起自己的社会责任。"对于学生的理解老师立即加以赞赏："你理解得很好。"学习《网络中的生活》一课时，有这样一个问题：青少年上网既有利也有弊，那么，怎样做才能趋利避害呢？张老师先请学生出"金点子"，前后四人一组互相沟通、启发。同学之间互相质疑，互相补充、修正，共提出"自我约束，合理利用"等10余条金点子。

"促进学生在学习中积极主动地思考，在解决问题中学习"，这是新课程的要求。有的老师设计"问一问"的教学环节，每节课有5分钟的质疑、释疑时间。学生提出的问题越来越多，质量越来越高，解决问题越来越完美，有的观点很新，也很有见地。如学习《美国》一课时，学生提出：美国为什么会有种族歧视？为什么美国的两块"飞地"与美国本土距离很远？美国的移民来自哪里？美国现在还存在奴隶制度吗？等等。学习《新加坡》时他们提出：新加坡进行经济建设时，环境没有遭到破坏有什么好做法吗？新加坡为什么不是发达国家？进入发达国家有标准吗？等等。学生的视野开阔了，分析问题、解决问题的能力提高了，真正做到了带着问题走进课堂，又带着问题走出课堂。有的老师还设计了"辩一辩"的教学环节。教师根据教材内容组织学生进行几个主题的辩论。让学生自己收集资料、自己整理资料、自己组织辩论、自己得出结论，达到了自主学习、自我反思、自我教育的目的。

无论"群言堂"，抑或"问一问""辩一辩"，只要能为学生的发展有利又有效，教师就可以放手让学生做。那么，学生自主学习的途径还有什么挡得住吗？

二、合作学习是有丰富内涵和广泛操作技术的教学策略。

时下，中小学课堂教学中多有采用小组讨论的学习形式，但"小组讨论"是否等于"合作学习"呢？我以为不然。美国合作学习倡导者约翰逊兄弟曾经分析了课堂教学中实施的三种"小组"形态。第一种是"假冒小组"。这种小组中虽然有讨论或共同学习，但是"分数排队"或"按表现分档次"，所以，课堂讨论中表面上可能热闹，但暗地里大家却互使绊子，谁也瞧不起谁，整个的力量并未大于个人。第二种是"传统课堂小组"。这种小组虽然大家都在一起学习或活动，但很少有自觉的分享、帮助等行为，因为此时的评价标准还是看个人的表现而不是小组的成就。只有体现了"积极互信、同时互动、人人尽责、善用技能和小组自治"等特征的小组才是"合作学习小组"。所以，小组讨论只是合作学习的外在形式之一；小组讨论并不等于合作学习，而且，合作学习也并非只有小组讨论这一种形式。

现将真正的"合作小组"之基本要义说明如下：

1.积极互信：在合作小组学习中，帮助小组中的一个人就是帮助了全体小组成员，伤害了小组中的某个人也即伤害了大家。"积极互信"的原理要求：教师一方面应通过教学任务的创设来形成学生积极互信的意愿，使他们从中体会到：人生面临的许多任务仅靠个人的力量是无法完成的，即从机制上来保证学生间的积极互信，而不是依靠觉悟高低来对同伴"施舍"；另一方面，要使学生体验，善于助人的重要性，能否积极地相互依赖、协调一致，将决定他们在工作、生活和学习中的成就。

2.人人尽责：小组成员每一个人都必须对小组的学习和成功有所贡献，每一个人都必须在小组中展示自己的才华与能力。要求每一个学生都至少要让小组同伴看到，在说、写、画、操作等系列活动中，自己都尽力了。

3.平等参与：参与是合作学习的关键因素，没有参与就难有合作。平等参与，在实践中就是要每一个成员承担不同角色的任务，在小组中负起特殊的职责。为此，教师必须首先在思想上明确"什么样的参与才是平等的"、"怎样设计教学任务才能促成学生的平等参与"。不顾学生的学习能力，不考虑学生的心理负荷，仅从教师自定的教学目标出发而安排的小组活动与教学任务，是无法保证每一个学生在合作中真正做到"平等参与"的。

"合作学习"的操作技术：掌握已有的合作学习技术（方法），是在课堂教学中有效开展合作学习的捷径。现以"人人尽责"、"平等参与"为例，合作学习的另一位倡导者卡甘早在1994年就设计出了一些鼓励学生平等参与的方法，这里仅将其中的"谈话卡"做一介绍。

1.小组开始讨论时，每人手中有三张卡（或其他标记，这些标记可以用一些废弃的包装盒、硬纸片等做成，如只要把包装用的硬纸片剪成一个小小四方形即可）

2.小组中的每一个学生在发言时必须把一张卡片放在桌上（或交一张卡片给小组长）。

3.如果一个人用完了全部三张卡片，那么，直至小组全体成员都用完了各自手中的卡片之前，他都不能再发言了。同时，他也不能用手势、动作等其他方式来表达自己的见解。

4.如果大家手中的卡片都用完了而讨论还没有结束，每人可以重新得到三张卡片，讨论由此继续下去。

5.活动结束时，全组讨论一下每人在这次活动中所表现出来的特点，如有的人是不是很快就用完了三张卡，有的人是不是别人都发言了三次他还一言不发，等等。

像"谈话卡"之类的方法，理论家们设计出了许多。我们的教师，只要真正领会了合作学习的原理，在自己的教学实践中努力实践、不断试验、不断反思，就一定会创造出适合学生实际又具有自己个性的好方法来。

另外，还有一点大家必须明白的是"合作"还是各科教学均应达成的目标。

合作学习的理论极为强调培养学生的合作精神与合作技能。以合作技能与思维品质的培养来说，合作技能的形成至少在两个方面对学生思维品质的发展产生影响。其一是人的创造性思维只有在一种自由的、放松的无威胁的情境中才能充分发展，许多合作技能如赞扬别人，婉转地拒绝和注意倾听等可以促进这种情境的生成。在一个充满着友谊和温暖的环境氛围中，学生会乐于表达自己的见解勇于实践自己的主张。同时在这种氛围中，学生的思维也极易受到他人的启发而得到充分展示。其二是许多思维品质的形成与个体合作技能水平的高低密切相关，如给出理由，提供实例，概括总结等行为既可以表现出个体的合作能力，同时又是学生思维水平高低的表现。

在谈及合作还是各科教学的目标时，还有一层意思。教师在采用合作学习的方式时，必须明确地向学生提出，在这次合作学习中合作能力要达到什么目标。如怎样倾听，怎样赞扬，怎样婉言谢绝，在不同的意见面前怎样取舍，听到反对自己的意见又怎样面对，等等。这些小问题的正确解决，合作精神就会一节节地培养起来。

三、课堂教学的开放性、实践性为探究学习拓展了广阔的空间。

传统的课堂教学是封闭的、说教的，强调教师的讲解、学生的传承；强调问题答案的标准性和唯一性。这种教育思想对学生的束缚，是对学生质疑探究能力的扼杀。传统教学强调学科知识的系统性、完整性，缺少开放，也缺少与时代联系和社会实践。这种教学模式造成学生知识面狭窄、思维僵化。要改变传统教学的弊端，就必须加大课堂教学的开放性、实践性力度。唯其如此，才能开展探究学习，从而达到培养学生的创新精神和实践能力的目的。下面是探究学习举例。

1.学生质疑教材,无拘无束的开放性探究。

在课程的实施过程中,预设的教学计划同课堂的真实情境之间经常性地存在着某种"偏轨",这些"偏轨"正是学生个人知识、直接经验、生活世界等"儿童文化"的外显,正是学生与文本教材碰撞出的自我解读,其中不乏有价值的成分。教师若能敏感地捕捉住其中有价值的因素,为学生探究而设计教学,定会生长出较之"知识"更具再生力的因素。

例一《鹬蚌相争》课堂教学片断

生甲:老师,我觉得课文有问题!你看,书上写鹬威胁蚌说:"你不松开壳儿,就等着瞧吧。今天不下雨,明天不下雨,没有了水,你就会干死在这河滩上!你想呀,鹬的嘴正被蚌夹着呢,怎么可能说话呢?

生乙:是呀是呀,这样想来下面也有问题。下面课文又写蚌得意扬扬地对鹬说:"我就夹住你的嘴不放,今天拔不出来,明天拔不出来,吃不到东西,你也会饿死在这河滩上!"蚌正夹着鹬的嘴呢,怎么说话呀,一开口不就让鹬拔出嘴了吗?

众生:(受到启发,也叽叽喳喳,也有了新的发现。)

师:同学们不迷信书本,善于思考,勇于发表自己的想法,真是好样的!这样吧,大家就这个问题小组讨论讨论。另外,还可以参阅老师课前发下的这则寓言的古文。

教室里立刻安静下来,片刻后成了叽叽喳喳的一片。

生丙:我同意刚才几位同学的意见,课文这样写不妥。

生丁:我觉得那不能怨编者,古文就那样写着呢,课文是根据古文改编的。

生戊:不对,古为今用,可并不是照搬照用,不正确的也要修正。

生己：要我说，课文是寓言，你想想，鹬也好蚌也好，其实哪会说话呀，那是人们借这个故事说明道理呢，所以我觉得课文这么写是可以的。

生庚：我不同意，尽管是寓言，想象也要符合实际情况呀，譬如总不能说鹬夹住蚌的嘴巴！

师：（微笑说）这叫要符合事物的物性特点。

师：同学们讨论得真热烈，也很有水平。不过咱们不能光停留在发现问题上。我建议，同学们一起动动脑来改改教材，再动动手给编辑老师写封信，如何？

众生：好。一致通过。

下面是"柠檬酸"小组的一封信。

敬爱的编辑爷爷：

您好！

您组织编写的语文课本真是太棒了！这一本本语文就像一艘艘小船，带着我们在知识的海洋里遨游。每次新学期开学发新书，我们总是抢先翻看语文书。

今天上《鹬蚌相争》时，我们觉得有个地方有点欠妥。我们读到"鹬威胁地说"和"蚌得意扬扬地说"这部分内容时，脑子里闪出了疑问：蚌用外壳把鹬的嘴夹住，鹬怎么能说话呢？而蚌一旦说话，鹬不就可以趁机拔出嘴巴逃走了吗？我们想是不是可以这么改：

"鹬用尽力气，还是拔不出来，便狠狠地瞪了蚌一眼，心想：哼，等着瞧吧，今天不下雨，明天不下雨，你就干死在这河滩上吧。蚌好像看透了鹬的心思，得意扬扬地想：哼，我就夹住你的嘴不放，今天拔不出来，明天拔不出来，吃不到东西，你就会饿死在这河滩上！"

编辑爷爷，您觉得我们的想法有道理吗？

小学四（6）班

柠檬酸小组

新课程的使命说到底是让每个学校走出的学生，都受到现代文明的熏陶，并成为高素质的现代社会公民。现代公民的核心素养之一就是民主意识：他们有良好的合作精神，但同时保持思想的独立，习惯用科学的批判眼光衡量一切，不迷信，不盲从。一个人的民主意识，批判精神需要从小培养。而教师的工作就是让自己的每堂课都充满民主，这样的课堂才有可能诞生一个个拥有健康人格和富有创造力的公民。

2、教师预设问题，引导学生自主探究

探究学习是以发现问题，提出问题作为开端，以反复寻求解决问题的方式为过程，以解决问题作为其主要目标的。问题是学生学习认知活动的一个动力，教师向学生提出问题，有利于培养学生分析问题，解决问题的能力。

例二《邂逅霍金》课堂教学片段

师：假如你们是现场采访的记者，总编交给你们的任务，你们会不会去拍摄霍金？

生甲：我是不会拍摄的。中国人和英国人对霍金的尊重方式是完全不同的。我们对他的尊重表示为一种热情，英国人则是给他足够的空间与时间，让他在自己的科学领域里翱翔。因为霍金不喜欢被人用闪光灯记录下自己的残疾。如果我在现场，我会用心体会他不懈的奋斗精神。即使被总编炒鱿鱼，我也无悔。

生乙：我会拍摄。因为作为一名记者，尊重并努力去完成自己的工作是自己的职责。而且我拍摄并非是要记录霍金的残疾，只是想让更多的人去了解，去学习他的精神。

生丙：我会拍摄的。我认为作为一个生活在现实社会的人不可能不考虑到客观的需求。拍照不能被理解为不尊重，或是侵犯。

生丁：我会拍摄的，但我需换一个角度去拍。拍的不是霍金，而是那些蜂拥而来的记者。因为相信这时各大媒体对霍金的报道已是铺天盖地，不需我更添上无聊的一笔。中国记者这种如火的"热情"，也该灭一灭了，但愿我拍的照片能够浇醒大家，好好反思一下。

《邂逅霍金》一课，整个教学始终围绕学生自己发现——选择——探究——深入的过程设计。学生在课前就按照教师要求上网搜索霍金及剑桥的相关资料，预习课文后提出自己的疑问，教师集中几个疑问率比较大的问题在课上讨论。之后，当老师问道："假如你是现场采访的记者，你们会不会去拍摄霍金"时，学生们根据国内外的实际情况踊跃发表自己的意见，敢于说真话，回答精彩。这种以问题为载体的开放性学习方式，激发了学生学习的兴趣和探索创造的欲望。教师在其中只是起到点拨、引导、领路的作用，引导学生的目光从书本转向自然和社会生活，为他们提供了一个自主探索的舞台。

3、重过程、重体验的感悟性探索

探究学习除了有知识传递的功能外，更重要的是学生在教师的指导下，确定研究课题，主动地获取知识，应用知识，解决问题，从而体验探究过程的学习活动，以提高人的各种能力。

例三《反冲运动火箭》课堂教学片断

引入（放映课前教师和学生共同完成的实验录像）

师：你们自己创造的水火箭，是依靠什么飞起来的？

生：往装有水的瓶子里打气，到了一定的程度，水对于胶管的压力大于摩擦力的时候，瓶子就向下喷水，瓶子向上飞出。

师：类似爆炸、水火箭、鱿鱼等，他们的运动有什么共同点？

生甲：一个物体的两个部分。

生乙：这两部分向相反方向运动。

师：这些现象的共同点就是一个物体的两部分发生相互作用时同时向相反的两个方向运动，这种现象就叫反冲。

师：有时候发生相互作用的两个物体也会向相反方向运动，也是反冲，我们把这两个物体看作一个整体，两个物体分别是整体的两个部分。

师：你们想想看，哪些现象也是反冲？

生丙：两个运动员站在光滑的平面上互相推，他们同时向相反方向运动了。

生丁：一个人在地球上，用力蹬地，人跳起来时也是反冲，因为可以把地球和人看作一个整体。

课前在教师的指导下，学生分成几个小组共同完成实验，并把过程利用摄像机录下来，课堂上放给全班学生看，再让参与的学生讲自己的体会。这种重过程、重体验的教学，使学生通过感性认识，在体验与感悟中对知识的理解逐渐上升至理性认识。

4、设置开放性例题和习题的拓展性探究

探究性学习允许学生有自己独特的见解，能体现学生对问题的探究意识和探究问题的过程意识。它不追求结论的唯一性和标准化。这种开放性有利于学生创造思维品质的培养。

例四《直角三角形性质2》课堂教学片断

例（1）、直角三角形ABC中，∠B=90°，AB=5，增加有关角的条件，求AC的长度。

例（2）、已知：直角三角形ABC中，∠ABC=90°，CD⊥AB，BC=4，AB=8。从已知条件中可获取哪些信息？（面对这样一个结论开放的题目，学生的思维空间大大增加，大家各抒己见，获得了很多信息。例∠A=30°；∠DCB=30°；∠ACD=60°；∠B=60°；AB=2BC；BC=2BD；BD=2；AD=6；BD：BC=1：4；BD：AD=1：3等）

通过设置开放性的例题和习题，培养学生多角度、多层次、多方面考虑问题。如：例（1）是条件开放，例（2）是结论开放，扩大了学生的思维空间，极大地提高了学生灵活运用知识的能力，学生思维活跃，学习中的主动性和创造性更强。

5.学生自己验证自己设想的实验探究

课堂教学中的演示实验，一般是由教师亲自操作或在教师指导下学生做。如果能激发学生自己设计、自己演示，那将是一种更有价值的探究实验。

例五《呼吸作用二》教学片断

师：无氧呼吸出现得比较早，是一种原始的呼吸类型，至今一些微生物还只能在无氧的条件下进行生存。我们通常把微生物的无氧呼吸称为发酵。发酵在日常生活中应用比较广泛，请同学们举例说明一下。

生：做面包时要加酵母菌。（教师演示酵母菌多媒体课件）

师：酵母菌这种微生物在有氧的条件下进行有氧呼吸，把糖类等有机物分解为二氧化碳和水，获取大量的能量。在无氧的条件下，进行发酵。那么酵母菌发酵的产物是什么呢？你用什么方法可以推断酵母的产物是什么？请同学们讨论一下。

生：可以用实验的方法。

学生设计：（1）用液状石蜡封住葡萄糖和酵母混合液，确保无氧环境。（2）用澄清石灰水鉴定二氧化碳，并用2号试管作为对照。（3）利用水浴装置控制温度，以便酵促反应的顺利进行。（教师演示酵母菌酒精发酵的演示实验，由此同学们得出酵母菌发酵的产物是酒精和二氧化碳）

教材中设有演示实验"酵母菌酒精发酵"，在这里教师却大胆尝试学生自行设计的实验，当学生看到依照他们的设计完成的实验获得成功，学生在掌握酵母菌无氧呼吸释放二氧化碳和酒精的同时，也潜移默化地培养了他们的探究能力和创新精神。

6.了解社会的实践探究

社会课教学的社会化和活动化是培养学生探究能力的有利时机，其作用在于帮助学生学会方法。

例六：《旧上海的租界》教学的课外作业

在《旧上海的租界》一课教学时，为了让学生理解什么是租界，更深刻地了解旧上海的租界情况，教师要求学生走向社会进行各类实践活动。有的去博物馆参观；有的去图书馆翻阅、查找资料；有的去寻找旧上海租界留下的建筑；有的去寻访长辈。

学生实践探究是巩固和扩大知识的过程，同时也是吸收、内化知识为能力的过程，实践探究的内容和形式，要根据学科要求和特点决定，不必强求统一。总之，实践探究是开发学生创新思维的有利时机，方法形式一定要灵活多样，只要有利于学生扩大知识和发展能力怎么有利就怎么做。

7.运用科学新知解决现实问题的探究学习

教师要创设社会实践机会，让学生走出课堂，步入社会，走进他们平日熟悉但不深知的领域，用科学知识看待并分析解决现实中的问题，从而使学生体验科学新知的价值，同时感受成功和自信。

例七《物理》课作业题

八年级《物理》（上海科技出版社）第57页有一道作业：调查一下学校或家庭所在社区的光污染现象，写一份调查报告。这对学生而言是一个比较大的综合性问题，它具有一定的探索余地和思考空间，学生应经历一个收集信息、处理信息和得出结论的过程。在这个过程中学生具有一定的自主性，学生必须独立设计好问卷，选择调查对象，收集相关信息。学生在实际调查中必然会面临大量需要克服与解决的困难，他们将感受真实社会，获得进入社会必须具备的但在课堂教学中均无法获得深刻体验的经验。学生在作业中写道："经过这次调查，我才知道给人类带来文明的光有这么多的负面影响，光让动植物生长失去规律性，光的反射让司机产生错觉造成交通事故，长期在人造光源下工作生活的人们容易疲劳……呼吁人们在建设现代文明的同时，要克服它们的负面影响，保护人类生存环境。"学生的这种体验不正是我们要培养的观察能力、判断能力、人际交往能力和获取知识的能力吗？让学生亲身体验，独立探究将对学生的今后发展产生积极的影响。

8.让学生体验创造之快乐的制作性探索

新课程倡导学生在"做中学"，教师要创造学生动手机会，在动手做中开发学生的创造力。因为学生制作一个学具或制造一个小产品都要经历设计方案、选择材料、制造加工、调试、美化、包装等一系列过程，经历这个过程正与科学家创造新产品过程相似。在创造过程中，学生的情感、态度、价值观也得以生成。

例八《物理》课制作橡皮筋测力计

八年级《物理》（上海科技出版社）第85页有一道作业：完

成橡皮筋测力制作，并用你制作的测力计进行简单测量。由于学生选取橡皮筋的材料不同，制作形状各异、量程不同的测力计，有的学生还根据橡皮筋的弹性情况提出刻度值与时间关系的修正案，这对学生来讲是一个伟大的创造，也充分展示了学生的创造才能。学生在制作过程中收获的不仅是一种产品，而且是一种思维、一种体验、一种创造。

9.习题资源再开发让学生学会创新的探究

习题训练是巩固知识培养技能、训练思维的有效手段。传统作业观追求的是习题答案的终结性实效。但是学生在解题过程中得出答案，问题本身获得了解决，并不意味着解题思维活动的结束，而是深入认识的开始。因此，教师要充分挖掘习题所蕴含的丰富内容，以适度为原则，从实际出发，通过改变问题的提法，变换条件或结论，对原有习题的深度与广度进行充分挖掘和拓展，通过探究学习，使学生对新知识能触类旁通、举一反三，从而达到培养学生创造能力之目的。

例九：每次作业精选一道习题，根据习题的特点和学习内容的实际情况，要求学生思考一个或几个问题并把答案写在作业本上与教师和同学交流。

①对习题的提问方法和题型改一改。把封闭式问题变成开放式问题训练学生思维广阔性和灵活性，促进思维能力的提高。

②对习题所含的知识使用范围扩一扩。把原来习题较小的知识范围扩大到更广阔的天地上认识这类问题，从而完善和发展学生的思维空间。

③对习题的数据用某些数据代一代。使学生的思维能力不滞留在某一局部上，从而获得系统性和规律性知识，彻底解决"题海的

无序与学生头脑中的认识结构的有序"这对矛盾。

④对习题中问题的因果关系反一反。培养学生逆向思维能力。

⑤将习题中的问题分成几个小问题。这些小问题本身互不直接牵连，而分别与大问题相吻合。

⑥把几个题目结合在一起，找出它们的共性，然后由特殊到一般，逐步演变成更有一般性的有关结论。

⑦围绕一个题目编造一组有一定难度的问题，以唤起学生积极思维，让学生的知识、技能和智慧拾级而上。

综上所述，教师要改变传统的教学模式，适应素质教育的要求，第一、更新观念是前提。诸如改变师道尊严，实行教学民主；改变强调知识传承为中心，实行培养创新精神与实践能力为重点。第二、指导方法是基础。探究性的学习中，怎样合作交流、怎样发现问题与解决问题、验证假设、怎样培养学生的问题意识和解题习惯等。第三、在教学中，教师以平等的身份，主动参与学生探究活动的全过程，做一名同行者、促进者与引导者是关键。也只有这样，教师才能随时发现学生遇到的困难，及时进行因材施教和有的放矢的指导。同时教师在深入实践过程中，知识结构得以更新，能力得以增强，自身素质得以提高，正所谓教学相长，与新课程同行，与学生共同成长。

（2007.3）

八、教育就是帮助人培养良好习惯

——谈中小学生养成教育的内容和方法

著名教育家叶圣陶先生说"教育是什么？往简单方面说，只需一句话，就是要养成良好习惯。"当今教育改革家魏书生更是把培养良好习惯摆到学校工作的首位，他经常给学生讲："我们学校教育就是帮助人培养良好的习惯。"他还跟教师们说："最重要的不是口号，不是认识，不是情感，而是习惯。""谁想实实在在搞教育，谁就不能只在喊口号、激发情感上下功夫，谁就应该用力气提高认识，在行动上下功夫。"魏书生在《学生实用学习方法》中讲了139种经过实践检验行之有效的学习方法，唯有"养成良好习惯"前面加了"最重要"三个字，表述为"最重要的方法是养成良好习惯"。

教育家为什么如此强调良好习惯的养成呢?

"少成若天性，习惯成自然"。良好习惯能使学生的生活、学习像行云流水那样自然流畅，又像箫韶乐音那样婉转悠扬。这是因为良好习惯实质上是多少次反复的"条件反射"进而形成了"动力定型"。这种"动力定型"一旦形成，人的肢体便会依一定的程序

"自动化"地运作起来。这种"自动化运作"的现象，也就是人们所说的"习惯"。"自动化"能让人的体能发挥到最大，心力与阻力降到最低，而成功的获得变得相对轻松。于是，众多的教育工作者取得共识："行为养成习惯，习惯形成性格，性格决定命运。"你想成功吗？那就及早培养良好习惯。

（一）小学生的养成教育

小学生的良好习惯不外乎品德习惯、学习习惯、生活习惯。这三类习惯，基本上涵盖于教育部发布的《小学生日常行为规范》20条中。为了便于操作，我们可以把规范中的每一条，针对小学生的年龄特征和习惯形成的心理过程（认知、情感、行为）细化成若干更加具体的条目。这样，养成教育，便可以分年级（低、中、高）制订出既切合实际又富操作性的"小学生养成教育六年规划"。

小学生养成教育低中高年级分段内容规划如下：

低年级养成教育的内容：

1.认识国旗、国徽、学唱国歌，正确佩戴红领巾。

①知道国旗、国徽是祖国的象征，知道国歌的歌词大意，知道升国旗、唱国歌的行为规范。知道红领巾的含义及正确佩戴红领巾的方法。

②激发小学生从小热爱祖国、热爱少先队的思想感情。

③会唱国歌，行队礼姿势正确、正确佩戴红领巾。

2.尊敬父母

①知道每个做父母的都十分疼爱自己的孩子。

②体验父母疼爱自己的感情。

③在父母面前，不胡搅蛮缠，不乱花钱。

3.尊敬老师

①知道老师是带领自己向好向上前进的引路人，老师是辛勤的园丁。

②激发尊敬老师的感情。

③见老师要问好，进办公室要喊报告，与老师谈话要用"您"。

4.礼貌待人

①知道同学相处、做客、待客要有礼貌，知道礼貌待人是一种文明行为。

②感受礼貌待人的愉悦心情。乐意礼貌待人。

③讲普通话，用礼貌用语。不骂人，不打架。到他人房间先敲门，经允许再进入。不随意翻动别人的物品，不打扰别人的工作、学习和休息。要养成尊老爱幼的习惯，说话亲切，行为文明。

5.说真话，不说谎

①知道说真话、说实话是诚实的行为。说谎是不诚实的表现。说谎害人害己。

②感受诚实的人大家喜欢，不诚实的人大家讨厌。

③自己错了敢于承认不隐瞒，不说谎话，不欺骗他人。

6.按时上学，按时作息

①知道按时上学、按时作息是小学生必须遵守的纪律。知道遵时守纪能使自己生活好、学习好、成长好。

②感受遵时守纪能使生活规律、精力充沛、学习高效的愉悦。

③生活有规律，定时吃饭、睡觉。按时上学不迟到，有事有病请假，迟到报告再进教室。

7.整理书籍文具

①知道每天上学用的书籍、文具该怎样整齐清洁地装进书包，

并能方便快捷地取出应用。

②激发学生"自己的事自己干"的自豪感，爱整洁、爱劳动的光荣感。

③每天都能按书、簿、盒等分别整理，按顺序装进书包、按顺序取出应用，不丢三落四。

8.上课专心，发言举手

①知道课堂纪律，懂得耳听、眼看、口读、心想的重要意义，知道发言要举手。

②让学生感受到遵守课堂纪律专心致志、积极参与、主动交流的愉悦。

③上课专心听教师讲解，认真听同学发言。别人讲话，自己不举手，不打断，不做小动作，不走神。

9.课前准备，课后作业

①知道课前预习及备好书本文具的意义，知道课后复习、作业的重要。

②体会课前做好准备的轻松，感受课后做好作业的喜悦。

③课前准备好学习用品，作业认真，写字笔画清楚、规范，卷面干净、整齐，动手作业要自己亲手完成。

10.认真写字

①知道文字是学习、交流、表达的工具。

②体会书写清楚、卷面干净给人以好感。

③掌握正确姿势，能一笔一画按笔顺写出清晰好认的文字。

11.做好两操

①知道做好广播操及眼保健操的意义。知道做好两操的要点。

②激发锻炼身体、保护视力才能获得好成绩的愿望。

③整队迅速整齐安静，广播操动作正确、有力。眼保健操穴位准确，按摩到位。

12.课间文明休息

①知道课间文明休息的意义，懂得课间文明休息的方式。

②感受一节课后文明休息轻松愉快。

③课间合理调节休闲内容，不追逐打闹，能有秩序地玩耍，并注意安全。

13.讲究个人卫生

①懂得刷牙、洗澡、剪指甲、不喝生水、饭前便后洗手等卫生活动的意义。

②感受讲究卫生使自己身体健康、精力充沛的愉悦。

③做到早晚刷牙、常剪指甲、常洗澡，不喝生水、不吃零食、饭前便后洗手。

14.扫地、倒垃圾

①知道扫地、倒垃圾的方法。

②激发共建整洁、优美、舒适环境的热情，培养劳动光荣感。

③扫地姿势正确、顺序合理，倒垃圾能防止沿途散落。

15.爱惜粮菜及生活用品

①知道食品用品来之不易。

②激发节约光荣、浪费可耻的感情。

③做到珍惜食物，不抛米撒菜，能节省消费，不攀比挥霍。

16.不在墙上乱涂乱画

①知道保持墙面洁白是环境卫生的需要，知道在墙上乱涂乱画是不文明的行为。

②感受整洁的墙面，有利于我们更好地学习、生活，厌恶、反

对或劝阻在墙上乱涂乱画。

③做到不在墙上乱涂乱画，墙面有污及时擦净。

17.爱护花草树木

①知道花草树木对人居环境的益处。

②体验在花草树木优美环境中学习、生活的乐趣，激发爱护花草树木的情感。

③不摘花、不折树，不乱踩草坪，见别人破坏要阻止。

18.不在马路上逗留或戏耍

①知道交通标志、汽车方向灯、马路交通的一般常识。

②感受生命可贵及自觉遵守交通法规的作用。

③不在马路上游戏，遵守交通法规，遇到违规现象及时阻止。

中年级养成教育的内容：

1.尊敬国旗、国徽，唱好国歌

①知道国旗、国徽的含义、国歌的内容，知道唱国歌、升（挂）国旗是爱国的表现。

②激发学生爱国之情及树立民族自豪感。

③升国旗、唱国歌时要严肃认真，敬礼正确、声音响亮。

2.孝敬父母

①懂得尊敬父母、长辈是中华民族的传统美德。

②体验激发尊敬长辈的感情。

③在家当一个好孩子，能做力所能及的家务事情，在外也能尊敬别人的长辈。

3.爱护小同学

①知道同学间要友好相处，欺负小同学是不良行为。

②乐意帮助同学，感受助人为乐的快活。

③关心、帮助比自己小的同学，不嘲笑小同学。

4.关心残疾人

①懂得帮助残疾人是人类社会进步的表现，仁爱助人是我中华民族传统美德。

②体验帮助残疾人的欣慰，激发关心、帮助残疾人的思想感情。

③主动关心帮助残疾人。

5.说到做到

①懂得言行一致是一种好品德。

②感受诚实守信能得到别人信任。

③践行诺言讲信用，抵制不讲信用的坏风气。

6.学会注意

①懂得注意是心灵的窗口，学习离不开注意。

②体验有意注意，无意注意的区别，体验有意注意的功效。

③学会有意注意，课堂、作业多用有意注意。

7.学会记忆

①知道记忆的心理机制，懂得科学记忆的几种方法。

②体验科学记忆的功效。

③掌握几种科学记忆的方法，及时复习功课。

8.认真写字

①知道文字是学习知识，表达与交流思想的工具。

②体验书写清楚、整洁、美观，有利学业又有美感。

③做到书写清楚又美观。

9.不作弊

①知道作弊是不诚实的行为，诚实比满分更重要。

②感受靠自己勤奋努力，获取好成绩，考试不作弊的好处。

③平时学习要踏实，测验考试不作弊。

10.知错就改

①懂得知错就改是一种美德，及时纠正缺点有利于自己进步。

②激发及时纠正缺点的愿望，培养诚恳接受意见的真情。

③常常有知错就改的行动。

11.对人宽容

①懂得对人宽容是一种美德。

②敬佩对人宽容的人。

③别人有意冒犯自己，只要他认识了，就不记仇，不报复。

12.交往礼仪

①知道礼仪的重要性，懂得校园礼仪、交往礼仪。

②感受礼貌待人、文明游戏给自己带来的愉悦。

③尊敬师长，友爱同学，活动中、游戏中文明礼让。

13.衣着整洁常洗澡

①懂得衣着整洁，常洗澡对人体健美的意义。

②体验健美的感受，激发健美的感情。

③经常换洗衣服，洗澡，讲究个人卫生。

14.节约水、电

①知道水、电用处大，知道水电来之不易。

②对节约水、电的行为表示赞扬，对浪费水、电的现象表示痛心。

③及时关灯、关水龙头。遇到浪费水电现象及时阻止。

高年级养成教育的内容

1.关心国家大事

①知道"天下兴亡，匹夫有责"，每个公民都应关心国家大事。

②激发学生热爱家乡、热爱祖国的思想感情。

③按时收听（看）新闻、学会做时事摘记。

2.确立高尚的人生目标

①知道一般人的平庸在于缺乏高尚的人生目标，伟大的人都是对国家、民族乃至全人类做出贡献的人。

②激发学生为国为民发奋学习，立志成才的思想感情。

③为了成功的人生，坚持不懈地与惰性做斗争、与不良习惯做斗争，养成冷静思考用理智用毅力控制自己言行的好习惯。

3.确立正确的荣辱观

①知道"八荣八耻"的内容。

②引导学生感受知荣明耻的行为体验，激发学生实践"八荣八耻"思想感情。

③坚持遵纪守法诚实守信行为，积极参与义务劳作、活动。

4.体贴父母

①懂得关心体贴父母是子女应尽的义务及责任。

②体验父母育儿的苦心，对孝敬父母的行为表示赞许，对虐待父母长辈的行为表示谴责。

③自己的事自己做，不给父母添麻烦，并能常做力所能及的家务，体谅父母的困难。

5.尊老爱幼

①知道尊老爱幼是中华民族的传统美德。

②感受尊老爱幼的情感体验。

③车上为老人、孕妇让座，路上扶助老人、小孩。

6.认真写字

①懂得文字是工具，书法是艺术。

②体验书写整洁、美观是一种艺术享受。

③做到书写有书法意识，卷面有了美感。

7.学会合作交往

①知道人作为社会中的一员，需要在相互帮助中生存、发展，懂得交友的原则。

②体验合作成功、交往多助的乐趣。

③交诚实、正派、正直、宽容、大度，博学多闻的朋友。

8.增强环保意识

①懂得尊重自然，保护自然，合理利用自然，维护人与自然和谐的意义。

②激发学生热爱自然，从身边小事做起维护人与自然和谐的感情。

③积极参加绿化活动，努力创建绿色家园。

9.珍爱生命，注意安全

①学会自我保护方法，懂得生命只有一次。

②感受生命的珍贵，为一些不珍惜生命的行为感到惋惜。

③远离烟、酒、赌、毒品，积极防火、防盗、防溺水、防触电、防中毒。

10.自觉遵守公共秩序

①懂得良好的公共秩序是人们正常生活、学习和工作的保证，是良好文化教养和道德水平的体现。

②体验自觉遵守公共秩序利己又利人。

③在公共场所处处想他人，乘车让座、走路不抢不挤，扶助老弱病残。

11.爱护公共设施

①懂得公共设施的作用，损坏公共设施就会损坏社会生活。

②体验公共设施给人们的生活带来的方便，公共设施一旦受损，社会生活就受到影响。

③爱护公共场所的一切设施，看到别人损坏和私拿公物，敢于劝阻和批评，不小心损坏了公物，要赔偿。

12.学会文明礼仪

①懂得不同场合的礼仪。

②体验文明得体的行为举止受人尊重。

③做到礼貌待客、文明进餐，举止得体，仪表端庄。

（二）中学生的养成教育

一、热爱祖国、关心国家大事

1.知道自己的成长发展需要祖国，祖国也需要我们去建设、保卫。

2.体验祖国的日益繁荣、强盛，使我们生活得更加幸福、有尊严；激发其爱国之情，报国之志。

3.做到维护国家荣誉，尊敬国旗、国徽，会唱国歌；升降国旗、奏国歌时要肃立、脱帽、行注目礼，少先队员行队礼。每日收听收看新闻。关心国家大事，做好身边小事。

二、孝敬父母，尊敬师长

1.知道尊师孝亲是中华民族的传统美德。

2.体验父母、师长为自己的成人成才付出的艰辛。

3.做到尊重教职工。见面行礼或主动问候，回答师长问话要起立，接受递送物品时要起立并用双手。给老师提意见态度诚恳。尊重父母意见和教导，经常把生活、学习、思想情况告诉父母。外出和到家时，向父母打招呼，未经家长同意，不得在外住宿。尊敬体贴帮助兄弟姐妹。对长辈有意见，有礼貌地提出，不要脾气，不顶撞。

三、崇拜英雄、模范、伟人、科学家

1.知道英雄、模范、伟人、科学家都是为人民、为社会做出巨大贡献的人。

2.激发其对英雄、模范、伟人、科学家的崇拜之情、效仿之意。

3.读英雄、模范、伟人、科学家的传记，学他们的品德志趣，背他们的格言、警句，设计自己的座右铭，能念念不忘，尤其能心口如一、言行一致。

四、知荣明耻、自尊自爱

1.懂得一个有德行的人必须知荣明耻，自尊自爱。荣誉要靠不懈的努力获取，骗取荣誉是可耻的，虚假荣誉不能接受。

2.激发公平竞争，为父母、为学校、为祖国争光的热情。

3.牢记"八荣八耻"的要求，经常做好事而不做坏事。

五、树立远大理想，制定自我教育计划

1.懂得"志当存高远（诸葛亮语）"、"志不立，天下无可成之事（王守仁语）"、"一个人追求的目标越高，他的才力就发展得越快，对社会就越有益。（高尔基语）"，认识人人心中都有真、善、美与假、恶、丑的两个自我，自我教育能使真、善、美战胜假、恶、丑，使自己永远站在人民大众的立场上，新我战胜旧我，实现远大理想，创造更加美好的明天。

2.激发学生树立远大理想，并为实现理想而奋发努力的豪情。

3.制定并落实自我教育计划，从德、智、体、美诸方面努力，包括终生努力方向、十年达到的目标、一年怎样度过、一天怎样安排。有了切实可行的计划，还要坚持新我战胜旧我的行动，逐月统计做好事件数、读课外书页数、抄格言条数、写日记篇数、政治

课练习页数、语文课练习页数、外语、数学等各科练习页数、锻炼身体跑步千米数、画图画几幅、学歌几首。做到有计划、能落实、不虚夸。

六、坚持锻炼身体，着意磨炼意志

1.知道坚持锻炼身体，不仅增强了体质，而且磨炼了意志。有了顽强的意志，今天能战胜学习上的困难，明天就能战胜工作中的险阻。

2.激发学生坚持每天锻炼一小时的热情，体验身体好、意志坚、精力充沛的乐趣。

3.选择长跑、俯卧撑、仰卧起坐、跳绳等方便的项目，每日锻炼一小时。

七、举止文明，情趣健康

1.懂得一个有教养的现代人必须举止文明、情趣健康。

2.体验举止文明、情趣健康给学习、生活增添的乐趣。

3.做到坐、立、行、读书、写字姿势正确，衣着整洁朴素大方，不烫发、化妆、佩戴首饰。男不留长发，女不穿高跟鞋。不随地吐痰、乱扔废弃物，不吸烟，不喝酒。不打架骂人，不说脏话。不赌博，不参加封建迷信活动。不看色情、凶杀、迷信的书刊、影视，不唱不健康的歌曲，不进营业性舞厅、营业性电子厅。爱惜名誉，拾金不昧，不受利诱，不失人格。

八、遵规守纪，勤奋学习

1.知道规范与纪律对自己健康成长有重要作用。

2.体验遵规守纪给自己的好心态。

3.做到按时作息。课前准备好用品，上、下课时，起立向老师致敬。上课专心听讲，敢提问，敢发言。会预习、会复习、按时独立完成作业。考试不作弊，合理安排课余生活。积极参加团队活动、文体活动、劳动和社会实践活动。认真值日，保持教室、校园整洁优美。保持图书馆、阅览室的安静。不在教室和楼道内追逐喧哗。爱护校舍和公物，不在黑板、墙壁、课桌、布告栏等处涂抹刻画。借用公物要按时归还，损坏东西要赔偿。参加各种集会准时到达，不做与会议无关的事。遵守宿舍和食堂的制度，爱惜粮食，节约水电，服从管理。

九、真诚友爱，礼貌待人

1.懂得"真诚友爱、礼貌待人"是现代文明人必须有的修养。

2.体验真诚友爱、礼貌待人者会生活得更轻松、潇洒，也能得到更多人的信任与友情。

3.做到尊重他人人格，谦恭礼让，敬老爱幼，尊重妇女，帮助残疾人。遇见外宾，以礼相待，不卑不亢。要讲普通话，使用礼貌用语，讲话注意场合，态度和蔼。同学之间团结互助，正常交往，真诚相待，不叫侮辱性绰号，不欺侮同学，发生矛盾多做自我批评。待客热情，起立迎送。邻居有困难时，主动关心、帮助。未经允许不进入他人房间，动用他人物品、看他人信件和日记。不随意打断别人的讲话、打扰他人学习、工作和休息，妨碍别人要道歉。答应别人的事要按时做到，做不到时表示歉意，借他人钱物要及时归还。

十、勤劳俭朴，淡泊明志

1.懂得"成由勤俭破由奢"的哲理。

2.体验勤俭的价值，感受淡泊明志、宁静致远的情怀。

3.做到生活俭朴，不摆阔气，不乱花钱。学会料理个人生活，自己的衣物用品收放整齐。主动承担收拾房间、洗衣、做饭、洗刷餐具和打扫楼道、庭院等力所能及的家务劳动和公益劳动。

十一、争分夺秒，惜时如金

1.懂得凡是有成就的人，毫无例外地都是利用时间的能手。知道生命是以时间为单位的，浪费别人的时间等于谋财害命；浪费自己的时间，等于慢性自杀。

2.体验充分利用时间的愉悦，感受无端耗费时间的痛苦。

3.学会控制"三闲（闲话、闲事、闲思）"，学会巧用"边角废料（零碎时间）"，并以日、周、月、年做出统计。

十二、严于律己，遵守公德

1.知道人人遵守公德，社会才能和谐发展。

2.激发遵守公德、创建文明家庭、班组、学校的热情。

3.做到遵守交通法规，不违章骑车，过马路走人行横道。乘公共汽车、船主动购票，给老、幼、病、残、孕妇及师长让路、让座，不争抢座位。遵守公共秩序，购票购物按顺序，对营业员要有礼貌。爱护公用设施、文物古迹。爱惜庄稼、花草、树木，保护有益动物和生态环境。参观游览守秩序，瞻仰烈士陵墓保持肃静。观看演出和比赛，做文明观众，不起哄滋扰，结束时鼓掌致意。尊重外地人，遇有问题，认真指引。见义勇为，对违反社会公德的行为要进行劝阻，发现违法犯罪行为及时报告。

（三）养成教育的方法

有句古话说："积丝成寸，积寸成尺，寸尺不已，遂成丈匹。"这句话向我们提示了一个深刻的道理：一个良好习惯的养成必须日积月累、持之以恒，绝不能一蹴而就。

培养良好习惯的方法常见的有以下几种。

1.温馨提示法

河北省石家庄市桥西区红星小学的养成教育卓有成效。他们通过习惯培养使师生的行为文明高雅，他们打造了一个个性化的校园——校园内随处可见温馨的提示，如楼梯口："脚步轻轻，笑脸盈盈"，楼道内："我有四个文明：微笑的文明，弯腰的文明、低声说话的文明，轻声走路的文明"。我小时候住过一所学校一进校门，门厅中央立一块整容镜，镜子左右各一句话：您的手脸干净了吗？您的衣服整齐了吗？对于小孩子们来说，这也不失为一个温馨的提示。

别小看这个温馨的提示，她的作用可不小。敬爱的周恩来总理曾讲过"外交礼仪"无小事，一颦一笑都关系着国家的形象。而他的"发必理，面必净，纽必结，肩必平……"都是少年时在学校读书整容镜天天提示而形成的良好习惯。

温馨提示可以培养良好习惯，纠正不良习惯也可以用温馨提示。我曾有一位同事，年纪轻轻就吸烟成瘾，以至气喘咳嗽，严重影响工作。在大家的规劝下，意欲戒烟，但又缺少毅力，常改常犯。后来别人帮他写了一张条幅，贴在他的床头——"一个改不掉烟瘾的人是一个一文不值的人"。后来每当想吸一支的时候，就看一眼条幅。果然，这个虽然欠缺点温馨的提示，也还真让他戒掉了多年的烟瘾。

温馨提示之所以能促成好习惯的养成或改掉坏习惯的延续，是因为他能使人的大脑皮层形成一种优势兴奋中心。由于优势兴奋中心的存在，在这一皮质区域的暂时联系容易建立，旧的暂时联系容易恢复，这时人们已有的理智就会控制以至支配自己的行为，使之不再信马由缰地乱来，这样一来，坏习惯便改掉，好习惯便促成。当然这种提示要天天见才好，正如楼梯口的标语，床头的条幅那样。

2.榜样引领法

　　古希腊神话中有一个故事，说的是18岁的海格里斯，正走在人生的十字路口上。这时他碰见了两位女神，一个叫"恶德"，一个叫"美德"。恶德女神千方百计诱惑他去追求能使自己快乐一生却有害他人的生活，美德女神则劝他走为民除害造福的道路。最后海格里斯听从了美德女神的呼唤，拒绝了恶德女神邪恶的诱惑，选择了始终为同胞做好事的人生之路。后来，海格里斯成长为希腊人千古传颂的英雄。海格里斯从美德女神身上看到了美的品质，把美德女神作为榜样，自己也成了英雄。如果他以恶德女神为榜样，可能会出现完全相反的结果。所以人们说"榜样是最好的老师。"

　　每一个成长中的孩子，都需要一个好的榜样，好的榜样对孩子的影响力是很强的，会成为他们前进的目标和动力之源。孩子以什么样的人为榜样，他也可能成为什么样的人：当他们以英雄人物、伟人、科学家为榜样，就可能找到动力和方向，成为有用的人；当他们结交小人，流氓、骗子，就可能同流合污为害一方。因此，我们当教师的，有一个至为重要的任务就是帮助学生选择适合他们学习的榜样。

　　在中小学校园里，我看到处处挂着名人、伟人、科学家的画像。这无疑是引导孩子们学习榜样的好形式，不过，我发现好多学校并不着意引导孩子关注这些画像，大多数学生也不怎么留心这些画像。久而久之，画像也仅仅成了个装点校园环境的一种摆设。如果能把这些画像所蕴藏的博大精深的内涵与学生的学习生活联系起来，那将是多么有力的榜样引领啊！

　　除了名人、伟人、科学家可以提供学生榜样引领外，孩子们同龄人中的优秀者也是合适的榜样。而且这种榜样更接近、更方便、更容易见效。孩子们身边的伙伴，哪怕他身上有一点值得孩子学习，比如学习特别认真、时间观念很强，诚信交往，礼貌待人等，都是值得孩子学习的榜样。

还有一个当仁不让的榜样——人民教师。想让学生养成良好习惯，教师首先应该养成良好习惯。要学生写日记，教师必须天天写日记；学生练身体，教师必须坚持练身体；要学生文明礼貌，教师的形容举止就该中规中矩。正如陶行知所说：要学生做的事情，教职员躬亲共做；要学生学的知识，教职员躬亲共学。这种以身立教的规矩，是两千五百年前的孔夫子立的。孔老夫子深有体会：其身正，不令而行，其身不正，虽令不从。

3.强化训练法

《论语》学而篇，子曰："学而时习之"，是什么意思？一般人都知道，那不是孔子要学生把学过的功课经常温习、复习吗？其实不够。

"习"字在古书中还有实习、演习的意思。《史记孔子世家》："孔子去曹适宋，与弟子习礼大树下。"这一"习"字，更是演习、练习的意思。孔子所讲的功课，一般都和当时的社会生活和政治生活密切结合。像礼、乐、射、御这些课程，尤其非演习、实习、练习不可。这里的演习、实习、练习就是现在讲的"训练"。"学而时习之"强调的是学习方法，即"训练"的重要性，可见孔夫子教学是非常重视训练的。

英国著名教育家洛克曾说："儿童不是用规则教育可教育好的，规则总是让他们忘掉。你觉得他们有什么必须做的事，你便应该利用一切时机，甚至在可能的时候创造时机，给他们一种不可缺少的练习，使这些练习在他们身上固定起来。这就可以使他们养成一种习惯，这种习惯一旦养成以后，便不用借助记忆，很容易地、很自然地发生作用了。"这段话非常明确地指出了练习（也就是训练）的作用。可以说，没有训练，就没有习惯。习惯必须经过长期的、反复的训练才能形成。

古今中外的教育家都强调训练的重要性。因为训练是形成和巩固大脑皮层暂时联系的过程。而反复训练形成了巩固的暂时联系，这就叫条件反射。条件反射的不断强化，良好习惯随之养成了。

4.分层达标法

中国科学院心理研究所张梅玲研究员曾经指出：习惯之间不能机械地用年龄划分开，比如几岁到几岁培养学习习惯，几岁到几岁培养做人习惯，只能说根据孩子的年龄特点和心理特征，在不同年龄阶段要有不同的要求，在要求、水平、层次上要有差异。

张梅玲的话很有道理。常见一些父母甚至有些老师恨不得让孩子一天之内变成圣人。他们忘掉了人人耳熟能详的寓言故事——揠苗助长。整个教育的大目标不能三天两下午达到，培养一个良好习惯也不能一蹴而就。《礼记·学记》"幼者听而弗问，学不躐等也。"也是这个意思，育人要遵循教育规律。

培养良好习惯，假如已经设定了一个大目标，就应该科学地分解为若干小目标，然后由简到繁落实在日常行动上，循序渐进，持之以恒，一定会达到预期的效果。这里所说的"科学"就是指孩子们（学生）的年龄特点、心理特征、教育规律。

例如，同样是培养小学生"孝敬父母"的习惯，对于低年级的孩子，只要求他们体验父母疼爱自己的情感，做到不在父母面前恶作剧、不胡搅蛮缠；对于中年级的孩子则要求懂得尊敬父母、长辈是中华民族的传统美德，做到在家当个好孩子，做点力所能及的家务，外出也能尊敬老人；对于高年级的孩子，就要求关心体贴父母，体谅父母的困难，尊重所见到的长辈老人。

又如，培养小学生"认真写字"的习惯，对于低年级的孩子，要求姿势正确，一笔一画地认真写清楚；对于中年级的孩子，则要求不但认真写清，还要尽可能整洁美观；对于高年级的孩子，就要求有一定书法意识，做到书写有一定的艺术性。

5.家校合作法

教育不是单靠学校或单靠家庭一个方面的力量能成功的，要想使孩子健康成长，需要全社会的合力。苏联教育家苏霍姆林斯基所领导的帕夫雷什卡中学，在多方面取得了卓越的成就，苏霍姆林斯基认为："这些成就来源于我们和学生家庭的共同工作。这种工作起了极其重要的作用。问题恰恰在于，我们和学生家庭作为并肩工作的两个雕塑家，有着相同的理想观念，并朝着一个方向行动。"（苏霍姆林斯基：《给教师的一百条建议》）

在培养学生良好习惯时，我们提倡家校合作，尤其提倡学校主动提出合作项目，提供合作机会，并及时与家庭沟通，相约家长做好配合。这是因为学校是专门育人的场所，教师又受过育人的专业训练；而家长一般多属外行，又不便随时进入学校。

有一本书，叫《不输在家庭教育上》。书中有一则"家务劳动承包合同"的案例。说的是四年级学生正在与家长举行"家务劳动承包合同"的签订仪式。在班主任的协调下，全班学生与家长一一对应，认真商讨起来。有的学生选择了洗衣扫地，有的选择了择菜烧饭，大多数学生都选了两三个项目作为承包内容。双方在合同书上郑重地签上了自己的姓名。校长和大队辅导员应邀担任了双方的见证人，在每一份合同上盖上了公章。

老师说："这次劳动承包为期3个月，主要是为全班同学提供一个劳动岗位，促使大家学本领、练毅力、尽义务，从小懂得信守自己的诺言。我们也希望各位家长积极支持，帮助和督促子女学做家务，同时也应避免给子女过重的负担，希望双方共同履行合同。"在此基础上，学校还印发了"家务承包中期联系卡"，请班主任走访部分家长，督促家长履行合同。

从此，全班同学的家务劳动热情高涨起来，不少人除了坚持完成合同规定的家务外，还主动帮父母做其他力所能及的事，还有人悄悄地学会了几手"绝活"。

很多父母为之头疼的问题，通过家校合作，就变得十分轻松了。父母和教师在教育孩子方面是站在一条线上的。父母和老师对孩子有着共同的爱心，教育目标也是一致的，都是为了孩子的健康成长，最好的办法当然是形成合力，争取最好的效果了。

另外，在培养好习惯的同时还要注意改变坏习惯。叶圣陶说坏习惯有两种：一是不养成习惯的习惯：即对自己要求太松，今天这样，明天又那样，什么习惯也养不成的习惯。二是妨害他人的习惯，这是恶劣品质形成的根源。他说如果一个人不明白与他人的密切关系，不懂得爱护他人，一切习惯偏向妨害他人方面，就极有可能成为一个恶人，甚至是犯罪。因此，我们必须及时发现并认真纠正学生的坏习惯。

最后，我还强调一点：任何一个良好习惯，其实是这样形成的。讲一讲是没有用的，写在纸上、挂在墙上，作用也不大。行为要不停地规范、不停地塑造、不停地强化，规范化的行为反复多次，最后才能形成习惯。我们教师就是做不停地规范、塑造、强化的工作。谁能诲人不倦地坚持下去，谁就是成功的教师。

（2007.8）

九、短论一束

一、爱心从何而来

教师职业道德规范倡导教师要热爱、尊重全体学生。义务教育法也规定教师要爱护学生、忠于职责。有位青年教师学习规范、义务法之后，请教一位老教师说："调皮生惹我哭笑不得，只想揍他一顿，爱不起来，该咋办？"老教师抿嘴微笑，没有正面回答，却为他讲述了一个故事——

俄国著名园艺家米丘林在科学实验中培养了许多鲜美诱人的水果，果园附近的一些孩子常常翻墙入园偷吃。一天，米丘林在一群偷果子的孩子中间抓住了一个"小首领"。正在这个孩子等待"惩罚"的时候，米丘林却和蔼地对那个孩子说："这果树是做实验用的，摘去一个果子，也许会毁灭一项重要的实验。"米丘林说完后又把这个孩子领到自己屋里，让他喝茶，请他吃果酱，并对他说："等你长大了，你可以培植这样的果子。那时，你会懂得我今天所讲的道理的。"十五年过去了，一天，一个二十几岁的农学院果树专业毕业生，来访问米丘林。这青年便是当年偷果子的那个"小首领"，名叫雅可乌列夫。米丘林热情接待并接纳他加入实验工作。以后，米丘林更加精心培养他。使他当上了生物学博士，成为米丘林事业的卓越继承人。

老教师讲完故事，略加思索，接着说：假如当时米丘林抓到雅可乌列夫以后，不是待之以礼，而是痛打一顿了事，那情况又会怎样呢？偷果子挨揍，是自作自受，没人会同情。也许雅可乌列夫和他的伙伴以后不会再爬到米丘林的园子里偷果子吃了，可说不定还会到别的园子里去窃瓜呢。这样，米丘林的园子虽然得到了安宁，但从教育人、改造人的角度看，这样处理却是教育的失败。

老教师的一席谈，深深打动了那位青年教师的心。他脱口而出："我明白了！"接着，他又不无感慨地说：米丘林把"淘气包"当作事业的继承人，故能待之以礼、晓之以理；我把调皮生看作绊脚石、眼中钉，当然想踢开、拔掉或者狠揍一顿。……爱心是一种情感，没有认识便不会有情感。

其实，爱心不仅是一种情感，也是一种责任。而情感和责任又都是以认识为基础的。一个教师，把面前的全体学生都看作国家的未来，民族的希望，事业的接班人时，他的责任感、使命感就应运而生。魏书生说得好："就是有一个学生，我没把他教好，我心灵里也不安。我非把所有的学生都教好，我才甘心。""知之深则爱之切"。良知产生爱心，爱心唤起责任感、使命感。而深刻的认识、强烈的爱心、明确的责任感又推动着坚强的意志行动——"把所有的学生教好，我才甘心。"要清醒地看到，我国经济增长方式还没有根本转变，沉重的人口负担还没有转化为人力资源的优势。事实越来越证明，我们的劳动力素质和科技创新能力不高，已经成为制约我国经济发展和国际竞争能力增强的一个主要因素。毫无疑问，"劳动者素质的提高"、"科技创新能力的提高"，这是对于培养和造就我国21世纪的一代新人提出的更加迫切的要求。祖国建设，既需要数以万计的尖端科技人才，也需要数以亿计的普通岗位的建设者和接班人。而所有这些人的高素质都要从小抓起，正待中小学教师的精心培育。作为一个人民教师，有千钧重责去开发每个学生的潜能，帮助每个学生获得成功，绝无任何理由把自己认为调皮、淘气的学生甩掉。即使甩掉一个，也是违背职业道德规范，又为义务教育法所不容的。（1997.9）

二、校长的"新招"

某初中学校男厕门口有一截屏风短墙。校长说，几年来已砌过多次。每次修起，过不了三天便踏上了大小不同、花纹各异的鞋印。随之而来的是一块一块、一批一批地坍塌。为此，开会宣讲过爱护公共设施的道理，也多次张贴处罚告示。但每次的回报总是坍塌。这学期，他们变了个法儿——新砌之后，粉刷洁白，并在墙壁上写了两行红色黑体美术字："洁白的墙壁能映出您的心灵：是维护它？或者玷污它？还是踹塌它？请您三思。"已经过去三个月，还没踏上一只鞋印，更没少了一块砖头。

听了这一案例，很多同事在佩服的同时也产生了几分诧异：两行美术字会有如此效应？是的，事实摆在你面前，不由你不信。

其实，一个有正常意识的学生，面对那两行红色黑体美术字，都会产生一种思考。倒不是因为"红色"、也不是因为"黑体"，自然也不是因为"美术字"而是因为那三个问题会引出两种态度，形成截然相反的两种后果——维护它，就不用动手动脚，不用吹灰之力就保住了公共设施；嫌弃它，就踹几脚，直至踹塌，这就摧毁了公共设施。前者，于己于公都有益，后者于己于公都有害。有了这种思考，面前这"洁白的短墙"便成了可以映出灵魂的镜子：为善耶？作恶耶？相信大多数有正常意识的健康人都会选择为善的行为，而摒弃作恶。那么极个别的违规者也可能会有的，但在众人乐善的集体氛围里也会收敛约束自己的邪念。这就有利于良好习惯的形成，而良好习惯会产生良好品德。

案例中那位校长的教育智慧既是实践中反思出来的，又是不断学习素质教育新观念学到手的。短墙被毁，重修了事。怕被再毁，抓个典型，重处公示。这是一般管理者的常规老套。而这位校长却跳出了常规，另辟蹊径：引起学生思考，激发学生挑战自我超越自我，让他们新我战胜旧我，不断成长发展。

为了理解这一案例的成功实践可以重温一遍教育心理学提供的一段论述：少年期或初中生心理的年龄特征，主要是一个半幼稚半成熟的时期，是独立性和依附性、自觉性和幼稚性错综矛盾的时期。一方面好玩爱动的童趣犹在，另一方面他们的身体迅速发育，又有了一定的知识、技能和独立工作能力，使其"成人感"产生；一方面活动能量空前充沛，另一方面道德观念、法律观念不足，认识发展又不平衡。前一方面的存在，使他们一有机会便跃跃欲试、逞强好胜；后一方面的发展又让他们往往做错了事之后悔恨不迭。针对这一特征，教育者的责任有二：其一是保护他们的好胜心，其二是减少他们的盲动性。好胜心必须保护，因为有了它，学生会热情奋发拼搏上进，成功的机会多；盲动性必须克服，因为盲人瞎马，三撞两撞会头破血流，一蹶不振。怎样才能使青少年避其所短，扬其所长呢？许多优秀的教师都是运用教育智慧，引起学生的积极思考，点燃学生心灵中真、善、美的火花，形成压倒的优势，打消假、恶、丑的邪念。这也就是培养学生自我教育的能力。学生有了这种自我教育的能力，将会一路畅通终身受益。

培养学生自我教育的能力，教师必须有爱心、信心以及足够的耐心。要关爱每一个学生，因为每一个青少年都是祖国的未来。教师爱学生，就是爱祖国，爱人民的表现。有人说"爱自己的孩子是人，爱别人的孩子是神。"那就让我们每个教师都当一当"神"吧。对学生的成长要有信心。因为人是广阔的世界，青少年也一样。他们的心灵里既有秀美山川，也有暴雨狂风；既有春华秋实，又有酷暑严冬；既有真善美的憧憬，又有假恶丑的惰性。只要教师教法得当，引导学生不断增强其积极因素，不断战胜其消极因素，教育的成功是肯定的。教师的耐心也是不可缺少的。在启发学生的自觉性、积极性时，任何一点急躁情绪都是有害的。我们不要做"揠苗助长"的傻事，庄稼只误一茬，青少年误的是一辈子。一个教师对学生满怀爱心、拥有信心，进而选择一种为学生易接受的方式方法施教，自然会奏效的。但育人是一种长期的、细致的、塑造灵魂的工程，不可指望毕其功于一役，学生思想的反复也是难以绝对避免的。所以要有"百年树人"的长远打算。只要我们的教师人人有爱心，有信心，又有足够的耐心，加之长年累月的实践和不间断的反思、学习，那么"人皆可以为尧舜"，人人都可以成为教育家。（2005.9）

三、在班级管理中引入竞争

竞争意识引入普通中小学的班级管理是有益的，它大大增强了中小学生争强好胜、力争上游的拼搏精神。但是鲜为人知的是，竞争中也往往产生一些"副作用"。

有哪些副作用呢？心理学家曾指出：1.使学习迟缓的人（认为自己没有成功希望的人）丧失信心；2.对于知道自己不需要任何努力就能成功的人缺乏激励；3.对于某些人有过分的压力；4.对不合作是一种鼓励，对别人的命运则无动于衷。（不惜任何代价要赢得胜利的态度。）

不要小看这几项易被忽略的"副作用"，因为它们会使先进者滋长保守，落伍者产生自卑，全社会形成一盘散沙。它对我们培养21世纪高素质的建设者、接班人实在是害莫大焉。

怎样才能趋利避害，使竞争最为有效呢？

我在多年的班主任工作中尝试过一些办法，总结出来供同行们参考：

1.变个人竞争为小组竞争。即是把全班学生分为德、智、体综合素质旗鼓相当的若干小组，每组都要选出本组德、智、体分项"小标兵"，鼓励人人扬长补短，学、赶、帮、超。

2.变超过别人为超越自我。"别人"也是同学，互相超"别人"，同学之间筑堵"墙"，容易形成敌对情绪，产生保守思想，不利于团结进步，有碍于合作精神。人人超越自我，即跨过自己已有的成绩，改掉自己现在的缺点是完全可能也容易达到的。

3.强调合作精神，增强班级凝聚力。这与前两项是密切相关的。如何促进学生合作精神的培养是素质教育的一个重要课题。

为了培养学生的合作精神，每年除评选"三好"学生外，还要评选多种"星"，如"助人为乐"星，"无私奉献"星和"超越自我"星等。"超越自我"似乎与合作无关，其实超越了自我，有明显的进步就是对集体的贡献，也是一种有效的合作。

上述多种"星"的评选，不可过于严格，有多少评多少，但要以事实为依据，关键是让更多的学生有成功的机会。组内评定以后，再以小组评比，看哪组的"星"多，哪组的"星"高，以便确定团结进步的先进小组。

由于创造了一系列合作学习的活动方式，引导大家在竞争中合作，比赛中互助，因而形成了感情融洽，相互尊重，充满朝气，团结拼搏的班集体。全班学生德、智、体、美、劳诸方面的素质都有较大的提高。（1999年）

四、简笔画在各科教学中的应用

简笔画是教师在课堂教学中经常用到的一种形象化手段。笔者从教多年，曾多次实践，近年来又深入城乡学校课堂教学，对简笔画进行探讨。现归纳如下，谨供同行参考。

一、简笔画的作用

简笔画的作用在于用简洁、洗练的绘画语言，配合教师的课堂讲解，激发学生的学习兴趣，进而提高课堂教学效果。

1.生动活泼，激发儿童的学习兴趣。课堂教学中应用色彩鲜明、造型生动的简笔画，能激发儿童产生浓厚的学习兴趣。教学自然教材《水在自然界的循环》，随着教师的讲述，黑板上依次出现了：上有红彤彤的太阳，下有奔腾的江河，地面上有蒸腾的热气，天空中大块的乌云，乌云下大滴大滴的雨水……毫无疑问，这一水的循环图会吸引儿童的注意，激发儿童的学习兴趣。

2.创设情境，启动儿童的想象。学生不论学哪一门学科，要想深切地领会教材，都要具有丰富的想象力。但是由于小学生知识领域狭小，生活经验不足，致使想象的广度和深度受到限制。小学语文教材《跳水》一文写道，一只小猴把船长儿子的帽子挂到了桅杆最高的横木一头，船长儿子为追回帽子，爬上横木……在万分危急的时刻，船长命令儿子跳水，使儿子得救。这里由于小学生对"桅杆"、"横木"无知，就不会感受情节的"万分危急"。自然对船长的"急中生智"难以理解。此时，教师画几笔，黑板上出现轮船、桅杆、横木、大海。看到这些图画，小学生形成身临其境的再造想象，就不难理解教材内容了。

3.铺路搭桥，激活儿童思维。要教会小学生全面地看问题，着眼点要放在事物之间的联系和关系上，从多方面去分析研究，才能找出问题的本质。

小学生的思维正处于从以形象思维为主向抽象逻辑思维为主的过渡阶段。因此在教学中常常需要教师用具体的形象做铺垫，从直观的容易被小学生理解的事物方面入手，并以此为桥梁，顺利引导其向抽象的逻辑思维方面发展。《三只白鹤》是一篇寓言。寓言的结尾提问小学生：哪只白鹤能找到大鱼，哪只白鹤找不到大鱼？为什么？找到与找不到的问题易答，而"为什么"的问题就有了难度。至于上升到理性认识就更难了。因为八、九岁的儿童还不懂得从事物之间的联系与关系上分析问题。如果教师边讲边画，太阳下面……第一只白鹤藏鱼、白云下面……第二只白鹤藏鱼、柳树下面……第三只白鹤藏鱼，相对应的简笔画出现在黑板上。教师指着图画，点破变与不变的相关因素，小学生便可以从时间、空间以及它们之间的联系与关系上去思考，从而得出符合逻辑的答案来。

4.强化表象，加深儿童的记忆。人们在大脑中保持的知识，有时会把相反、相对或相邻、相近部分 材料颠倒了。小学生也是如此。小语教材《詹天佑》一文中有关居庸关高，采用"两端凿井法"；八达岭隧道长，采用"中部凿井法"。这是显示詹天佑杰出才能的一个关键内容。然而小学生有时也会混淆。如果教师边讲边用简笔画，学生一看黑板上高高的居庸关，从两头凿进；长长的八达岭，除两端凿进外，中间还有"中部凿井法"。两种开工场面，泾渭分明，印象深刻，记忆牢固，学生不再混淆了。

5.具体形象，使儿童对抽象问题的理解由难变易。人们认识事物是从具体开始的。在教学中，只有通过具体的事物，才能对抽象的概念、原则、原理，认识得更明确、更清楚，理解得更实在、更透彻。简笔画的使用，也能达到这一目的。小学数学教材中，有一个求钢管数量的公式：（顶层根数+底层根数）×层数÷2。教师讲解时，在黑板上画了一个呈正梯形堆放的五层圆圈，代表一堆钢管。引导儿童想象另一堆同样数量、同样堆放的钢管，若倒过来，同前一堆拼接在一起，那将是一个什么图形？小学生立即活跃起来，纷纷抢答。学生很快弄懂了求钢管的公式。同理，数学中等量交换、分数概念、小数概念都可用简笔画化难为易。

二、简笔画在什么情况下应用

直观性原则是课堂教学重要的原则之一。体现这一原则，就需要借助形象化教具。然而有些教具不易制作，有些实物很难获得，现成的图片又显得呆板或缺乏针对性。这时候，就要采用简笔画。

1.有些教材内容是儿童从来没有见过或根本不可能见到的东西。如电波、声波等。这时就需要教师画简笔画。

2.有些教材内容，既不能直接体验，又无必要躬身实践。如"五岭逶迤腾细浪，乌蒙磅礴走泥丸"。这就需要简笔画帮忙。

3.有些教材内容，即使有实物也无济于事，又不能进行实验。如"叶的光合作用"、"煤的形成"等。这就需要简笔画配合。

4.在低年级课堂教学中，有个简洁明白的板书还不行，还需要生动、洗练的简笔画配合。如小语教材《燕子回来了》，讲读时，按课文顺序由南到北依次出现①大海——石油井架、②高山——电力机车、③田野——新房。图文相映，趣味大增。

5.由于教育经费不足，目前绝大多数乡村学校，连普通的仪器设备还购置不到，简笔画的应用范围就更大了。

三、使用简笔画应注意的问题

简笔画本身是一种艺术。教师要运用它去服务教学，当然要掌握造型规律、基础技法。为使这种绘画语言更简洁、明快、洗练，并且形神兼备，教师应持之以恒地坚持练功，自不待言。这里单就课堂应用简笔画应注意事项，提几点意见。

1.使用简笔画要着眼于教学效果的提高，落脚于教学任务的完成。

在教学过程中为了突出重点、突破难点，教师要选择最佳手段。诸如实物性手段（实践教学、实物教学、现场教学、参观访问等）、模拟性手段（图片、挂图、模型、幻灯、电影、电视、录像等）。如无上述两种手段，或虽有上述手段但需"特写镜头"，则可使用简笔画。如果不管实际需要不需要，时时处处滥用，恐将形成画蛇添足的态势，反而影响教学效果。

2.通过简笔画要发展儿童的智力。

课堂上出现简笔画，能吸引学生注意，能激发学习兴趣。但不能停留在吸引注意力、引起兴趣上。更为重要的是，通过观察，发展儿童的思维、想象等智力。要教育学生，不能全凭直观，必须学会根据实际情况，加以想象、进行逻辑推理，才能得到正确的认识。随着学生思维、想象能力的提高，应该逐步减少直观教具的使用。最后要达到既不用实物或模型，也不用图形或图片，而是通过对于问题的交流探究来发展学生的智力。

3.采用简笔画进行教学时，必须引导儿童从感性认识向理性认识飞跃。

课堂教学中，不论运用何种直观教具，只能给学生以机会去感受具体事物的外表。但是对具体事物最充分的感受、最鲜明的印象，都不能彻底地认识事物，而只能达到认识事物的初级阶段，即认识的感性阶段。因此，教师不能满足于学生的皮毛见解，而要把学生的认识引导到理论的高度。在感性认识的基础上，一定要使学生上升到理性认识，也只有上升到理性认识，学生才能真正理解并认识事物的本质。在教学中，使学生理解教材内容是本质是目的，运用形象化教具是手段。万万不可本末倒置。（1999.1）

五、"鸡窝里"真能飞出"金凤凰"
——魏书生、孙维刚、杜郎口中学给我们的启示

1978年，辽宁省盘山县三中，一所普通学校，没有必要的设施，教室没有顶棚，甚至椽上没有扣瓦，多处露着蓝天……魏书生老师是这个学校的语文教师兼班主任。他的两个班140名新生，是重点中学按4∶1选拔之后剩下的学生。可是到了初三时，全县30所中学"听、说、读、写"竞赛获得第一名，三年初中毕业时，德智体全面发展，共受到县、校33次奖励。

孙维刚老师是北京22中的数学教师兼班主任。北京22中不是重点中学，生源不理想。孙老师主动要求从初一接新生，到高三毕业，六年一循环，三轮实验共用了17年。没淘汰任何一个学习上的后进生，全部成长为高素质人才。以1997届高三（1）班为例，高考全部达线。进北大、清华率55%，上重点线95%，上本科线

97.5%，升学率100%。在长达6年的中学岁月中，每天都保证睡眠9小时左右，德、智、体全面发展。本班是22中、东城区、北京市先进集体。全班都是共青团员，班长是共产党员。

以上两例是两位老师在普通班创造奇迹的概况。接下来是杜郎口中学三年大变样的奇闻。

山东省茌平县杜郎口中学是一个濒临撤并的农村中学。偏僻闭塞，师资不高生源差，60人的教学班，每到中考只剩下十多名学生，全校升入重点高中仅是个位数。每班有一半多学生跟不上教学进度。厌学、辍学者占大多数。可是，新上任的校长催其升烧了"三把火"（即量化指标让学生参与，上好示范课、过关课、跟踪课，还有"一谈二警三停"）如此这般干了三年，使学校摆脱了困境，步入中游。第四年则"大动干戈"——"课堂时间采用'10+35'模式和取消讲台，让学生动起来"……这一年开始综合考评年年在前三名。而最主要最重要的是这场改革，改变了许多学生的"生命状态"，让他们的人生因此变得更加充满了实现自我价值的可能性。

上面三例的主人翁们用自己的心血创出了教育奇迹。他们的故事令无数人感动不已。他们的故事给了我们什么启示呢？

启示一，教育改革与发展的生命力在于教育观念的变革。因为观念引领思路，思路决定出路。从前有个故事，就说明观念问题的重要：有人问放羊娃，放羊为什么？回答：挣钱。又问挣钱干什么？回答：娶媳妇。又问娶媳妇干什么？回答：生儿子。又问生儿子干什么？回答还是放羊挣钱，娶媳妇。娶媳妇后还是生儿子……放羊娃子子孙孙跳不出"放羊挣钱"的怪圈，永远成不了养殖业大户、毛纺织业老总的原因，就是观念不变。现在，我们的基础教育跳不出应试教育的怪圈，也是因为观念守旧：读书为了上大学，上大学为了挣钱，挣钱为了娶媳妇，娶媳妇为了生儿子，生儿子再读书，读书又为上大学……我国百年教育发展的历程证明，对教育的审视是教育改革与发展在更深层次的突破。要推进我国教育现代化的发展进程，就必须坚持邓小平同志所倡导的解放思想、实事求是的思想路线，对现存的教育观念进行反思和再认识，清理教育实践中存在的认识误区和行为偏差，从根本上改进学校教育办学的价值取向，以推进素质教育的实施。

当前这场教育观念变革的主题是什么？就是人的发展，就是追求每个学生的生动、活泼、主动发展。以学生的生动、活泼、主动发展为题，教育改革应确立新的教育价值观、人才观和质量观。

在教育价值观上，应变革长期以来只片面强调学校为社会发展服务的观念，确立教育促进社会和人的发展相统一的价值取向，强调学生为获得终身学习能力、创造能力，以及生存能力打好基础。同时把学校只面向少数、造就少数精英为目标的教育观念，转变为面向全体。为了全体，造就全体的学校职能观。魏书生老师为每一个学生终身发展着想，从明确目的、激发兴趣、磨炼意志等方面增强学生动力；从培养注意力、训练记忆力、发展思维力等方面培养学生掌握学习技巧。这就为每一个学生同社会和谐发展做好了准备，打好了坚实的基础。

在人才观上，要变革以往将学生视为消极被动的"物"，重智轻德，不尊重学生人格，贬低学生价值的观念。将每个学生都看成独立人格的个体，发展学生的主体性，理解尊重学生、平等地为每个学生提供表现、创造和成功的机会，使每个学生在原有的基础上都得到生动、活泼、主动和谐的发展。杜郎口中学的课堂教学改革，限制老师只讲10分钟、拆除讲台、改革评价标准、还学生以快乐课堂，都为学生的人格提升、个性张扬提供了平台。

在教育质量观上，变革以往那种通过考试层层筛选淘汰，以学生学习考试分数高低作为评价教育质量的唯一标准的做法。现代教育强调学生在致知过程中的主动性和创造性，强调学生独立思考能力、分析判断能力、搜集处理运用情报信息的能力、发展新知识的能力。孙维刚老师从初一带到高三的三轮实验班，没淘汰一个学习后进生。他把每个学生都培养成品德高尚、智力优秀、体格强健、热心服务的高素质人才。

现代教育价值观、人才观、质量观的确立，将有助于学生观、教学观、课程观、教师观、管理观、家教观等观念的重新定位。正是立足于现代教育观，才能真正实现从学会生存到学会发展的跨越。如果，现代教育观尚未确立，就想要基础教育突飞猛进，甚至持续发展，那就自然还是身陷放羊娃的生活怪圈，任何豪言壮语，也只是空谈而已。

启示二，爱岗敬业是教师成长的基石，教育科研是教师成功的快车道。

我以为，教师对待自己所从事的教育教学工作，至少可分为三种境界：一是无心无意，二是三心二意，三是全心全意。无心无意是指无心从教，只为混口饭吃的人。三心二意是指"身在曹营心在汉""这山望着那山高"的人，身在其位，不谋其政，即使当一辈子教师也沾不上成功的边。生活充满怨恨：怨学生难教、怨家长难缠，怨领导挑剔，怨薪水不高，怨环境不好……总之，事事不称心，天天受煎熬。如果一个教师进入全心全意忘我劳动的境界，即使面对的是泥孩子、土台子，居住着露天的房子，领取着低微的薪水，他也能兴趣盎然，乐此不疲。他会把平凡的工作看得远，钻得深，当作一个宏大的可以改变的世界，不管道路怎样坎坷、生活怎样磨难，总能享受成功的欢乐与人生的幸福。

为什么呢？

教育是事业，事业的意义在于奉献。而奉献来自爱心。教育有两个伟大目标，一是让人聪明，二是使人高尚。这是一枚硬币的两面缺一不可，但要较起真来，更重要的是后者。不能让学生成为善良公民的教育，不过是在制造社会的破坏者。爱心是一个公民的核心品格。一个懂得爱的人，才可能为自己和他人、为社会创造幸福。爱使人高尚。教师的第一职责，是让学生学会爱。但爱心不是说教出来的，不是灌输出来的，而是被唤醒的，一个灵魂唤醒一个灵魂。爱的教育需要教师用自己的爱心去熏染，用爱去打开一扇扇心灵之门，用发自心底的关怀去温暖所有的童心。在孙维刚老师班上，为什么没有一个差生？有一个小雷非常调皮，上课总影响他人，后来他考上北大的物理系。他家长说，孩子改变是因为孙老师在第二次膀胱癌手术住院期间给小雷写过五封信。小雷在看这五封信时，那眼神是"从来没有见过的。"毕业于清华的陈华其父下岗，家里生活艰辛，学校收各种费用时，孙老师都自己代交，他却说是学校报销，后来才知道是孙老师自己出的。孙老师是用生命来教课。据他的学生回忆说，很早以前孙老师就便血，但仍拖到几年后才到医院就诊，一查是膀胱癌。手术后他就带着第二轮实验班的四名同学参加第七届中国数学奥林匹克赛，同学们发现，孙老师每天上厕所，都是在便血，但他不让人看到，自己也不看……为什么不待在家里休息，他怕影响学生的情绪。难怪孙老师培养的学生责任心强、人人有爱心。

教育是科学，科学的价值在于求真。没有爱心就没有教育。但是，教育是科学，不仅教材课程要求真，教育的方式方法也要遵循客观规律，包括教育教学规律和青少年年龄特征，心理活动规律。为了按规律教书育人，魏书生老师在百忙中研究过古今中外多少名家的教育论著。就说当班主任吧，他读过十几本关于班主任的书。如苏联恩·伊·包德列夫的《班主任》，苏联B·M·科罗托夫等编写的《中小学班主任手册》，还有我国出版的国内班主任工作专辑，还有《班级教育管理学》、《新编中学班主任工作指南》，还有日本山杉正一等4人编著的《小学班主任工作方法和技巧》等等。然而魏书生不是死搬教条，而是取其精华，从本班学生的实际出发，征得学生同意合作，经过反复试验，证明确实有效，而后总结升华为富有个性的育人方法。

一个教师有爱心、肯奉献，又好学不倦求真务实，一般地说已能完成好教育教学任务了。但是，教育还是艺术。学无止境，艺无止境。艺术的生命在于创新。时代呼唤教育的创新，呼唤创新型学习。教育创新的落脚点应该是教育模式的变革和创新。教育观念转变为教育行为和教育实践，将会形成一定的教育模式，它一旦形成，就具有相对的稳定性。会成为教师的思维定式和行为习惯。

教育创新体现在以下几方面：

1.教育目标的综合化。在经济全球化和信息网络化的当今世界，人们活动的范围和联系越过了地区和国界，社会系统、组织系统、技术系统越来越复杂，能够成就一番事业的创新人才往往并不是借单一学科知识的作用，而需要综合素质的基础，这种综合素质主要包括：知识、能力、非智力因素（心理素质）、态度（对国家和社会的责任感，对事业的进取心，与他人的合作精神，对自己的超越态度）等方面。教育要拓宽视野，为人的综合发展打好基础。这一条在孙维刚老师、魏书生老师的教育教学中都有突出的表现。

2.教育过程的民主化。教育过程的创新，首先要从单向的知识灌输，转变为双向的学习交流。学生由被动变为主动、互动，确立学生在教学过程中的主体地位。魏书生老师的"教学民主"，每一改革举措，都和学生"商量商量"。孙维刚老师常常在课堂上鼓励学生"打倒老师"。杜郎口中学课堂教学改革的巨变之一是学生学习态度由"供应式"变为"超市式"，使课堂成了"快乐享受的地方，不是被动接受、枯燥无味的看守所。"

3.教育途径的多样化。传统教育的局限之一是教育的封闭性。它使教育局限于学校生活和课堂教学之内，影响学生的生活体验和思维发展。从人才培养的角度说，社会实践不仅是学习知识的重要途径，更是培养创新精神和创新能力的必要条件。魏书生老师的育人办法除了课堂教学，还有许多看似平常的奇妙活动。比如引导学生注目于国外科技动态、经常研讨"科技前沿""科技信息"，在班内举行"记者招待会"。多年来，他外出参加重要会议或较大活动，归来后，便在班内举行记者招待会，引导大家关心、研究国计民生的大事。还有他与本班同学一连数年到双台河开荒种地，不仅收获了农业知识，更收获了人与人、人与自然之间的亲密、和谐与融洽。孙维刚老师组织学生参加数学夏令营和各种全国性比赛活动，还组织学生参加"希望工程"和与贫困地区学生"手拉手"活动，都获得了课堂上所没有的东西，对学生成长为高素质人才，无疑是大有裨益的。

启示三，行动的力量是伟大的。做一件事情，只要开始行动，就算获得了一半的成功。

据说，世界上牵引力最大的火车头停在铁轨上，为了防滑，只需在它8个驱动轮前面塞一块一英寸见方的木块，这个庞然大物就无法动弹。然而，一旦这个火车头启动，小小的木块就再也挡不住了。当它的时速达到100英里时，一堵5英尺厚的钢筋水泥墙也能轻而易举地被它撞穿。从一块小木块令其无法动弹，到能撞穿一堵钢筋水泥墙，火车头的威力变得如此巨大，原因不是别的，只因为它开动起来了。

教育教学的改革也一样。多少年来，教育这列火车，停顿在"教师讲，学生听"、"师道尊严"的旧轨道上，出不了高素质学生，拿不到高升学率，家长不满意，社会不认可……可是教育界有遁词：办学条件差，学生生源不好，巧妇难为无米炊。当我们看到孙维刚老师、魏书生老师、杜郎口中学以及这里没有介绍而我们好多同事却亲眼看到了的江苏洋思中学、河北衡水中学等等活生生的现实时，我们能说，他们是凭了办学条件好、学生生源好等等原因，才创出奇迹吗？显然不是。那么真正的原因是什么？是他们把先进的教育理念化作了大胆教改实践。

综上所述，"振兴民族的希望在教育，振兴教育的希望在教师。"人民渴望优质教育的心情，像久旱干涸的禾苗等待春雨。教育的春雨，要靠教师播撒。为了您的孩子，为了他的孩子，为了全民族的孩子，让我们以魏书生、孙维刚、崔其升等优秀的教育改革家为榜样，解放思想、更新观念，虚心学习，大胆试验，创造事业的辉煌吧！"长风破浪会有时，直挂云帆济沧海"，成功的彼岸就在前面！

（2005.9）

十、提高全民族素质的教育还有多远

——在两次督学会议上的发言

2004年8月，我被孝义市人民政府聘为首届督学，任职期间，我深入城乡学校，认真考察了我市基础教育的现状，围绕全面贯彻教育方针全面提高教育质量的主题，提出一些意见和建议。下面是我在两次督学会上的发言全文。

2004年11月的发言

从9月底到10月底，肩负督学重任，走访初、高中，村小学6所，听课7节，抽查学生作业40本，与学校领导、教师、学生对话、座谈50多人次，初步了解本市教育的现状。

一、可喜的亮点

1.按照国家课程规定要求开齐开足课程，史、地、生、音、体、美全开。教法改革上，小学、初中新一轮教材改革两年来，开始注重过程管理，"以人为本，全面发展""不让一个学生掉队""取消差生概念，使每一个学生都有发展"等新理念也徐徐步入学校、课堂。

2.学校"三风"总体不错，无告状、无事故，一切正常。《教师十不禁令》(市教体局统一要求)、《学生行为习惯养成教育》制成版面挂在上教师办公室、学生教室。

3.优化教学手段有了新突破。××初中，××村小学，学生每周能进微机室，有机会动手操作。××初中仪器设备齐全，不仅教师可以演示，学生也可动手实验。

4.有些课程，课堂教学中，学生开始进入主体角色。如物理课堂学生操作并联、串联，语文课堂，学生不同看法辩论等。

5.有位初中校长研读魏书生教育思想，并积极尝试引入本校教育教学实践。

二、堪忧的难点

1.学生课业负担重，健康状况不佳。初中学生作业最快的晚上十时完成，一般的晚十时半完成，最迟的晚十一时至十二时完成。学生文体活动太少。自主支配的时间几乎没有。学生负担重，活动少，导致健康状况不佳。仅视力下降，已令人担忧。请看下表：

学生总数	戴眼镜数	占学生总数比例
初一265人	59人	23%
初二296人	86人	28%
初三304人	139人	45%

以上数据是××中心校两个初中的统计。更有甚者，新城有几位家长向我诉说，他们的孩子受不了了。晚上抱着作业睡着了，醒来再做。次日清早五时半又接着做。这几家的初中生，我也当面问过，他们各自的班(初二，初三)里，戴镜的同学都已超过一半甚至达60%以上。

2.教师敬业思想差，无人主动承担教改试验。

教师很忙，忙着应付考试。他们的教学瞄准各类考试：月考、期中考、期末考、升学考。学生作文，抄袭者不少，教师不指责，反而表扬。有的教师公然教学生多抄多背优秀作文，以备升学考试之用。教师追求考分，实属无奈，他们说，评优、晋级、奖金都靠分数。

3.校长升学压力大，不敢放手搞素质教育。

校长说，素质教育难度大，教师素质不行本来就难搞，上级领导只看升学考试成绩，"升学考试成绩上不去，你们自动辞职"，有谁敢冒风险？

4.家长期望值高，不择手段地逼迫孩子考高分。

家长们望子成龙心切，又不识教育规律，不懂教育手段。物质利诱者有之，打骂挖苦者有之。几年前本市曾有高中生因考分低，受不了家长数落、讥讽而自杀未遂事件。

三、关注一个焦点

早在六十年前伟大的人民教育家陶行知就指出应试教育(他称传统教育)是"亡国教育"。陶先生多次痛斥"学生是学会考，教员是教人会考。学校是变了会考筹备处。会考所要考的必须教，其不考的必不教。""教育等于读书，读书等于赶考"，"不但如此，在学生们赶考的时候，同时是把家里的老牛赶跑了，把所要收复的东北赶跑了，把有意义的人生赶跑了……换句话说是把中华民族的前途赶跑了。"时至今日，我们的教材已不是六十年前的教科书，我们的考试也不考六十年前的考题，但我们今天的教法、考法与六十年前却无多大出入。《中华人民共和国义务教育法》提出教育要为提高全民族素质培养"四有"人才已经十八年了，中共中央、国务院关于深化教育改革做出全面推进素质教育的决定也五六年了。然而目前我市的现状，基本上还是应试教育的天下。广大教师、学校校长、教育行政领导，是该下决心的时候了。为了民族的进步、繁荣，为了国力的不断增强，我们能不能冲破功利主义的桎梏，实实在在地做点有利国计民生的事情呢？如果能，就应立即着手以下几项工作：

1.开展一场讨论，澄清糊涂认识。比如靠熬时间、大题量能不能把教育搞上去？"高分低能"的毕业生是不是"人才"？实施素质教育是否一定会降低升学率？诸如此类的问题，我们天天都会碰到，只是懒得去思考。当然，我们的讨论，必须用事实说话。

上个世纪末，有关部门曾对进入北京某些名牌大学的在国际奥林匹克数学、物理学、化学等竞赛中获奖的学生进行了一次跟踪调查。结果显示，这些学生大学毕业后几乎没有人从事科学研究工作的。只有少数人在读研究生，甚至有些人进入大学后就表现出了厌学情绪。调查报告认为，这是因为"题海战术"、"片面追求分数"、枯燥单调的练习，已经扼杀了学生们对知识的兴趣。国务院前副总理李岚清同志1999年2月视察中国科技馆时指出："中国现行的应试教育不是在培养人才，而是在扼杀人才。"

李岚清同志的话你信不信？应试教育该不该废止？大家都应该来一个反思。

2.研究教育科学，彻底转变教育思想。

中国工程院院士、教育部前副部长韦钰前不久在接受《经济参考报》记者采访时，就马加爵事件再一次呼吁有关方面：我们的教育到了该重视科学研究、尊重科学规律的时候了，否则我们民族的未来让人忧心。韦钰说，我们现在的基础教育"疯"了！搞教育的人竟然不重视科学，不研究孩子成长的科学规律，不仅不重视，反而还变本加厉地给中小学生施压，使孩子的身心遭受极大的摧残。……成年人一天连续工作十一二个小时都喊受不了。而我们的孩子每天要学习十三四个小时，并且是年复一年，日复一日地承受这样的煎熬，同时还要承受升学的压力、父母的打骂等等。她指出：现在是到了修正空洞说教、对教育观念进行彻底转变的时候了。

韦钰院士为什么要用这样听起来不太顺耳的语言来表达她的看法呢？因为她看到我们的孩子每天在受"煎熬"，因为她看到我们一些"搞教育的人"竟然不重视科学、不研究孩子成长的规律……现实让她揪心，她以一个老教育工作者的良知，喊出了许多人在想但谁也没有勇气说出的如此直白的话。

问题提出来了，我们该做点什么？怎么做？"修正空洞说教""彻底转变观念"。如何修正？谁来修正？怎样转变，采取怎样的措施？我们必须思考，我们必须付诸行动。我们只能从小事做起，比如作业能不能少一点，学生在校时间能不能短一点，教学任务能不能努力在课堂完成？能不能给学生一点自由支配以发展兴趣爱好的时间，体育锻炼的时间，能不能为孩子们多点着想，为他们创造一个比较宽松的、符合教育规律的、让孩子们身心愉快地接受教育的良好氛围？

3.抓住素质教育的关键，切实提高教师的素质。

素质教育是一种以"素质"培养"素质"，以"灵魂"塑造"灵魂"的过程，这就决定了教师的素质在素质教育中的特殊意义和巨大的作用。

教师的素质包括三方面：（1）教师的品德素质；（2）教师的专业素质；（3）教师的身心健康素质。我市教师队伍的建设存在一些不容忽视的问题，一是重使用，轻培养；二是重形式，轻效果；三是重师能，轻师德。

我所调查的两所初中共69名教师中只有7人不达大专学历，其余都合格。多数是近年来函授合格的，合格者中还有10名函授本科毕业。但在函授学习中考试答卷多抄书，毕业论文多抄袭。可见多数文凭是混来的，徒有虚名，并无实学。

至于重能轻德的倾向亦非偶然现象。一个教师如果教学能力欠佳，绝不能登台讲课；一个教师如果能力尚可，而品德不良，就往往被迁就使用，甚至有弄虚作假、徇私舞弊、唯利是图，贪污腐败者仍包庇重用而令人费解的事情。

教师队伍的建设，必须在认真总结经验教训、纠正以往失误的基础上，制订一套符合规律、能见实效、促进教师终生发展的规章制度，把师训工作纳入规范化、法制化的轨道。

4.着手培养典型，让素质教育点上开花、面上结果，以优质教育回报养育我们的父老乡亲。

以目前的条件，全面实施素质教育尚无可能。但大力培养典型，不断总结推广，总是可行的。从小学一年级、初中一年级、高中一年级层层试验，从县城到山乡，处处选点。在转变观念的前提下，在提高素质的基础上，培养一批典型。让典型引路，搞大面积推广，我市教育的可持续发展还有什么值得怀疑吗？

以上三点，第一点是亮点，我们必须大力扶植、加强；第二点是难点，甚至是老大难。但是有正确的方针政策、强有力的法律法规，领导下了决心，广大教师和学生家长、全社会肯定会支持的，"难点"也会冰消雪化。第三点是焦点，也是突破点。我相信素质教育的理念是会被人们认同的，素质教育的成果是会被社会接受的。

毫无疑问，等待我们的是成功、是发展。

(2004、11)

2007年7月的发言

近两年，我市教育有了新的发展，尤为可喜的是高考达线率连续三年增长，今年达到946名，刷新了历史纪录，创下了新高。为此，我向每一位付出心血、做过贡献的广大教育工作者表示祝贺，并致以敬意！

祝贺与致敬之余，我还心存一缕忧思，也许是我自己在杞人忧天吧。

升学率等同于教育质量，高考达线多就是教育质量高，这是长期以来社会默认的一条规则。可是近20年来，愈来愈多的教育工作者取得了一个共识：只看升学率的教育质量是片面的、错误的，于国于民都是有害的。正确的教育质量观在于使受教育者在德、智、体等各方面都得到生动活泼、主动的发展。这不仅是1957年毛泽东主席提出的教育方针，同时也是1978年改革开放以来党中央、国务院、全国人大制定并颁布的有关教育、文化、精神文明和一系列法律、法规中一再强调的"全面实施素质教育的战略决策"中的核心内容。

那么，目前我市的教育质量距离使受教育者在德、智、体等方面得到生动活泼的主动的发展，意在提高全民族素质的质量要求，还有多远呢？

我未索取我市学生全面体检的准确资料，但我直接询问过一些初三学生的身体状况。其中有几个属优生之列的学生晚上10时就寝很少，多数在11时以后，凌晨不到5时又开始作业。晚上睡不好觉的神经衰弱者不是个别现象。究其原因是学生负担过重，休息不足，体育锻炼废弃、体育课不上。近两年，中考要加体育成绩。家长说，孩子们发愁，老师也着急，班主任电话告知家长：快与主考体育的外校教师招呼一下。有一位家长的两个孩子中考，付出了一千元，得到了两个30分的体育成绩。前年冬天，某高中的体育课停开了。体育老师告知学生：天冷了，体育课不上了。其理由是穿运动服，受不了冻，穿棉衣又形象不好。体育课时间干什么？补课或作业，不要乱跑就行。

报纸上提供的中学生体检状况触目惊心。《高考体检，10个学生9个不合格》——成都市三医院2007年高考体检总结显示，前来体检的1542位学生只有8.4%完全合格。（据《家庭生活报》2007）

《北京，征兵体检六成青年遭淘汰》——北京市卫生局2007年2月9日发布健康播报称2006年度北京市征兵体检工作已经结束，征兵体检合格率仅有37.9%，其中男青年合格率37.6%，女青年合格率42.6%，总的合格率低于往年。（据2007.2.9《北京晚报》）

"高考体检，10个学生9个不合格"不碍事，医生马虎点，照样上大学！

"征兵体检六成青年遭淘汰"不必怕，总还有四成青年当兵，现在又不打仗。

还有一个方面即德育有缺失，不知道是否碍事，是否可怕。

据公安部门的统计数字，从2000年到2003年，全国未成年人犯罪嫌疑人的比例分别是11.8%、12%、13.4%和18.9%（2004年《人民教育》）在这样一组令人担忧的数字面前，有多少教育中德育的责任？

有人说，这是全国的，离我们的责任还远点哩。那我就说点近的吧。2006年初我向有关部门调查过我市未成年人犯罪嫌疑的数据。

列表如下：

2001年	未成年犯罪嫌疑人	6人
2002年	未成年犯罪嫌疑人	17人
2003年	未成年犯罪嫌疑人	19人
2004年	未成年犯罪嫌疑人	23人
2005年	未成年犯罪嫌疑人	56人

据介绍，我市近年来未成年犯罪嫌疑人只增不减，犯罪年龄集中在16~18年龄段。特别是2005年冬的两起特大杀人案，共有7名犯罪嫌疑人，其中5名是未成年人。16~18年龄段，在我市——早几年就"普九"验收合格的孝义市，一定是都已初中毕业。如此说来，我们的学校教育有没有一份责任？

教育的伟大目标，一是教人聪明，二是使人高尚。二者相比，高尚更为重要。如果一个受过教育的人连一点善良、一点同情都没有，那么"这种教育"还有存在的理由吗？

2006年春，我到某中学正遇到校长室坐满客人。我听了一会儿，明白了。原来该校的几名学生趁双休日去另一中学打篮球，发生争执，并打斗起来，还打伤对方一名球员。伤者住院，其家长诉之法院，向打人者索赔。此事纠缠已月余，闹得校长十分头疼。

还有一些家长告诉我，读高中千万别去X中。说X中校风不好，男女生乱来。曾有3男1女在校外鬼混，女生怀孕，家长不饶对方……

未成年人犯罪，在校高中生违规，是否同我们学校德育工作的缺失有关呢？答案的肯定性大概不容怀疑吧。

既如此，那么"德虚、智偏、体弱、美劳空"是不是全面贯彻教育方针、全面提高教育质量的严重障碍呢？

我以为，我市教育要想获得真正意义上的质量提高，以人为本持续发展，最稳妥、最有效的是全面实施素质教育。理由如下：

1.实施素质教育就是要搞好智育、改善德育、加强体育，重视实践与创新能力的培养，改变呆读死记的应试模式，使学生的素质全面提高，这本来就是教育方针的题中之义。

2.学生获得全面素质的提高，其具体体现是：身心健康、情操高尚、心胸开阔、意志坚强，造就了强大的头脑，智力极大地改善，学习效力上扬，升学率必然大增。这是学生、家长的共同期盼。

3.一批批升入高校的高素质学生不愧为民族的精英，其余留守当地的学生也当然是高素质的公民。无论领导者、管理者，还是建设者、保卫者，人人都具高素质，个个都有用武地。家庭和睦，社会和谐，民族兴旺，国家富强。中华腾飞指日可待。

如果不实施素质教育呢？

第一，直接受害者是学生。教育是一把双刃剑，既可以培养人才，也能够摧残人才。"为考试而教，为考试而学"的"应试教育"之所以非改革不可，就是因为它可以一好（分数高）遮百丑（品德差、身心差、美劳差、实践与创新能力差）。"征兵体检，六成青年遭淘汰"、"高考体检，10个学生9个不合格"，"未成年人犯罪有增无减"……这些都属于"应试教育"的正常产出，不过在升学率耀眼光环的吸引下，人们都视而不见，或者见怪不怪罢了。

第二，间接受害的是家庭。所有家庭都盼子女们成龙成凤，尽管同龄人考中大学的不达百分之十，那百分之九十的家庭还是要竭尽全力。落榜学生的父母含辛茹苦复读再复读，以为只要高中了，倾家荡产也甘心。因而千方百计逼着儿子夺高分。徐力式的高中生受不了母亲的逼迫就用榔头把母亲打死；张兰式的女大学生，下岗父母不能为她挣来100万，她就自焚。真是可怜天下父母心！

第三，最终受害者是国家。应试教育把学生教得急功近利，缺德少才。对财富与权力趋之若鹜，对真理和智慧弃之如土（据《看世界》2006年），这是考入北大、清华、港大的十几个精英的表现。国力的竞争就要靠他们了，然而靠得住吗？

怎么办？

人类的本性是趋利避害。素质教育对于我们个人的发展、民族的繁荣、国家的强盛是有百利而无一害的。我们这一代教育工作者生逢盛世，身处"聚精会神搞建设，一心一意谋发展"的大好局面，变应试教育为素质教育是我们义不容辞的历史责任。前进的道路上是会有阻力的，但是只要我们有改革的精神、创新的思维、宽阔的视野、拼搏的勇气，一步一个脚印走下去，就能开拓一条持续发展的有中国特色的社会主义教育之路。

（2007.7）

十一、素质教育：救孩子，舍我其谁？

2009年3月某日，我读《中国青年报》一篇《一天学18小时——揭秘示范高中严重超负荷作息表》文章："3月17日晚，河南省素质教育示范性高中之一的南阳市西峡县第一高中里，成绩并不错的高三女生小蓓（化名），从5层高的教学楼上翻身跳下。而当小蓓在医院接受手术的同时，该校另一名高三女生晕倒在了课堂上。

西峡一高发生的另一起事件也同样在当地被传得沸沸扬扬：2008年12月15日上午第一节课时，该班排名全年级第五的复读班学生小勇猝死在课堂。

小蓓为何跳楼？她的同学又为何晕倒、猝死？

小蓓的家长和不少学生认为，该校一天近18小时的学习时间、名目繁多的考试、按成绩给学生分类分班等等，都是造成事故的原因……"

读到此处，我情不自禁地脱口而出："救救孩子吧！"

记者写道，在南阳市近百所高中里，省级示范性高中有十余所，它们也成为群众心目中的重点高中。西峡一高就是其中之一，包括该校在内的南阳市8所示范高中形成了一个"八校联考"机制，相互在考试中以平均分排名……

上述示范性高中，正如记者所界定的，是"旗帜鲜明地搞应试教育，是货真价实的应试教育。"

这样的学校岂止在河南省南阳市一地呢？那些原本天真烂漫的小蓓们无奈地天天受着煎熬甚至走上不归路，天下父母谁能无动于衷置若罔闻呢？可是谁又有回天之力？

有，这就是实施真正的素质教育。

真正的素质教育是孩子们健康成长的阳光雨露，只有全面实施真正的素质教育，才能彻底根除应试教育造成的灾难，才能适应激烈的国际竞争对人才培养的战略需求。

那么，什么是真正的素质教育？

一、素质教育是以提高全民族素质为宗旨的教育

1.首先应该明白"素质"

辞书上解释有三：一指事物本来的性质，二指人的生理上原来的特点，三指完成某类活动所必需的基本条件。

心理学解释：素质指人的先天解剖生理特点，主要指感觉器官和神经系统方面的特点。它是人的心理发展的生理条件，但不能决定人的心理内容和发展水平。

教育学解释：素质是指个人先天具有的解剖生理特点。包括：神经系统、感觉器官、运动器官的特点，其中脑的特点尤为重要。它们通过遗传获得，故又称遗传素质，亦称禀赋。

从以上解释可知，素质一词原指事物生来的本色、本质，转指人的生理上与生俱有的特点，而后发展到教育学、心理学上素质指个体先天具有的生理特点。这些解释都强调素质的先天性。而现在人们讲到的学生素质、干部素质、人口素质却大大突破了素质的经典定义。现在讲的素质是——"人们先天的自然性与后天社会性相结合的比较稳定的心理特点。"其中先天自然性也叫遗传素质，如人的身材、骨骼、肤色、感觉器官、运动器官、大脑重量、神经系统等，主要通过遗传获得，具有遗传性，所以也叫遗传素质。这种先天的自然素质或者遗传素质是后天素质提高、发展的条件和基础。人的后天素质是环境和教育的影响下，通过自身的努力习得的。

环境和教育对后天素质的影响有多重要——1983年，辽宁省发现一个猪孩，无亲人照料，在猪窝生活。8岁4个月，只会吃猪奶，抢猪食，养成猪的习性。不辨颜色和大小，不懂高低，更没有数的概念。仅能说少数单词也模糊不清。情绪多变不稳定。历经3年专门训练，智商有所提高（从39提高到68），只有弱智水平。学习和适应能力也有较大提高，能参加集体活动和自理生活。孔子说："性相近也，习相远也。"用现在的话说就是：人们的先天禀赋是相近的，只因习染不同，便相差远了。也就是说，人们之间的先天素质相差不大，后天素质表现甚远，取决于环境与教育的影响。

人的素质形成的这一特性要求家长、教师充分认识到先天素质在孩子发展中的前提作用，把握其先天禀赋的差异性，注意因材施教，最大限度地发挥其潜能；与此同时，应特别重视环境和教育及个体的主观努力在孩子发展中的重大作用，注重育人环境的优化和育人方法的改善，尤其应在孩子主观能动性的发挥上狠下功夫。京剧大师梅兰芳，本没有学戏的条件。他眼近视又流泪，脸型不好，家贫上不起私塾。第一个师傅说："祖师爷不赏饭。"第二个师傅也不教他，第三个师傅吴菱仙为报恩而收下。他每日早早起床练眼工，养鸽子，看鸽子在天空飞旋，练了10年；练嗓子、十三辙；克服反应慢，每句唱30遍……后来竟然出名了。这说明人的遗传素质或先天素质是条件、基础，但不能决定人的后天素质，而起决定作用的还是人的主观努力、主体的生活与实践。

2.再说素质教育

1997年原国家教委下达《关于目前积极推进中小学实施素质教育的若干意见》中第一句话："素质教育是以提高全民族素质为宗旨的教育。"

何谓"宗旨"呢？"宗旨"即主要目的和意图。"以提高全民族素质为宗旨的教育"规定了我们的一切教育活动，主要目的和意图就是提高全民族素质。可以说"以提高全民族素质为宗旨"就是各级各类教育的灵魂：幼儿教育、小学教育、中等教育如此，大学教育、职业教育如此，家庭教育、成人教育亦如此。长期以来，我们把教育只当一种工具看待，例如为阶级斗争服务，为经济发展服务。而忽视了教育还具有另外一些更为基本和重要的功能——即促进社会和谐、平等，促进人格养成和心智发展的功能。以提高全民族素质为宗旨的教育作为以影响人的发展为直接目标的社会之内在规定性，是提倡"以人为本"的社会发展观在教育领域中的具体体现。社会以人为本，教育以提高人的素质为宗旨，这是人类社会进步的追求。

3.素质教育的特征

第一、教育目标的全面性

《中华人民共和国义务教育法》规定："必须贯彻国家的教育方针，实施素质教育，提高教育质量，使适龄儿童、少年在品德、智力、体质等方面全面发展，为培养有理想、有道德、有文化、有纪律的社会主义建设者和接班人奠定基础。"

这一条明确指出素质教育的目标就是教育方针所规定"德、智、体等方面全面发展。"素质教育目标的全面性是由人的发展需要与社会发展需要所决定的。社会的发展需要不同方面层次的德智体全面发展人才是显而易见的，人的发展难道不是吗？就说德智体美劳吧，哪位父母不希望孩子聪明、健壮？男孩帅气，女孩如花似玉……"德"似乎不明显，但取名就费尽心思。崇德、明德、好德、保德、成德有千千万，绝无一人叫"缺德"；爱国、建国、利国、富国、保国有万万千千，绝无一人叫"卖国"。可见为人父母多么希望自己的子女品德高尚、爱国利民。所以我们的教育必须着眼于学生全面和谐的发展，绝不能"重智轻德，忽视体、美、劳"，走应试教育的老路。

第二、教育对象的全体性

《教育法》规定："凡具有中华人民共和国国籍的适龄儿童、少年，不分性别、民族、家庭财产状况、宗教信仰等，依法享有平等接受义务教育的权利，并履行接受教育的义务。"

这一条对各级政府、学校有具体要求。《教育法》规定：

国务院和县以上地方人民政府应当合理配置教育资源，促进义务教育均衡发展，改善薄弱学校办学条件，并采取措施保障农村地区、民族地区实施义务教育，保障家庭经济困难和残疾适龄儿童、少年接受义务教育。

县级人民政府及其教育行政部门应当促进学校均衡发展，缩小学校之间办学条件的差距，不得把学校分为重点学校和非重点学校。

学校不得分设重点班和非重点班。对违反学校管理制度的学生，学校应当批评教育，不得开除。

教师在教育教学中应当平等对待学生，关注学生的个体差异，因材施教，促进学生的充分发展。教师应当尊重学生的人格，不得歧视学生，不得对学生实施体罚、变相体罚或者其他侮辱人格尊严的行为，不得侵犯学生合法权益。

总之，实施素质教育，对政府和教育行政部门来说，应当为所有适龄儿童、少年提供平等的教育；对学校和教师而言要努力使每个班每个学生都得到全面而健康的发展。而应试教育恰恰相反：政府和教育部门，只重视城市学校，忽视乡村学校；只重视重点学校，放弃一般学校；学校和教师只抓优生，忽视中等生，厌恶差生。在某些中学，从开学考试编班，便按分数造册，只照顾前X名学生。难怪厌学、辍学的学生越来越多。

第三、承认学生个体的差异性

《教育法》规定："教师在教育教学中应平等对待学生，关注学生个体差异，因材施教，促进学生的充分发展。"素质教育是促进学生个性健康发展的教育，人的个性本来就是千差万别的，社会也需要各种各样的人才。实施素质教育的重要目的之一，也是为了使有不同天赋和不同爱好的孩子，在受教育过程中，除了统一的基础课程外通过各种教育方式给予他们能发挥天赋和爱好的空间和时间。

美国哈佛大学心理发展学家加德纳在1983年研究出多元智能理论，是世界公认的。他提出了人类智能至少八种在个人发展和人类发展中起了重要作用。加德纳认为对智力的传统定义过于狭窄，未能正确反映一个人的真实能力。人的智力应该是一个度量他解决问题能力的指标，虽然这是一个心理学与教育学的理论，但在学习能力的培养上还是很有用的。根据这一定义，他提出了人类智能的8

个方面：

（1）语言智能：包括阅读、拼写、讨论、写作、演讲、句法等。

（2）逻辑数学智能：包括推理、用实验回答问题、证明问题、抽象思维、归纳、演绎、归类、分析、综合等。

（3）空间智能：包括使用色彩、线条、形状、形式、空间的能力，用意象及图像来思考。

（4）肢体运作智能：包括舞蹈、体育运动、手势、用身体来表现想法和感觉。

（5）音乐智能：对节奏、音调、旋律、音色具有敏感性，透过旋律来思考问题。

（6）人际智能：包括团体活动、协同作战、咨询、辩论、靠他人的反馈来思考。

（7）内省智能：包括自我了解、自律、自知、自尊、独自思考。

（8）自然主义智能：包括标签分类、形成假设、操作实验、调查研究、认识动物、植物和自然环境的能力。

在现行的学校教育和教育评价中，往往只偏重于前三种智能，不利于多方面、多角度地发现和培养人才。

人的心理和智能结构发展水平，事实上无法单纯用纸笔工具测定出来。传统的考试，主要是对学生认识水平的单项测量，由于忽视了学生的个别差异、不能以此对学生做出或优或劣的判定。考试的效力是有限的，考试结果——分数并不能代表学生全部综合素质的发展水平。毛泽东青年时代在湖南长沙第一师范求学期间某些课程（如数学、化学、美术等）学分很差，但并不影响他是学校最优秀的学生之一；清华大学破格录取钱钟书、吴晗等文史方面特优学生的故事，同样是教育史上的佳话。

第四、尊重学生的主体性

素质教育必须确立学生的主体地位。人的素质的形成必须经过一个内化的过程，即教育的内容、要求、影响，经过学生主动吸收、转化、积淀，逐步内化为稳定的素质。这一心理过程的不可替代性，必然要求学生主动学习。以学生为主体，把学生放到学习的中心地位是素质教育重要的思想观念和显著特征。

全国著名特级教师魏书生教语文当班主任一心为学生服务，经常和学生交心，讲什么内容、搞什么活动都要同学生商量，同学生一起总结。他善于启发学生自我教育，激励学生新我战胜旧我。在他的引导下，他的学生充分发挥了主体作用，所以他的学生都能获得德智体美全面丰收的好成绩。

第五、教育的重点

1999年中共中央、国务院颁布的《关于深化教育改革全面推进素质教育的决定》强调指出，培养学生的创新精神和实践能力是素质教育的重点。

关于创新精神——中小学是为培养创新人才打基础的。中小学生的创新素质主要表现为一种创新的潜能。在中小学教育教学过程中，学生的创新行为表现是丰富多彩的。主要表现在以下方面：

（1）对权威性结论的怀疑或否定

我国古代学者早就指出：前辈所谓"学贵有疑，小疑则小进，大疑则大进"。在我们面前的任何东西都不可能是完美无缺的，都有改进和完善的可能。打开一切学问的钥匙毫无疑义是问号。学问千万条，入门在一问。智者问的巧，愚者问的笨。

（2）发散思维，也叫扩散思维、求异思维。对同一问题探求不同的、奇异的答案。这种思维不受以往知识的束缚。如意大利航海家哥伦布相信"大地球形"学说，为寻找通往印度的西行航线，1492年，率队横渡大西洋，到达巴哈马群岛、古巴等地。后又三次航行抵达牙买加、波多黎各诸岛及中南美洲大陆沿岸。

（3）逆向思维，即从对立的、完全相反的角度去思考的方法。如伟大的人民教育家陶行知先生创立了生活教育理论，他师从美国教育家杜威，但与师训相反。杜威说教育即生活，学校即社会；他反过来说"生活即教育，社会即学校"。正是他的学说被誉为中国新教育的基石。江泽民认为与当前社会主义教育学息息相通；李鹏指出，陶行知先生的理论是当前教育改革的最好借鉴。

（4）丰富的想象力。想象力是在已知事实和观念的基础上，借助大脑的加工、改造而形成的。它超越了经验事实，从而发现新的事实和新的意念。如小说《西游记》中的人物、妖怪、故事的创作。

（5）强烈的好奇心和探索精神。好奇心是对新、特、奇事物进行探索的一种心理倾向。东汉科学家、文学家张衡，从小对宇宙好奇心强烈，小时候是"数星星的孩子"。后来创制了研究地震的地动仪和研究天象的浑天仪。

（6）不同常规的做法、观点，创造性解决问题。这是中小学生在教育教学中创新行为的最高表现。

我们的学校教育如果能注重这些方面，学生就能不断创造，以求个体的成功，同时促进社会的进步。

关于实践能力——

毛泽东同志说，"读书是学习，实践是更重要的学习。"我们的红军、八路军就是在战争中学会战争的。马克思主义哲学认为，实践是认知的基础和真理的标准。革命的理论和先进的科学，永远是在实践的基础上产生的并随着实践的发展而发展。

中国传统教育里，儒家经典《礼记·大学》中说"致知在格物，物格而后知至"，意即探察事物而后得到知识，其本意也是符合实践出真知的原理的。现代人民教育家陶行知把实践第一的原理用在自己的教学上。他说小孩子起初必定是烫了手才知道火是热的；冰了手才知道雪是冷的；吃过糖才知道糖是甜的；碰过石头才知道石头是硬的。富兰克林放了风筝才知道电可以由一根线从天空引到地下。瓦特烧水看见蒸汽推动壶盖便知道蒸汽能推动机器。他认为在实践中，动手又动脑，是"一切发明之母"。他以鲁滨孙荒岛上烧制水缸为例，证明了"一面行，一面想，必然产生新价值"。陶行知既反对"用脑不用手"，只能"坐而言"不能"起而行"的书呆子教育；又反对"用手不用脑"，只知埋头干活的经验主义教育。只有"在劳力上劳心"、"手脑并用"，使理论与实践结合起来，才是培养学生活力、创造力的正确途径。

在国际上被誉为杂交水稻之父的我国水稻专家袁隆平，把水稻从亩产300公斤提高到500公斤，继而提高到800多公斤。他不仅获得了中国第一个发明特等奖，也获得了八个国际性大奖。国际上甚至有人认为他的发明是继中国人四大发明之后的第五大发明。他的成就正是他近50年艰苦奋斗、勇于实践的结果。就说找雄性不育株吧，那是需要花很长时间到田头一棵一棵地找的。他每天到稻田去，开花的时候，头顶烈日、脚踩泥巴。一边动手，一边观察，找十多天才找到。然而第二年种下去，一抽穗，却大失所望，高的高，矮的矮，穗子大的大，小的小。失望之际，产生了灵感……然后，再试种，重实验。最后终于成功。按照遗传学的经典理论，杂交水稻是行不通的。然而，袁隆平用实践推翻了那个定论。可见实践创造奇迹，实践出真知。

据报载，河南某中学一个高中生，高中毕业时已有发明专利20多项。他的发明，就是一边实践，一边创造的。比如他随父到大田里耙地，他站在耙上压着，一边压，一边观察，发现地头拐弯处很难耙到。于是他自制了一种零件，附加到耙上，地头的边角再也不剩一点了。他每天上课要擦黑板，老师同学都粉尘扑面，对健康不利。于是他设计的"无尘黑板"面世了。总之，没有一样发明是离开实践的。

发明创造离不开实践，学生的学习也离不开实践。

综上所述，素质教育是以人为本的科学发展观在教育领域的体现，是实现教育公平的根本途径，是教育发展的一种理想境界。素质教育要求教师也要求家长、长辈做到尊重、理解、关爱每一个孩子。尊重他们的学习权利、主体地位、个性差异发展规律；理解他们的年龄特征、心理要求、情感情绪；关爱他们是要为他们营造一个宽松愉悦的成长环境，为他们创造人人成功成才的条件。

（2009年）

十二、爱国、诚信、勤俭

——为××学校学生讲三题

第一讲 做人的最大事情

伟大的革命先行者孙中山先生说：做人的最大事情是什么呢？就是要知道怎样爱国。

人们把祖国比作母亲，这是因为儿女没有母亲养育难以成人，公民没有祖国呵护难以生存。热爱祖国是理所当然的事。这个道理是我上小学的时候，就学懂的。

我上小学的时候，还是抗日战争期间。当时的《国语》课本有一篇课文至今难忘："一个鸟儿巢，筑在老树梢，大风卷地起，树倒巢翻了，将国比老树，将家比鸟巢。国强家安然，国破家难保！"老师说，我们中华民族就是这棵大树，我们的家，就在大树梢上，日本帝国主义就是卷地而来的大风……，我马上联想到年逾花甲的祖父祖母噙着眼泪给我讲述过的那场人间浩劫——那是日本帝国主义全面侵华战争的第二个年头（1938年）。那年夏天，盘踞在孝义县城的一队日军直奔城南赵家庄杜家大院。他们端着带血的刺刀，挨门入户把老弱病残赶到院中，又将屋檐下排列整齐的柴草一捆一捆地扔进屋内，泼上汽油，然后点着火。顿时烈焰冲天，刹那间老屋化为灰烬。就在这一天，赵家庄有十多处院宅被焚；就在这一天，我的堂伯被日军惨杀，因为他时任村副(副村长).将日军筹集的粮草送给了抗日的八路军。过了一天后，我的堂叔，也被日军杀害，因为他为被杀害的堂兄怒斥了村里告密日军的汉奸。几乎在火烧赵家庄的同时，我的父亲在汉口江岸遇难，是日军飞机狂轰滥炸而亡的。从此，杜家大院家破人亡，三个寡妇改门另嫁，三家各有一个孤儿由爷爷奶奶抚养，我就是其中之一的"苦命男孩"。我跟随祖父、祖母，离乡背井来到张魏村投亲靠友。祖父打工，一家人糊口。

那段充满血与泪的经历，让我一听就明白"国强家安然，国破家难保"的含义；通过老师的讲解，我又认识到人民需要国家呵护，国家需要人民捍卫的道理。我要听老师的话，我要爱国！

我刚会写"打倒日本帝国主义！"这几个字，就开始到处写。当时我是在张魏村李家大院寄住，常到窑顶与小伙伴们玩耍。窑顶有几个砖砌的烟囱，我抠出砖缝的白石灰，把烟囱周围的砖面都写满了歪歪扭扭的标语"打倒日本帝国主义！"。一天被房东李爷爷发现，李爷爷向我祖父告状："你的孙子把窑顶的烟囱快抠塌了，快去看看吧！"我祖父好话安抚了房东，又找来石灰，把烟囱上的灰缝堵塞了。此后，我再不敢抠白灰写标语了。

有一年五月端午吃粽子。我问祖父，端午节为什么要吃粽了？祖父是个庄稼佬，只上过几天私塾。他说吃粽子是为了纪念屈原。为什么纪念屈原？他说，屈原是个爱国的好人。我问屈原打日本吗？他说屈原是个古人，他怎样爱国，我也说不清，你多读书就知道了。后来我读历史书、文学书才知道屈原是中国历史上最早也是最伟大的一位爱国诗人。

屈原是二千五百多年前战国时期楚国的诗人、政治家、思想家。他早年受到楚怀王信任，任左徒、三闾大夫，兼管内政外交大事。他入则与怀王议事，出则全权应对诸侯。当时是列国争雄的时代，"七强"中秦国最强，楚国次之。屈原主张改革，推行法制，以强楚国，怀王很赞成，但阻力很大。内有贵族反对，上官大夫嫉妒，令尹子兰阻挠；外有秦国破坏，派遣张仪离间、捣乱。屈原举贤任能、修明法度、联齐抗秦的正确主张难以推行。怀王听信谗言反而流放屈原到汉北。怀王听从宠妃郑袖的鬼话，放走诈骗楚国的张仪；拒绝了屈原的苦苦相劝，听从了他的小儿子子兰的歪理，赴秦与秦王会晤，被扣留拘禁，最后客死秦国。楚顷襄王即位，听从令尹子兰与上官大夫的谗言，第二次流放屈原更远的地方——沅湘流域。

公元前278年，秦将白起破楚国郢都，楚国将亡。屈原忠于祖国，不离不弃；他坚持正义，绝不与邪恶妥协，他的生命属于楚国。他眼见楚国亡了，悲愤交加，抱石自沉汨罗江，以身殉国。

屈原是个诗人，他的作品坚持"美政"理想，是与腐朽的楚国贵族集团进行斗争的实录。屈原遭谗流放，但他始终以楚国的兴亡、人民的疾苦为念，希望楚王幡然悔悟，奋发图强。他明知自己面临着许许多多危险，凭他的才华完全可以去别国另找出路，但他却始终不离开楚国一步。司马迁高度赞扬屈原："推此志也，虽与日月争光可也。"因此两千多年过去了，老百姓仍然纪念他。

与屈原同一个时代，还有一则著名的爱国故事。讲的是两千三百年前牛贩子劳军的故事。牛贩子弦高做买卖，半路上遇到秦国大军来攻打他的祖国——郑国，他想到自己的国家毫无准备，秦军一到，就得亡国。于是他急中生智，一面打发人返回郑国告知郑国国君，一面佯装自己是郑国派来的特使，此行是带上12头牛犒劳秦军的。秦军大将信以为真，认为郑国早有准备，于是郑国的亡国之灾被消除了。一个普通的老百姓，也有如此的爱国壮举，可敬可佩。

后来我又学了戚继光平倭、岳飞抗金、文天祥抗金、史可法抗清、郑成功收复台湾、林则徐禁烟、义和团反帝等等无数可歌可泣的爱国故事。这些故事告诉人们：凡是热爱中华大地、中华人民民、中华优秀文化并为之献身者都是伟大的爱国表现，都被历史铭记，都受世人尊崇。

我国战国时代思想家、教育家孟轲说："如欲平治天下，当今之世舍我其谁也？"屈原是人、弦高是人，我们也是人。他们能做到的我们也能做到。大家有了"以天下兴亡为己任"像孟子那样"舍我其谁也？"的思想，我们的国家才有希望。如果人人都把国家强盛当作自己的事，人人都主动负责，国家哪有不强盛的呢？

有人说，国家那么大，我能负多大的责任呢？别急，可以从身边做起，从小事做起。比如教室里有废纸，你捡一下。你弯腰办公室人走了，你把电灯关一下，自来水水嘴流水，你关一下……

有人说，一块废纸与爱国有关吗？何必小题大做？其实小事常常关系着大事。这里给大家讲一个关于废纸的故事。

当第12届亚运会在日本广岛结束的时候，六万人的会场上竟没有一张废纸。全世界的报纸都登文惊叹："可敬，可怕的日本民族！"就是因为没有一张废纸，就使全世界为之惊讶。再看看我们十月一日在天安门广场升旗的镜头。当人们去后，满地的废纸到处乱刮，外国人一看当然会这样认为：你们中国要同日本比，还差得远呢！大家不要总是觉得：我们国家地大物博，有137枚金牌……这都没用，咱们的道德水准还没上来，还差得远！你说这些废纸重要不重要？所以说，捡起一块废纸就是爱国的开始。

又比如，用过的废电池，往哪儿投置，这件"小事"也关系到爱不爱国：不加区分地同普通垃圾混在一起，就是害国；投进垃圾箱的电池回收处，就是爱国。

有人说，既然无用了，又何必单独投置？这话只对前半句。废电池确实无用了，但有害，而且有大害——必须单另处置。

一粒纽扣电池可污染60万升水，等于一个人一生的饮水量。一节电池烂在地里，能使一平方米的土地失去利用价值。所以把一节节的废电池说成是"污染小炸弹"一点也不过分。

我们日常所用的普通干电池，都含有汞、锰、镉、铅、锌等各种金属物质。废旧电池被遗弃后，电池外壳会慢慢腐蚀，其中的重金属物质会逐渐渗入水土，造成污染。而重金属污染在自然界是不可能降解的，只能通过净化作用，将污染清除。因此这些重金属只要入土入水，人畜必然遭殃。

锰，可引起神经性功能障碍；锌有致癌危险；铅，抑制血红蛋白的合成代谢过程，还能直接作用于成熟的红细胞，对婴幼儿影响甚大，它将导致儿童体格发育迟缓，慢性铅中毒可导致儿童的智力低下。

镍，能损害中枢神经，引起血管变异，严重者导致癌症。

汞，危害更大。我国的碱性干电池中的汞含量达到1-5%，其中干电池为0.025%，具有明显的神经毒性，对内分泌系统、免疫系统等也有不良影响。1953年，发生在日本九州岛的震惊世界的水俣病事件，给人类敲响了汞污染的警钟。

锌，锌的盐类能使蛋白质沉淀，对皮肤粘膜有刺激作用。当在水中浓度超过10~50毫升/升时有致癌危险，可能引起化学性肺炎。

铅，铅主要作用于神经系统、活血系统、消化系统和肝、肾等器官。能抑制血红蛋白的合成代谢过程，还能直接作用于成熟红细胞。对婴幼儿影响甚大，它将导致儿童体格发育迟缓，慢性铅中毒可导致儿童的智力低下。

重金属污染，威胁着人类的健康，人类如果忽视对重会属污染的控制，最终将吞下自酿的苦果。因此，加强废旧电池的回收就日显重要了。但是，时下的人们对这样严重威胁人类生存的大患，却大多不以为意，无动于衷。

假如我们的中小学生们能认识到废旧电池污染的严重性，因而认真处置废弃电池的存放，岂不是一件利民爱国的大好事吗？

此外，随手关灯，节约用电；随手关好水龙头，节约用水。这些所谓"小事"，哪一件不是利民爱国的好事呢？

"勿以善小而不为，勿以恶小而为之"。万事都要从小事做起。看看每次飞机失事都是一节油管不通，一个轮胎放不下来才失事的。一个人的死，哪个是全身烂死掉的？都是肝坏了，心脏有毛病，一个小器官不正常而死掉的！

有人说，老师，你让我爱国，我可以爱国，不过，国家在哪里？我找不着。"不识庐山真面目，只缘身在此山中。"你在国家里头不知国家在哪儿。我是当老师的，国家就是我面前的学生。我往讲台上一站，下面的你们这些人，就是我的国家，我必须对你们尽心尽责，教化你们，影响你们，关爱你们。我爱你们就是我爱国，把我的思想传播给你们，把知识传授给你们，就是我爱国。当公务员的，国家就是你面前的人民群众。你为人民群众办好事，服好务，你就是爱国。他当医生，他面前的病人，就是国家。把病人治好、康复，他就是爱国。

事事都与爱国有关，任何一个行为都可以爱国。我们中华民族，历史悠久，文化灿烂。虽然现在还是发展中国家，与发达国家相比差距还远，但只要按照邓小平绘制的蓝图，沿着胡锦涛为首的党中央所指的航向把应做的事，一件一件办好，中华民族的伟大复兴，一定会到来。

（2005.3）

第二讲　诚信是做人的基本准则

我们中华民族自古就有崇尚诚实守信的美德。两千五百年前的孔子就说过"道千乘之国，敬事而信，节用而爱人，使民以时。"（《学而篇第一》）意思是治理具有一千辆兵车的国家，就要严肃认真地对待工作，信实无欺，节约费用，施爱于人，去役使百姓要按一定的时间。他认为取信于民，政令才能畅通，国家才能强盛。历史证明，"敬事而信，节用而爱人"的统治者，的确能把国家治理得强盛起来。

公元前350年前后，本来弱小的秦国，为什么不过几年就发展为七雄之首呢？原来秦孝公即位，执行了商鞅变法的富国强兵之策。商鞅制定新法后恐怕百姓们不相信，他就在都城南门立了一根木杆，宣布说："谁能将这根木杆移到北门去，就赏他十金。"百姓听了，觉得这事很怪，没人敢移动木杆。商鞅见无人移动木杆，又宣布说："如果有人将这根木杆移到北门去，赏给他五十金。"有个人听了，试着将木杆移到北门去了，商鞅真的赏给他五十金。这时商鞅才颁新法。商鞅的新法，取得了百姓的信任……十年之后，秦国大治，路不拾遗，山无盗贼，百姓勇于参战，一个强大的秦国出现了，传到秦王嬴政，公元前221年，一举统一天下，建成中国历史上第一个中央集权强大王朝。

治国讲诚信，做人也要讲诚信。

孔子的学生曾参"吾日三省吾身——为人谋而不忠乎？与朋友交而不信乎？传不习乎？"其中第二句就是讲信用的。"同朋友往来不诚实守信吗？"有个"一诺千金"的成语。是说说话信用高，《史记·季布栾布列传》"得黄金百斤，不如得季布一诺。"季布是秦末楚人，仁侠仗义，肯帮助别人。凡是他答应做的事情，一定做到。他在当时享有盛名。他曾在项羽军中，担任过军职，并曾多次把汉军打败，打得刘邦狼狈不堪。后来项羽被围自杀，刘邦建立汉朝做了皇帝，想起季布，还是咬牙切齿，气愤难平，便下令通缉，凡是擒获季布来献的，赏以千金，倘有敢于庇藏季布的抄斩三族。但是由于季布威信很高没有人贪财告发，倒有人帮他脱险，因为人们认为"得黄金百斤，不如得季布一诺。"最后在人们的劝说下，刘邦撤销了对季布的通缉令，并让他担任了官职。从此有了"一诺千金"的成语。

几千年来，我们炎黄子孙一直把"诚信"这一美德传承了下来。

2003年5月，湖南娄底一个贫穷的矿工，下矿工作时，不幸遭遇矿难，在求生无望的漆黑矿洞里，他把自己诚实的心灵写在安全帽上，临死不忘让家人还上欠别人的100元钱。

无数人记住了这顶安全帽，记住了这顶帽子的主人聂文清。无数人了解到这个故事后为他一个"信"字流下了热泪。

广西柳江县最近人人相传着另外一个真实的故事：一位中年妇女将一张中奖100万元的彩票归还给彩票的主人。这个中年妇女叫白新辉，她在柳江县开了一家门市做小生意，同时代售体育彩票。一天，白新辉接到了一位女客户打来的电话，要求白大姐帮她买一

注16元的复式彩票，第二天送票款过来。白大姐自己垫资，帮客户买下了这注复式彩票。不料，第二天早晨恰逢开奖，这张彩票竟然中了大奖，而且一中就是100万。很多人难以理解的是，白新辉却没有据为己有，而是恪守做人的准则，就凭客户的声音毫不犹豫地把巨款拱手奉还。

在物欲横流的今天，有人为了蝇头小利，都可以不择手段，更别说是百万巨款。面对巨款不为所动，的的确确难能可贵，的的确确不是每个人都能做到的。而仅凭一个"信"字，这位小本经营的普通中年妇女却做到了。

治国要讲诚信，做人要讲诚信。办企业发大财也离不开讲"诚信"。

8月8日，这个被中国人视为大吉大利的日子，却曾一度是温州人心中的隐痛。1987年的这一天，在杭州的武林广场，温州人一把怒火烧掉了自己家乡的40万双假冒名牌皮鞋，这把大火彻底灼痛了温州人因造假而变得麻木的自尊心。

没有谁比温州人更能够体会到信用缺失的痛苦和重建信用的艰难。20世纪80年代，民营经济走在全国前列的温州，遭遇了前所未有的信誉危机。以次充好，假冒伪劣的产品使温州企业甚至不敢打温州的牌子，被迫采取与外地厂商合营的方式。市场经济运行的法则使温州人最终认识到，信用缺失已经成为遏制经济发展的"败血症"，它正在无情地吞噬着健康运行的市场经济的"躯体"。信用缺失的毒素不仅侵害了温州、汕头等一些地区经济的健康发展，它还渗透到经济生活的每一个领域。

12年后，1999年的同一天同一个地方，同样燃起一把大火，同样还是烧鞋。但不同的是这次所烧的全是仿冒温州名牌的劣质鞋。这把火是温州人为自己正名的大火，也是温州人为自己雪耻的大火。

8月8日成了温州人的"信用日"。温州如今流传这样一个说法，许多私营企业老板手里都有一枝"金笔"，无须担保，也不用抵押，仅凭自己的签名，就可以在银行贷到千万元贷款。这大概只是民间流传的夸张描述，但温州人讲诚信的形象确实已经日益取代了昔日的"假货"温州、"骗子"温州。据中国人民银行最新统计，温州不良贷款比率仅为5.9%，远低于全国平均水平。

坚守诚信的温州人已经得到了丰厚的回报，近30家企业年均产值超过亿元，产品远销一百多个国家和地区，其中获准佩戴真皮标志的企业占到全国的50%，正泰、德力西等一批低压电器生产企业，年销售额数十亿元，傲居同行业之首。

"诚信"，有人将比作道德领域的一盏红灯。红灯本应令行禁止，然而如今，闯红灯的大有人在。而闯红灯者多数已头破血流，自取灭亡。上世纪末，山西省文水县某村制造假酒，造成省内外80多人中毒，死亡者数人，经查处当地工商所长被撤职，分管副县长受处分，假酒制造者被判刑。

2004年3月，陕西省西安市进行即开型体育彩票发售过程中，由于体彩管理部门用人失察监管不力，给委托发行人杨永明可乘之机，骗领了3辆宝马汽车，造成震惊全国的西安即开型彩票销售欺诈案。12月间曾用人头担保体彩中心没有作假的陕西体育彩票管理中心原主任贾安庆，被依法没收受贿赃款13万元，判处13年徒刑。

2004年3月安徽省阜阳市暴发了劣质奶粉害人事件，"伊鹿奶粉"毒害无数的婴幼儿，受害者一个个成了四肢不长的大头娃娃，鼓胀着肚子高烧不止……经化验，奶粉的蛋白质含量仅为国家标准的三分之一，钙、铁、锌等主要指标均不合格。为此，质检部门查封了54个奶粉企业，不法厂商均被罚款和判刑。浙江苍南圣宝乳品有限公司的池长板一审被判有期徒刑七年罚金5万元。

骗人有术又有效，但终久会暴露。无数事实证明，骗人者总是从害人开始到害已告终。

但原大家把诚实守信作为自己的座右铭，让诚信的美德世代相传。

第三讲 勤俭是立身之基石

唐代诗人李商隐诗云："历览前贤国与家，成由勤俭破由奢。"这一千古名句是不可忘记的。它警告世人：不论立国还是居家，"勤俭"可兴盛，奢靡必衰亡。历来为世人所称道的唐代贞观之治是怎样出现的？教科书这样写道："唐太宗吸取隋亡的教训，认识到皇帝要勤于政事，大臣要廉洁奉公，政府要轻徭薄赋，发展生产，统治才能巩固……"唐朝为什么由盛而衰呢？教科书又这样写道："天宝年间，唐玄宗日益骄奢，宠爱杨贵妃，不理政事。他用奸诈的李林甫、杨国忠为相，朝政腐败，预伏着危机……"读读中国历史，历朝历代的盛衰兴亡大抵如此。当然"勤俭"与"奢"不是唯一的原因，但无疑是不可缺少的原因。

齐家治国要勤俭，一个人的成功人生也要勤俭。如果失去勤俭的品质，"成功"也会走向其反面。下面讲一个真实的故事。

有一位已经享有成功人生的知识女性却要面对法律的审判。她出生在一个小乡村，父母是农民，她的下边还有一弟一妹，她从小就洗衣做饭，充当他们的保姆，家里生活穷困，但她的心气极高，她要努力学习以改变自己的命运。

每天上学的时候，隔壁养鸡大王的女儿都来叫她一起走。人家同龄女孩打扮得花枝招展，而她的衣服是最朴素最普通的，她没有好吃好穿，也没有玩具，但她比别人更勤奋、更用功，因而学习成绩在全年级名列第一。她从小就下决心，一定要上大学，去很远的京城。有时偶尔考差一点，自尊心极强的她就会惩罚自己，要么不吃饭，要么拼命地干活……她考上了省城最好的高中。可是那里的学费比较贵，而她家还有两个上学的孩子，父母是不可能供得起的。于是她选择了一个可以免除她三年学费的普通高中。她从不参加同学的生日聚会，因为她买不起漂亮的礼物。而她自己的生日也常常被忘记，她的母亲从来不会给她买一个生日蛋糕。经常会有同学的父母来，而自己的父母却从未来校。因为她们没有时间，即使有了时间也不可能给她买什么补品之类的东西。高考时，她填报的都是北京的高校。她最终被京城一所高校录取了，学费也是申请的助学贷款。每一年她依然得一等奖学金。一到周末她就自己去做家教或者促销什么的。她的父母只是偶尔给她寄几百元钱，也是从牙缝里省下来的。

她的同学中，有很多父母是高官或知识分子。出门坐小车，通话有手机，穿戴很时尚。她很羡慕。她的成长环境和她们是不一样的。她从不在别人面前提起自己的父母。她被城市渐渐地同化，也学会了吃麦当劳，偶尔也和别人一起去喝咖啡，去唱歌。很多时候她在想，这才是我想要的生活啊。有一次，她回家过年，母亲看着她的花边牛仔裤、美宝莲炫彩口红摇了摇头。她不以为然，这些都是自己挣钱买的。她越来越觉得和自己母亲之间的代沟太深……

大学毕业，她考上了国家公务员，终于留在了自己渴望的京城。不久她就找了个北京"土著"男友，感情还算不错，可她从不去他的家，害怕人家的父母问起自己的家庭情况。她学会了和身边的人攀比，在这个贫富差距大的城市里，她的欲望不断地膨胀。穿衣服要名牌，手提电脑和珠宝什么的都不能比人差。为装扮自己"良好"的家境，她给男友也买了很多东西，而这些是她的工资所无法满足的。

最终她被查出挪用公款十万余元……她无力退出这十多万元的现金。她整个人崩溃了，才24岁，她不想坐牢，她想一死了之……

故事讲完了。大家听后有何感想？这位24岁的知识女性当初如果没有艰辛俭朴的生活磨砺，勤勉不辍的毅力支持能获得成功吗？可是成功之后的她，难道不是被骄奢淫逸的厉鬼推入罪恶的泥沼吗？

崇尚勤俭，拒绝奢华，在任何时候、对任何人都有益无害。

有人说，过去少吃缺穿，物产匮乏，提倡勤俭，理所当然。现在生产发展了，全国人民奔小康，何必还提勤俭，让人们小里小气、窝窝囊囊过日子，不怕人笑话？

生产发展了，生活小康了，中国人今非昔比，这是事实。但是，倡导勤俭，反对奢华，于己于人于社会于自然都是十分有益也是十分必要的。别说我们中国还是一个尚未彻底摆脱贫困的发展中国家，就是西方发达国家的人民，在他们的生活中也是节俭成风，拒绝奢华的。

从报上常常看到西方发达国家流行的一种生活方式，这种生活不是让自己如何更现代一些，更时尚一些、更奢华一些。相反，是让自己清贫一些、节俭一些。

在法国，人们着装，除了白领阶层，许多人很少有羊毛、羊绒织品。在德国，尽管奔驰轿车跟他们德国的名字一样值得骄傲，但现在谁要是开着奔驰牌私家车横穿闹市，一定会招来鄙视的目光——他们家庭用的大都是排气量很小的车。再说美国，其"清贫"也让去那里的中国人吃惊不小：宾馆里电视机，大都比中国落后10年；在旧金山，1873年设计的木制缆车仍在运营；移动电话，现在依然有人在用着砖头般大的"大哥大"。

美、德、法那么发达，但他们的人民还那样"清贫"、"节俭"，为什么呀？

法国人不穿羊毛服装，那是因为羊毛出在羊身上，羊又来自牧场。过量的羊啃食草地，就是对自然环境的一种破坏。德国人不开本国名牌车，那是因为地球能源如此紧张，开大排量的汽车只为给自己长脸，就是不爱国，也不爱人类。美国人用砖头般的"大哥大"通话，是因为如今的废弃电子产品污染已成为全球的一大公害，人们少用换代手机、电视机等电子产品，就少一些电子产品的污染，其意义重大是不言而喻的。

随着社会生产力的发展，人们的生活在不断改善。富而思进也是当然的。但进有两层含义：一是物质产品的极大增加，二是精神境界的极大丰富。因此一些人以为自己使用的物品越新颖、越高级、越奢华，生活质量就越高，那是十分片面而不可取的，对于年轻一代的成长更是有害的。许多富豪"富了也要穷孩子"的育子经含有深刻哲理，是值得大加赞赏的。

在美国，有这样一个年轻人：他是个大学生，每逢学校过礼拜或放假，他都得赶到父亲开设的工厂去上班。他用打工的工资去偿还父母为他垫付的学费和伙食开支。在厂里他跟其他工人一样排队打卡下班，月底就凭车间给他评定的质量分和完成工作的情况结算工资。有一次，他因公车晚点迟到了两分钟，那月的奖金就被扣除了一半。

当他终于熬到大学毕业，认为自己可以接管父亲的公司时，父亲不但不让他接管公司，反而对他更加苛刻。他想不明白，父亲是一家公司的董事长，他家并不缺钱，还经常捐钱给福利院，可就是舍不得多给他一分钱，就连生活费也得定期向父亲索要。他终于被父亲逼出了家门，他觉得自己肯定不是父亲的亲生儿子，要不然怎么会这样对待他呢？

他想去银行贷款做生意，可父亲坚决不给他担保。没有担保人，他就没有办法向银行贷到一分钱。于是他只得去给别人打工，因为复杂的人际关系，他被挤出了小公司。失业后，他用打工积累的一点资金开了一家小店。小店的生意不错，他又开了一家公司。小公司慢慢地变成了大公司。

好景不长，公司因经营管理不善而倒闭了。他想过跳楼，但他实在不甘心就这样离开人世，他认真思考了自己的过去，思索父亲为什么对自己这么冷酷，思索自己在打工和经商中为什么屡遭惨败，他总结了自己失败的教训。他没有灰心丧气，决心咬紧牙关挺起胸膛从头再来。就在他振作精神准备再干一番的时候，他的父亲出人意料地找到了他，张开双臂紧紧地拥抱了他，并决定让他来接管自己的公司。对于父亲的决定他非常不解，他说："我现在是个一无所有甚至是个失败的人，你为什么还要我接管你的公司呢？"父亲说："不，孩子，你虽然跟几年前一样，依然没有钱，但你有了一段可贵的经历，这段经历对你来说是一场艰苦的磨炼，然而它却是可贵的。如果我前几年就将公司交给你，你很难把公司经营管理好，也可能迟早失去公司，最终变得一无所有，可是现在你拥有了这段经历，你会珍惜它，而且会把公司管好，还会让它不断发展壮大。孩子，无论干什么事情，不经受一番艰苦的磨炼是干不好的。"

果然，他不负父亲的期望，将规模不大的公司发展成了一家令全球瞩目的大公司。他就是伯克希尔公司总裁，有着"美国股神"称号的沃伦·巴菲特。他的资产仅次于比尔·盖茨，他的父亲叫霍华德·巴菲特。

受父亲的影响，沃伦·巴菲特一生节俭，谨慎从事。他的西服是旧的，钱包是旧的，汽车也是旧的，甚至他住的房子也是旧的。他现在拥有三百五十多亿美元资产，是个真正的富翁，负债率几乎为零。

从沃伦·巴菲特的故事我们可看出，经历苦难、经历磨炼对于一个人是多么重要。不是说不经历苦难、不经历磨炼就不能成功成材，但经历了苦难，经历了磨炼至少使人积累了经验，增强了毅力，从而使人更懂得热爱和珍惜自己的事业和生活，也更懂得如何做人与处世，更懂得如何做好、做大、做强自己的事业。所以说，人生多经历一些苦难和磨炼不是坏事，对年轻人来说，更是难能可贵的。

年轻的朋友，请记住：艰苦奋斗，勤俭自强是古今中外成功人士的传家宝。您想成功吗？那就拒绝奢华，崇尚勤俭！

（2005.5）

十三、中小学班主任工作六题

一、信念、原则、建班方针

做好班主任工作，是培养新世纪新人才的必需，是变应试教育为素质教育的重要内容。怎样做好？班主任的工作千头万绪，概括起来有班级教育、课外活动、团队工作、成绩评估、操行评价等等。但不论哪项具体教育活动，都要牢固树立一个信念——育人为本，即时时育人、事事育人。为此，我们要变传统的选拔适合教育的学生为创造适合每个学生的教育。现代教育立足于发展教育和素质教育，要求创造良好的教育环境和条件，使之更适合于每个学生的成长，从而大面积提高教育质量，促进每个学生的发展。

为了创造适合每个学生的教育，促进每个学生的发展，班主任工作有两个原则，即两个结合：一是关爱尊重与严格要求相结合。苏联教育家苏霍姆林斯基说"教师既要激发儿童的信心和自尊心，又要对学生心灵滋长的一切不好的东西采取不妥协的态度。真正的教育者就要把这两个方面结合起来。这种结合的真谛就是对学生的关心。也只有这种关心才能如水载舟，载起我们教育界称之为严格要求的那条很难驾驭的小舟。没有这种关心，小舟就会搁浅，你用任何努力也无法使它移动。"

苏霍姆林斯基的论述是精当的中肯的。我国民间自古就有"严师出高徒"的说法，这里的"严"是中规中矩的"严格要求"，苛刻的无理的要求自当别论。然而即使是中规中矩的要求，也必须是被学生心悦诚服地接受才会奏效。要想得到学生的"心悦诚服"，教师就必须善于走进学生的情感世界，就必须把自己当作学生的亲人、好友。而关爱、尊重是走进情感世界的一条捷径。

二是人格示范与科学管理相结合。科学管理是按照学生身心发展规律和教育规律施教、管理学生。然而只有这一条还不足以达到教育成功，还必须与人格示范相结合。二千五百年前的孔子说："其身正，不令而行；其身不正，虽令不从。"这就是讲的人格示范的重要性。孔子的话说明人格示范是一种重要的教育力量。俄国教育家乌申斯基的话讲得更具体："固然，许多事有赖于学校的规章，但是最重要的东西永远取决于跟学生面对面交往的教师个性（人格），教师的个性对年轻心灵的影响所形成的那种教育力量，是无论靠教科书、靠道德说教、靠奖惩制度都无法取代的。……只有人格才能影响到人格的发展。"

现代教育，世界各国都在追求素质教育，而素质教育的境界，是一种整体风貌，是一种完整人格的养成，而不是无数单个元素的相加。整体不等于部分之和。我们说的素质，其实就是日常生活中为人们所称道的各种品质，是一种心胸宽广、自强不息、乐观向上的气质；是一种自尊、自信、自谦、自持的精神；是一种关心社会、关心自然的情怀；是一种求实致远、质朴高雅的品位；是一种"富贵不能淫，贫贱不能移，威武不能屈"的名节。这样一种气质，这样一种精神，这样一种情怀，这样一种品位，这样一种名节，需要相应的教育境界濡化，需要一种真诚、公平、平等、友爱的教育氛围才能养成。而在一个班级的集体生活中，这种教育氛围的形成要靠班主任老师的综合素质即人格作用。

班主任的人格是体现在其一言一行一颦一笑的具体形象上，你的学生自然会注视着你的形容举动，而你的形容举动就为学生做出了榜样。你文明礼貌，你的学生也文明礼貌，你粗俗鲁莽，你的学生也粗俗鲁莽；你诚实学生也实在；你奸诈，学生就耍赖。……这是为什么？——中小学生的心理特征使然。心理学告诉我们：小学生擅长具体形象的记忆，具体形象的思维，小学生情感易外露，自制力较差；中学生也有相似的地方，如社会阅历差、自我意识差，易受暗示，尤其易受老师的暗示、影响。年级越低越是如此。所以有的教育家说"野蛮产生野蛮，仁爱产生仁爱"，这就是真理。有鉴于此，我提议我们的教师，尤其是班主任应该牢牢记住江泽民同志的教导："发展社会主义文化的根本任务，是培养一代又一代有理想、有道德、有文化、有纪律的公民。要坚持以科学的理论武装人，以正确的舆论引导人，以高尚的精神塑造人，以优秀的作品鼓舞人。"江泽民的讲话是针对共产党员和广大干部的，但对于"人类灵魂工程师"来说不也同样是中肯贴切的要求吗？

一个称职的、优秀的班主任，接手一个班级之后，除了树立一个信念、坚守两个原则，还应该确定一个高标准、高质量的建班方针。这个建班方针，一要坚持德、智、体全面发展，二要有意识地进行素质教育试验，三要全班同学及其家长、本班教师共同为之奋斗。有了一个高标准、高质量的建班方针，就像航线上树起灯塔，靶场上树起靶子，就可以动员一切力量、集中一切智慧、激励所有成员，向着一个目标迈进。这里我介绍一个真实的案例。有一位中学教师当班主任，每接一班新生，他都通过和同学、家长的反复讨论，确定一个大家都能接受并且都愿为之奋斗的建班方针：做诚实、正派、正直的人；做有远大理想的人；做有丰富感情的人。什么是远大理想？他说："我们的理想不是专指考上大学，我们的理想是要为人民多做贡献！"什么是丰富感情呢？他说是指要因为"我"来到世界上而使别人更幸福。他还组织全班开展丰富多彩的体育、文艺比赛活动，提高学生的艺术修养。

班主任工作是一项内含丰富、趣味无穷的工作，只要我们遵循规律，方法得当又舍得下功夫，人人都可以当好班主任，班班都可能创奇迹。

二、了解研究班级现状

全国"十杰"教师、全国五一劳动奖章获得者、大连市第46中学教师董大方，每接一个新班，第一件事是要学生给老师提要求；第二件事是要学生写《我的家庭》和《我的理想》《我最敬佩的一位老师》……他的要求只一条：写真情实话。有个学生写道："老师，我今天表现非常好。我睡了4节课，一点也没影响别人。"另一个学生写道："老师，自习课我一句话都没说，看了一节课小说，作业不会做，我不想抄别人的。"她不批评，而是表扬了学生敢于说实话的举动。了解情况后，开始了艰苦细致的工作，逐个帮助学生制定近期学习目标和计划，还把学生的意见通报各科老师，帮助老师们改进教学，而她的"建班方针"、"班主任工作计划"也随之而成了。

可见班主任工作是从了解情况开始的。了解和研究班级情况是做好班主任工作的前提，是提高教育效率的条件。

了解什么？

首先要了解每个学生的情况，包括道德品质、学业成绩、健康状况、个性特征、兴趣爱好、家庭环境等。

其次要了解班级集体的现状，比如师生关系、同学关系、班干部的作用、班内矛盾及班级发展趋向等。其中要特别关注全班是否协调、关系是否融洽，存在的主要矛盾。

怎样了解？

了解研究的方法很多，常用的有以下三种。

1.材料分析法

书面材料包括学生登记表、学籍卡、学生体检表，学生作业、试卷，班级日志等。

2.观察法

观察法是在日常生活条件下，直接观察了解学生的方法。

课堂上观察每个学生的表现和反映，小张为什么睡大觉？小王为什么没精神？小李为什么不敢发言？小赵为什么愁眉苦脸？

活动中观察学生的内心世界，有的合群，有的孤独，有的热情，有的冷漠。

创设一种情境进行观察。比如有位教师，一走进教室就发现地板上一块废纸团，他故意不声不响也不捡，而是站在一旁观察陆续进门的学生表现。又如一位教师在发现班内丢失东西后，并没有兴师动众，而是讲了一个由于从小爱贪便宜而最终成为罪犯的故事。在讲故事的过程中，教师发现有个学生脸涨得通红，目光不敢与教师正视。课后，老师找到那个同学，对其进行引导，那个同学承认并改正了错误。

教师使用观察法，通过校内、校外、课上、课下，在学习、劳动或游戏中，在考试比赛或平时活动等条件下的表现，了解学生的注意、记忆、能力、性格等心理活动是很方便的常用的方法。

3.调查法

调查法是凭借被试者对问题的回答而实现的一种收集材料的方法。调查的对象可以是教师、家长，社会上有关群众、干部。

调查法可以按问答方式不同而分成访问法和问卷法。

访问法也可称作谈话法，是从口头言语提出问题和回答问题的。在访问谈话时不仅要记录回答，还应记录回答时的表情动作（如充满信心或犹豫不决、焦虑不安或消极冷淡等）。访问的形式有个别访问、调查会、座谈会等形式。家访是访问法的重要形式。

问卷法是以书面语言方式问答的。问卷法能够比较容易、迅速地收集大量事实资料。运用问卷法最重要的是设计好问卷，然后要对问卷笔答内容进行认真的统计、分析。

例如有位教师对一年级新生家长的问卷调查表：

尊敬的家长：

您好！您的孩子已是一名小学生。教育好孩子是您我的共同心愿。为了更有效地教育好孩子，我想通过这份调查表，向您了解一些情况。希望您能在百忙之中抽出时间，于X月X日前填好并交回。谢谢您的合作！

表中除家长姓名、工作单位及职务、住址电话外，依次列出8个问答栏：

（1）孩子的性格特点

（2）孩子的身体情况

（3）孩子的自理情况

（4）孩子的爱好特长

（5）您对孩子的管教方法

（6）您对孩子的期望是什么？

（7）您对我及学校有什么要求？

（8）您家里有什么特殊情况吗？

又如一位老师编制的中高年级学生调查表

甲、问答部分

（1）你最大的优点、缺点是什么？

（2）你想成为什么样的人？

（3）你每天放学都干什么？你最大的爱好是什么？

（4）你的零花钱每天有多少？怎样花？

（5）你最佩服哪位班干部？为什么？

（6）班内你和谁是好朋友？为什么？

（7）你想当干部吗？你对班集体的进步有什么建议？

（8）你有什么苦恼？

（9）你对班主任有什么要求？

乙、选择部分（三个选项中选一项）

（1）家庭情况（幸福、一般、没意思）

（2）家务劳动（主动做、能做点、一点不做）

（3）看电视（什么都看、有选择地看、不看）

（4）家庭学习条件（好、一般、差）

（5）父母对自己的学习（能辅导、只能管教、完全凭自己）

（6）与家长的关系（朋友式、很紧张、一般）

（7）居住条件（一人一室、与父母同住、与祖父母或他人同住）

（8）家长的教育方式（说服型、打骂型、放任型）

（9）你学习的目的（为祖国、为自己、为其他）

（10）你认为班主任对你（信任、不信任、不关心）

（11）你的心里话跟谁讲（父母、老师、同学）

（12）班级活动（有意思、一般、没意思）

（13）老师的要求（严格、一般、松散）

（14）老师对学生的态度（好、一般、不好）

（15）老师的教学水平（高、一般、很差）

（16）老师对后进生（尊重、歧视、不管）

对一个新班情况的了解和研究方法还有实验法、测验法、自我介绍法等，这里不一一讲述。教师要从实效出发，采用多种方法，务求得到真实而全面的材料。

三、选拔、培养班干部

20世纪50年代末，秋天开学一个月后，我被学校派往晋中地区教育展览会送展品，展览会留我修改文字并设计制作版面。这一留就干了三个月，我是初三毕业班的班主任，我内心的焦急是无法形容的，当时的通信条件，连个电话也无法打。可返校后我带的这个班，不仅没有砸了，反而得了学习纪律、体育比赛、建校劳动等数幅锦旗、奖状。同事们说，你这个班真好，班主任外出几个月还得先进，你是怎样遥控指挥的？我说实话，我有一班"常务班主任"在家，不需我"遥控指挥"。——我说的"常务班主任"，就是班干部。

要带好一个班就要有几个得力的班干部，一个好的班干部核心一旦形成，就能使一个松散班变成一个生机勃勃的先进班，甚至可以实现班级管理的自动化。

好的班干部不会自然生成，是由班主任认真选拔、精心培养的。

（一）怎样选拔班干部呢？

有位老师是这样选班长的。他先注意发现上学、放学后都有一些学生跟着的"孩子王"，这样的学生一般都有组织能力，所以才能成为领袖人物。再注意从发现的几位领袖人物中，寻找心地善良、胸怀开阔的。领袖人物有两类，一类凭好心，凭帮助别人，凭能容人，取得威信，这样的威信能够长久。个别学生也有凭逞能、霸道，暂时吓住几个人，似乎也有一定的威信，但他难以长久保持住自己的威信，即使保住，他也活得很累，和好同学的关系总处于紧张状态。在心地善良的领袖人物中再确定一下谁的头脑聪明、思维敏捷。一有组织能力，二心地善良，胸怀开阔，三头脑聪明，思维敏捷。选班长主要看这三条。大部分班长由他提名，同学通过，也有时由他任命。刚开学就能发现班长人选吗？第一天不容易看清楚，过了三五天，就能发现几位人选，拿不定主意怎么办？可以让七八位候选人，轮流当值日班长，每人轮上四五天，一个多月过去，几个人的差异便显露出来了。倘若再拿不定主意也可宣布几个人同时为代理班长，轮流执政，过一段时间征求同学意见，便确定了。

1988年入学的那届学生，他采取了竞选的方式来产生班长。原因是这届学生相当活跃，愿意当班长的较多。谁想当班长，便在竞选班长的班会上发表竞选演说。每位演说者都要说明自己为什么当班长。以及采取哪些具体可行的措施建设好班集体。讲完后大家投票，认为谁的措施更切实可行，就投谁。最后票数最多者当选。

一般选班干部可采用以下办法：

1.先制定干部的基本条件，并且公之于众

（1）集体荣誉感强，有较强的是非观念，要求自己严格。

（2）热心为同学服务，在小事上肯吃亏，不斤斤计较。

（3）善于动脑筋，有一定的号召力和组织能力。

（4）学习比较好，能做到工作学习两不误。

2.班委会干部的具体条件

（1）班长：遇事沉着，勇担责任，是非分明，办事公道。

（2）学习委员：学习方法好，成绩优秀，能帮助其他同学共同进步。

（3）宣传委员：性格活泼，音、美特长。

（4）体育委员：好运动，爱体育，组织能力强。

（5）卫生委员：生活自理能力强，有奉献精神。

注意：选拔班干部，看重整体效应。不一定学习成绩都优秀，切忌都是女生。班干部的气质、性格、居住地点也要有所不同。

3.班干部的产生及轮换

班干部的产生有很多方法。新生班的班主任可根据初步了解的情况，指派几个学生组成临时班委会。这叫指派法，指派时间一般在一个月左右。在班集体发展的初期可用选举法。选举法的好处是民主、公开、透明度强，能代表大多数同学的意见。到了高年级还可采用竞选法。竞选者各自发表自己的竞选演说，这样可使班内充满民主气氛，同时又培养了学生的发展能力与竞争意识。此外还有自荐法。

用以上方法完全可以产生合适的干部。但是单纯用这些方法选出班干部，只能是少数被老师或学生们认为的优秀生。当干部的学生会逐渐产生优越感，慢慢滋生特权思想，其余多数同学没当干部的机会，主人翁意识和集体观念淡薄，影响班集体凝聚力的形成。

因此比较科学的办法是，在以上几种方法的基础上，实行班干部轮换制。

比较合理的班干部轮换制，是常任班委和轮值班委共同存在的班干部轮换制。具体做法是：新班组建时，用民主选举的办法选出常任班委会成员，确定班委会成员中各个职务的人选，组成常任班委会。其主要职责是监督、提醒、协助轮值班委会开展日常的班级工作。除去常任班委会的成员，其余学生可依据班委会人数组成几组轮值班委，可由学生自由组合，也可由教师根据学生的能力、男女生比例指定划分，也可以由平时的学习小组组成。轮值班委会组成之后，在组内选出轮值班长，确定轮值班长，确定轮值班委会成员的职务。轮值班委会依照排定的时间，履行班委会的职责。对于轮值班委会的工作，在任期届满时，由常任班委会组织全班同学进行民主评议。当一个轮换结束时，最优的轮值班委会升为常任班委会，原来的常任班委会和轮值班委会解散，重新组织新的轮值班委会，开始新一轮的轮换。

这样的轮换制，由于有常任班委会稳定的班干部班子，保证了轮换时班级工作前后衔接，同时，常任班委会也进行着轮换，引进了竞争机制，有利于培养学生的竞争意识。轮值班委最好一学期轮值一次。

（二）精心培养班干部

班干部选好并投入工作以后，班主任可不能当甩手掌柜，要关注他们，精心培养他们。但又不是包揽他们。那就要当好班干部的后盾、顾问、教练和导演。班干部分管的工作，可能出现失误，要告诉学生，不要害怕，责任由老师承担。在复杂的问题上，学生缺乏经验，班主任当然要当学生的顾问，提供办法，任学生选择。还有些问题，临时发生的，时间要求紧迫，倘干部开会讨论则可能贻误机会。此时老师可以扮演教练或导演的角色，比较具体地指导班干部活动，自己在幕后观察，一旦出现漏洞，要求暂停，面授机宜。

班干部的培养一般有三项内容：

1.传授方法

班主任要有意识地向班干部传授方法。传授的过程是一个扶着走—领着走—放开走的过程。

（1）扶着走

扶着走的关键是抓好第一次。一个新的班集体组成后，对于新产生的小干部来说，会遇到一连串的第一次。这若干个第一次的成败，对小干部的成长至关重要。在第一次前，班主任要耐心指导，手把手地教。年级越低，指导得越细。如第一次早读，班主任要告诉班长提前十分钟到校，先将早自习的学习内容和要求抄写在黑板上，把作业本发下去。到上早自习的时间组织同学进教室，个别同学学习有问题要耐心解答，对纪律有问题的同学先暗示，后提醒，尽量不发生冲突。早读结束后进行小结。又如第一次课外活动，老师要告诉体育委员先提醒大家做好上课外活动的准备，穿上运动鞋，带上运动用品。要教给干部如何整队，要告诉干部如何带领大家做准备活动，如何分组，活动中应注意的问题等。班干部虽然强于一般同学，但他们毕竟是孩子，班主任要不怕麻烦，耐心指导。

（2）领着走

这是半扶半放阶段。班干部有了一些工作实践以后，班主任可在各项具体工作之前，请小干部提前设想，提前安排。自己充当参谋。

（3）放开走

班干部有了一定的工作能力后，班主任应放手让他们大胆工作。不过，放开走并不是撒手不管，班主任可定期召开班干部例会，叫班干部互相交流经验，开展批评与自我批评。班主任要大力表扬敢于管理、独当一面的干部，在班干部中形成拼搏上进的局面。

2.严格要求

班干部不仅有管理作用，还有榜样作用。班干部行不端，言不正，会影响班集体的成长。对班干部严格要求应注意以下几点：

（1）班干部犯了错误，或与同学发生矛盾时，班主任要一视同仁。学生不会讨厌严格要求的老师，但最敏感老师能否一碗水端平。

（2）要强化班干部的服务意识，要求班干部也一视同仁，而不能利用手中的小权力偏心眼。

（3）教育班干部不要翘尾巴。

3.树立威信

班干部的威信高低，主要取决于本人是否努力，是否严于律己，以身作则。这里讲的不容忽视的问题是，班主任要主动热情地为小干部树立威信，其具体做法是：

（1）要让班干部多出面，给他们独立工作创造机会。

（2）要教育学生尊重干部就是尊重集体，服从干部就是服从集体。

（3）要适当地给干部摆功，让同学们知道班干部为集体付出的辛劳。

（4）在班干部工作有失误时，班主任应主动承担责任，减轻班干部的压力。批评干部时，尽量不当着全班同学的面，不伤害他们的自尊心。

四、培育良好班风

班风即班集体的作风，是班集体长期形成的知、情、意、行的共同倾向，是班集体的灵魂。

班集体的生活是学生一生的重要经历，这段生活的质量很可能影响他们的一生。一项富有创意的班级活动，一番震撼心灵的谈话，一次雪中送炭的爱心扶助，甚至一句真诚的鼓励，一张友好的笑脸，一个亲切的抚慰……都可能让学生终生难忘，成为一种永久的力量。当然，一次误会，一个冷眼，一句嘲讽，也可能成为学生难以抹去的心灵伤害。

班集体是一个小社会。学生来自不同的家庭，家长的社会层次、文化素养、人生态度等，都直接影响着学生社会观念的形成，每个学生也都是独特的"社会人"。班集体的作用，就是通过包容和提炼，去除杂质，使学生形成积极、健康、乐观向上的生活观念，为未来社会塑造合格公民。一些有益的社会生活习惯，诸如遵纪守法的意识、适应环境的能力、与人交往相处的能力、团结互助的精神和竞争中求发展的能力，等等，都是在班集体的生活中得到实践和培养的。

班集体是铸造良好行为习惯的熔炉，是培养成功人生素质的摇篮。而良好行为习惯、成功人生素质都是在良好班风中生长起来的。

良好班风不是自然产生的，它需要班主任在较长时间内，做大量艰苦细致的工作，有意识地进行培养。

（一）制定班风目标

前面讲过确定建班方针。这里又要制定班风培育目标。这是不是重复？建班方针是较长时间内的一种战略任务，即培养什么样的学生，班风目标是目前的短期任务。一个一个班风目标的完成就是建班方针的实现。可见，班风目标与建班方针是局部与全局的关系，是完全一致的，绝不是重复。

制定班风目标，一要与建班方针一致，二要从目前班级的实情出发，三要语言精练概括。如果你接手的是一个乱班，班级纪律涣散，你可以制定"自尊、自强、尊师、守纪"的班风目标。如果接到一个好班，班风纯正，你可以制定"以德为首，全面发展"的班风目标。一般的班级，可定"诚实、正直、勤奋、创新"的班风目标。诚实、正直是做人处世起码的道德品质，勤奋、创新是学习、劳动的基本要求。

（二）培育良好班风的途径

1.优化环境

环境是一种潜移默化的教育因素。优化、美化的学习环境是培养、形成文明班风的一个重要手段。

对于一个班级来说，最主要的环境是教室的布置。教室的环境可分为三大块、两小角和一溜边。

第一大块是教室前的黑板上方，可以粘贴本班班风目标几个醒目大字，用以激励学生。

第二大块是教室左右墙壁上方，可适当贴一些科学家、伟人、名人、英雄、模范的画像及勉励学生的格言、警句（内容要适合学生生活，针对学生实际）。

第三大块是教室后面。板报要定期更换。板报左右两边可以办些专栏，可展示学生作业、书画，也可统计各项评比结果。

两小角：前面黑板右（或左）下角可办图书角，后面板报右

（或左）下角可整齐地钉挂笤帚等卫生用具。

一溜边指左右窗台，可摆几盆充满生机的绿叶花卉。

布置教室的原则是整洁、雅致。颜色要协调，物品要整齐，墙壁要雪白，地面要干净，光线要充足，通风要流畅。这有利于学生的健康，又振奋学生的精神。

学习环境的优化美化要达到的理想要求是：课上课下要安静，室内室外要干净，软件硬件都催人奋进。

2.抓好舆论

"正确的舆论引导人"，中小学生更需要引导。小学教师是小学的蒙师，要为小学生启蒙引路，就得从小学生守则、小学生日常行为规范的践行开始。中学则从中学生守则、中学生日常行为规范的实践开始。

舆论引导是一种重要的育人手段。其具体方法可以开周会，可以办板报，可以编班级日报等等。

舆论引导的内容要有计划、分阶段。比如低年级从孝敬父母、尊师守纪入手，中年级可以自尊自爱、诚实守信、勤俭自持为重点，而高年级则引导他们爱国、爱民、爱党，爱科学、爱劳动、爱大自然。

舆论引导的方式要讲究，努力做到润物细无声。常用方式有树榜样、善强化等。

（1）树榜样。在我们的生活中，既有苍蝇、垃圾，也有蜜蜂、鲜花。教师要引导学生多看鲜花、蜜蜂。社会上有坏人，但也有好人，而且好人多。教师经常引导学生多看好人，尤其多看英雄、模范。并且要有选择地树立好榜样，供学生学习。青少年模仿性强。榜样以其生动、具体和崇高的形象感染着学生，激励他们仿效榜样，像榜样那样认识和处理问题，爱憎分明，克服困难，勇往直前。榜样对于青少年的教育具有特殊的巨大的作用。

选择榜样要根据班级教育的需要，班风建设需要什么样的榜样就选择什么样的典型。选好后，要把榜样的高尚品德渗入学生的心灵，让学生找差距、见行动，教育学生像榜样那样工作、学习、生活。这就是我们的最终目的。

把自己崇拜的名人、伟人的名字或照片，把有针对性的能帮助自己进步的格言警句制成座右铭摆放在课桌右上角，也有一种榜样的作用。

一个学生，如果始终不渝地崇拜着一位伟人，他一定能减少许多庸人层次的烦恼，一定能较容易地使自己摆脱低级趣味的缠绕，从而使自己在许多问题上超凡脱俗，因此也有利于学生的成长。

（2）善强化。小学生的思想品德是通过后天学习获得的。而习得的过程又不能一蹴而就，必须经过不断强化。在和同伴的交往中，小学生做出一个合乎规范的行为，就受到老师的夸奖，而当他做一个不合规范的行为就遭到老师的否定。这样，不断强化，小学生就逐步理解了行为的好坏，并且相应形成良好的行为习惯。

表扬与批评是常用的强化法。

表扬可以激发学生上进心，培养学生的自尊心。其教育的作用远大于批评。但是表扬也是很有讲究的，能否运用好表扬，直接影响到教育效果。

正面表扬应注意方式。当学生在品德行为方面有突出的表现时，教师应及时给予表扬，这样会起到激发个人、教育全体的作用。但是如果不注意表扬的方式，则会影响教育效果，达不到预期的目的。有一位后进生做出了某项突出成绩，该班班主任想抓住这个契机转化他，于是上报学校，在大会上表扬并发给奖状。但会后发现他把奖状撕毁了。老师问他，他说受不了同学的讥笑。这件事告诉我们，对后进生的表扬要先个别谈话鼓励，逐渐在同学中树立形象，最后大会表扬，效果才会好的。我也有过类似情况。曾有一位班干部告诉我，要求老师少表扬他，因为受不了别人的嫉妒。

反面表扬要富有启示性。反面表扬是一种逆反式表扬促改的方法，即针对学生的弊端进行表扬，既不伤害学生的自尊心，又能使学生受到启示。有一位低年级老师上公开课，她正面对黑板写算题，忽然听到后边有两位小学生叽叽喳喳窃窃私语。这位老师头也没有扭，自言自语但很庄重地说："今天的课堂纪律真好，大家的注意力都在黑板上的算题里，有的同学已经列出算式来了！"这里，本应受到批评的两个小同学，却在表扬声中受到启示，赶快动脑写出算式吧。

侧面表扬贵在巧妙。这里的侧面表扬是指针对学生的不足之处而采取的一种表扬促改的方法。巧妙使用，会事半功倍。有位语文教师接手一个新班，班上有个男同学据原任老师说他经常不写作文。这次新老师上课第一次作文课又是他一人没交上来。老师问他，他说"不会写"，语气还很生硬。老师拉过他的手，一看，他手上的皮肤多处皲裂。老师又问："帮爸妈干活了？""爸爸外出打工，妈妈常年有病，天天我自己做饭、洗锅、打扫。"老师发现这孩子家庭困难，自己能吃苦自理，于是深情地赞赏道："真是个好孩子，在那样的家庭环境里还能坚持学习，不误一节课，相信你是个有志向的孩子。"这时，孩子冷漠的表情消失了，话也多了。随后，老师帮他构思、组织材料，晚上把拉下的作文补上来了。老师又在课堂上宣读了他的作文，表扬他说真话，写实情。此后他真的进步了。

批评是教师对学生进行教育时不可缺少的方式。批评要讲究方式，把握分寸，千万不能伤害学生的自尊心。要根据学生所犯错误的性质和学生的心理个性对症下药，让学生心服口服地认识错误，以提高学生不断进步的自信心。

一位小学生拿着作文本站在楼道里掉眼泪，迟迟不敢进教室。原来，这位小学生作文本上的字写得很潦草，被老师一怒之下批评两句后撕去了作文本上的三页纸。在这个学校的另一个班里，有一位小学生在一篇不足400字的作文中，写得能让别人看清楚的字还不到一半。然而这个班的语文老师并没有撕这位学生的作文本，也没有当众训斥这位学生，只是课后找这位学生谈心，帮助他找原因，讲危害，议措施，还对写字要领作了具体指导。在教师的教育、鼓励、引导下，这位学生第二天把重新抄写得一清二楚的作文本交给了老师。前一位语文老师一撕，撕出了学生的眼泪，撕掉了学生的自尊，撕毁了师生之间的感情；后一位语文老师一导，给予了学生鼓励，增长了学生自信，促进了师生间感情的融洽。

班主任甲和班主任乙边说边笑地分别走进了甲班和乙班，然而，出乎意料的是，各自的讲台旁边都堆放着未撮走的垃圾。班主任甲刚进门时尚存的一点笑意顿时全无，取而代之的是抿嘴、皱眉、瞪眼。"谁值日？站起来！"沉默，足足一分钟的沉默。突然"啪"的一声，一个好端端的木制教具在讲台上一分为二。两个学生同时站起，"是我们，撮垃圾的工具把掉了，工具太脏"。"什么，工具把掉了就不能用了？脏，你们是大家闺秀还是千金小姐？"接着，班主任甲以节约为主题，侃侃而谈，义正词严，慷慨激昂。两个值日生终于噘着嘴、低着头将垃圾撮走了。班主任乙走进教室看到垃圾，不仅没有收起进门的笑意，反而开心一乐说："哟，今天是哪位同学在考验我，给我劳动锻炼的机会呀？"说着，从教室后面拿起笤帚和没有把的撮垃圾工具。然而，没等班主任乙扫两下，已有两个学生走上前去，坚决地夺下了班主任乙手中的工具。此时，班主任乙笑着说："没有把，工具有点脏，还是让我来吧。"两个学生面红耳赤地说："没事，我们自己来。"

班主任乙成功地运用了"润物细无声"的教育方式，没有批评一句，却收到了批评教育的育人效果。

看来，不论表扬、批评都需要教师有爱心、耐心和信心，也需要教育机智。

3.严格管理

严格管理是形成良好班风的基础性工作。严格就是严而有"格"，格就是规矩。所以管理的第一步是制定适当的可行的班规。比如班干部职责、学习生活常规、体育卫生常规、文明礼貌常规等。第二步要训练检查评比使班规落实。

班规的内容必须经过训练，才能变成学生的自觉行动。比如站队要迅速、安静，作业要干净、整齐，不达要求就反复训练。

要求要具体。训练要具有可操作性，让学生明确训练的具体要求。如作业要干净、整齐的训练：

A.要求作业本皮上不乱涂画，不沾污；

B.要求本子不卷边；

C.要求按笔顺把字写到格子中心，落笔之前考虑好字的正误、句的通顺等。

检查、评比是促进班规落实的手段。有布置有检查才能落实，经常评比优劣才有利于令行禁止的好作风形成。

特级教师魏书生，每接一班新入学的学生，开学一个月内都要做好多训练工作。为提高学生的有意注意，每天要训练注意力；为了增强学生的记忆力每天都搞一分钟背诵比赛。还有大扫除15分钟结束，一分钟内全班调动完座位，两分半钟收好书费等奇迹，都是严格训练的结果。

4.率先垂范

建成一个优秀班集体的关键是什么？关键是班主任老师的率先垂范——即班主任的言行和对孩子们的真诚。

这里我把《孙维刚同志教育思想研讨会》上一个学生的发言摘录，献给大家。

正在清华大学经济学院读书，刚刚当选清华大学经济学会会长并获得清华大学奖学金的王一同学《我一生的榜样——谈孙维刚老师的德育教育》：

"能成为孙老师的学生，是我一生中最幸运的事情。孙老师不仅是我们的数学老师，班主任，更是我们思想和灵魂的导师。他是我一生学习的榜样……

小学五年级的时候，我被小学老师推荐到孙老师的数学班听课。事实上，第一堂课我就被他深深地吸引了，他和蔼的笑容，优雅的举止，敏捷的思维以及流畅的语言，都给人以美的享受。更重要的是，他对我们是那么好，就像对待自己的孩子一样。（你无法拒绝他慈祥的微笑）后来我便十分渴望加入他的实验班，原因很简单，世上竟然有这么好的人。……

两年后，我的希望成了现实，我成了22中初一（1）班的学生……

孙老师是怎样实现他的德育目标呢？我认为，首先一点是他个人魅力的感染。我们知道，榜样的力量是无穷的，要求学生做到的，他首先做到。这样学生就信服他，愿意模仿他。身教胜于言教。

去年，我在清华大学经管学院通过了转正考察，成了一名正式的共产党员。在这里，请允许我转述在转正思想汇报中的几句话，'我的心灵从他的言行中得到净化。大家热爱劳动，来自恩师每天早晨到教室打扫卫生；大家良好的修养，来自恩师每天上下班都和看门的老大爷亲切地打招呼；大家严格遵守纪律，来自恩师迟到了便向我们做检讨甚至到教室外面罚站；大家艰苦朴素，来自恩师一年四季仅仅两套的旧外衣……'更重要的，孙老师这样做，完全是一种无私奉献。多少年来的寒暑假，他一直没有休息过，为我们上课，为我们操劳，但从来没有向我们要过一分钱。孙老师反而还经常为我们垫付一些费用，如报名费，车费等。当时总是说这些钱可以报销，但往往是骗我们的。……几十年来，他一心扑在工作上，只求奉献，不求索取，燃烧自己的生命照亮教育事业的殿堂。刚刚接手我们第三轮实验班的时候，孙老师就身患膀胱癌，面对这一切，他的坚强与乐观令我们折服。他顽强地与病魔做抗争，在手术后又全身心地投入工作中。……孙老师为我们操碎了心。

现在如果有人问我，8年来，你从孙老师身上学到的是什么？我会回答，我学了很多，而最重要的东西，就是他这种无私奉献的精神。……

虽然现在我不能在孙老师身旁聆听他的教诲，但他的形象经常闪现在我的脑海。……我深深受益于孙老师的教育……无论何时何地，他的人格永远感召着我，他将是我一生的榜样。"

从上面一位学生的发言中我们早已感受到这位班主任孙老师的

人格魅力是怎样吸引着并影响着他的学生们。我们也可以领会教育家乌申斯基的格言了："教育的力量只能来自人的个性的活源泉，只有个性起作用，才能培养人的个性。"

五、 开展丰富多彩的班级活动

班级活动是班集体建设的重要途径。学生的爱国主义热情、团结进取的精神、助人为乐的品质、友好交往的能力要通过活动来培养，班干部的工作能力要在活动中锻炼提高。班级活动是班级教育的载体，是实现班级教育目标的桥梁。

班级活动的类型很多，主要有常规活动和主题活动，在信息技术背景下"网上班级"活动也悄然兴起。

（一）常规活动

1.晨检

晨检是班级每天在进行的活动，主要工作应由学生来承担。晨检一般是10分钟，其基本内容有检查作业和个人卫生，布置当日工作。此外还可以进行健康教育，当日新闻、名家一言、班内学生事迹介绍等内容。班主任应尽量避免在这时批评学生，否则，就会给学生一天的学习生活带来不良影响。

2.周会（或班会）

周会（或班会）每周一次。周会的任务是总结和布置工作。总结时一般由老师进行，也可由学生干部承担。总结应以表扬鼓励为主，切忌把周会开成训斥会。总结不足时，可以引导学生进行自我评价，老师和同学为其指出努力的方向，这样效果更好。

3.课间活动

教师要督促学生下课就出教室走动，并使其养成习惯。首先，教师不要拖堂，给以时间上的保障。其次，不要让学生在课间做作业。课间得不到休息，上课就会注意力不集中，思维迟钝，精神怠倦。教师应尽可能参与学生的活动，与生同乐。

4.文体活动

班级开展文体活动，可以活跃班级气氛，增进团结。在重大节日，开展联欢活动。联欢要有充分准备，事先认真排练、检查。班主任一定要有自己的节目，老师的节目不在水平高低，在于创造心理交融的"共乐"气氛。

班级还应根据学生的兴趣和可能的条件，组织好体育活动和小型体育竞赛。

（二）主题活动

主题是指活动所要达到的目的，即对学生进行什么样的教育。

1.确定主题注意三点：

（1）主题要有一定的稳定性。每个学期一般以一个主题为重点，频繁地更换主题不易收到实效。

（2）主题要有针对性。确定主题要根据学生的思想实际，学生中出现了赌博现象，班里就应开展"赌博危害大"的主题活动。学生中有人乱花钱、不爱惜物品，班里就可以开展"颂传统美德"活动，每次活动都应及时解决学生中出现的问题。

（3）主题要有时效性。主题活动要有时代气息，要有新意，要紧密结合本地和社会上发生的热点问题，给学生以正确的思想导向。

2.选择活动形式

形式要为内容服务，活动要讲求实效，不能摆花架子。选择形式要考虑学生的实际，还要考虑本校的条件，因地制宜。形式要活泼多样，使学生感觉到兴趣，易受感染。

3.活动准备

准备工作要明确分工、职责清楚，一一落实，责任到人。准备工作要有意识地以学生为主体。从主题确定到最后的总结，教师都应注意听取学生的意见，准备活动更应发动全体学生来参加。尽量避免出现"旁观者"。让学生在准备主题活动的过程中受到教育和感染。

4.会场布置

会场布置要衬托活动的气氛，比如搞一次题为"心中的丰碑"的活动：会场中央摆放先烈的塑像，四周安置小白花，黑板上写上"心中的丰碑"几个大字，再画些松柏树衬托。走进这样的会场，就会使人感到庄严肃穆。

5.活动的实施阶段是活动的关键阶段，是活动全过程的高潮。在活动进行中，要处理好有序和无序的关系。主题活动的整个过程应该是有序的，然而，对于部分活动过程来说，适当的无序，会使气氛活跃，富有生机。

6.活动总结

总结是活动全过程的一个有机组成部分。通过总结可以使学生在活动中接受的思想教育得到进一步升华，错误思想得到纠正，模糊认识得到澄清。因此，总结是必不可少的。

总结的形式有多种。可以在活动结束由教师进行总结，可以开小型座谈会，广泛征求意见，还可以让学生写活动后的感受。

以上六步是一个有机的整体，彼此不能替代。要使活动取得最佳教育效果，每一步都要下功夫，不能掉以轻心。

附：活动方式简介

1.介绍型

学习他人的经验、模范人物的事迹以及学生感到比较生疏的知识，都可以采用介绍的形式进行。前两者最好请本人来介绍，后者可以在学生充分调查、访问的基础上，由他们自己来完成。如："祖国在我心中"这一活动，可在教室四周挂上表现祖国山河壮美及风土人情的图片，让事先做好准备的学生分别予以介绍，以丰富学生对祖国的了解。

2.表演型

将教育素材以小品、诗歌、快板等形式表演出来，使学生受到生动的教育。如："礼貌王国的故事"这一活动，将讲文明、懂礼貌方面的事情编成小品，叫学生来演，使学生明白怎样做才叫懂文明、讲礼貌。

3.操作型

操作型是指活动的过程主要是学生动手的过程。如："我们爱科学活动"，可让学生做小实验；"尊师活动"可让学生做贺片、椅垫；"互助活动"可让高年级学生为低年级学生缝沙包，做毽子。在实际操作中，学生不仅受到教育，而且得到了锻炼。

4.竞赛型

竞赛型的形式有叠衣服、包饺子、做手工等内容的技能比赛；有"百题不错"、"小小发明家"等形式的学习竞赛；有爱祖国、知国情的知识竞赛等。中小学生好胜心强，活动以竞赛的形式进行，他们更乐于参加。

5.讨论型

用讨论的形式可培养学生的参与意识，提高认识能力，讨论的问题可以是社会热点问题。可以是班内的焦点问题和偶然事件。如"压岁钱怎么用"、"我们能做小皇帝吗"、"看电视的利与弊"

等，在讨论的过程中，学生进行了自我教育。

6.演讲型

许多教育内容都可以采用演讲的形式，如"英雄颂"、"时刻准备着"、"集体在我心中"、"胸前的红领巾"等，教师结合活动给予学生讲怎样写演讲稿，指导学生掌握演讲的技巧。学生在活动中既受到了深刻的思想教育，又培养了语言表达能力。

7.综合型

一次或一项可以综合采用几种形式。

（三）"网上班级"活动

信息技术为各科教学的改革开辟了广阔的道路，也为班级教育活动开设了崭新的途径。有的老师帮助学生建立网络道德，引导学生文明上网，远离不健康网站；有的老师用"心灵之约"为师生文明上网沟通搭建平台；还有的教师开设BBS信息台，拓宽心育的渠道。这里简单介绍一位小学五年级班主任教师构建班级网站并将其运用到班级管理中，成为打造优秀班集体有效途径的做法：

1.班级宣言，促进了班风的形成

树立良好的班风，需要通过班主任的引导、班级成员的认同才能形成。在班级网站的建设初期，班主任老师在班会上首先确立了班级宣言的构成要素：博学、进取、团结、勤奋。然后，围绕这些要素发动学生进行讨论。经过一番筛选和加工，最后以投票方式选定了班级宣言："我们用笑容迎接每一天，用挑战迎接每一刻。努力拼搏，团结奋进，鼓起我们的信心和力量！扬起我们的斗志和理想！我们是——五年一班。"

有了班级成员都认可的班级宣言，也就有了正确的舆论导向和共同的奋斗目标。它是网站建设的纲领，在学生使用班级网站的过程中，班风也在潜移默化中逐步形成。

2.荣誉称号，培养了学生的竞争意识

网站论坛的等级制度规定，当你发表更多帖子时，也就得到了更多的积分。当你积分达到一特定值时，就会得到一个相应的荣誉称号。在班级网站的建设中，班主任老师也运用了这种机制。在班级网站上发布课前预习资料的奖励5分，发布科学学习方法的奖励5分，发布个人习作的奖励5分，回复别人发布的信息的奖励1分……除奖励积分外，发布不恰当的信息也要根据情况扣分。学生在使用班级网站的同时，通过积分奖励制度来获得相应的荣誉称号。学生们非常珍视自己通过努力获得的荣誉称号，并且为了获得更好、更酷的荣誉称号他们更加努力学习。

荣誉称号这种激励机制，激发了学生的活动动机，使之产生积极向上的心理状态，进而培养了他们的竞争意识。

3.网站管理，增强了学生的主人翁意识

网络具有很强的时效性和渗透性，要想通过网络营造高效的学习环境就离不开严格的管理。在班级网站中班主任老师是通过"版主"来实现网站管理的。在网站论坛上，发动学生通过"网上投票"的方式，选出网站上不同版面的"版主"，通过版主来实现班级网站的管理。版主的任期为两个月，到期后进行重新选举。每学期还要进行最佳版面的评选活动，对版面管理出色的版主进行奖励。在管理过程中，教师作为网站的"站长"，给予版主适当的管理权限，做到"学生选版主，版主说了算"，形成民主管理的气氛。

此外，网站论坛上还专门设立了"站务管理"栏目，全班学生都可以在这里提出自己对网站建设与管理的意见和建议，调动每个学生的积极性，使学生自我表现心理得到满足，主人翁意识得到培养。

通过班级网站的建设，为学生创设良好的学习环境，也为班集体建设提供一条新途径。

六、班主任工作计划与总结

（一）班主任工作计划

班主任工作计划，是实现班主任工作目标的蓝图，是指导班主任工作的准则。班主任工作做什么，怎么做，达到什么目的都体现在工作计划之中。

1.制定班主任工作计划的原则

（1）指导思想要明确：制定班主任工作计划，必须根据国家的教育方针和政策，学校整体的工作计划，从本班学生的实际出发。

（2）工作指标要具体：计划是为了实现某一目标而制定的。计划的要求、实施的步骤、措施等正是为了完成这一目标而提出的。因此，班主任制定工作计划必须首先确定具体的任务。

（3）措施落实可操作：明确了工作目标，还要有实现这一目标而制定的措施、步骤。措施指为完成既定任务应当采取的手段、办法，借助哪些方面的力量，以及克服哪些障碍等。而步骤则体现了完成计划的时间顺序和工作序列，分清主次先后，以及各个阶段和各个时期的侧重点。

2.班主任工作计划的模式

计划的模式既可以成文表述，又可以分条列项，还可以采用对应的表格填写，甚至几种方法兼用。但完整的计划应包括以下诸部分：

标题部分：应注明单位名称，制定计划人姓名，计划适用的时间、范围。

正文部分：分现状分析、目标任务、具体事项三部分。

正文第一步，简明扼要地分析目前的班级概况，即班级的主要成员、组织建设、学生家庭背景、班级工作已经取得的成绩和形成的基础，学生的目前状况（如思想品德行为习惯、学习水平、身体素质等）

正文第二步，在分析本班现状的基础上提出班级工作总体目标任务与指导思想。

正文第三步，为了完成任务、实现目标，就要写出具体事项，包括活动的主要内容、时间安排、相应措施（方式、办法）、负责人。

结语部分：班级工作备注、计划的日期等。

（二）班主任工作总结

1.班主任工作总结的必要性

班主任工作总结是班主任工作计划实施的成果。如果把班主任计划当作春播，那么班主任工作总结便是秋收。种瓜得瓜，种豆得豆。如果秋收时节看到瓜豆少，野草多，那就应该认真反思。所以工作总结首先表现为一个反思过程，是对取得成绩或经验教训的再思考，从中抽象出规律性的东西来。

班主任工作总结是对班主任自身素质、工作业绩和质量评估考察的重要手段。

2.班主任工作总结应遵循的基本原则

（1）指导思想应实事求是

写好总结首先要树立实事求是的科学严肃态度，要如实地反映学期工作的情况，不夸大也不缩小，更不能掩饰工作中的失误与不足。只有这样，总结才能得出正确的结论，经得住反复推敲。

（2）总结的关键是资料翔实与提炼观点

一份成功的总结，应当是翔实资料（典型事例、事实统计数字、对比材料）和鲜明观点的结合。既要避免对工作过程纯客观的叙述，也不能使结论流于空泛，缺乏事实基础。

3.班主任工作总结的模式

（1）工作总结的一般模式

标题，主要包括单位名称、总结人姓名、总结时间、适用范围。

前言，以简要文字概括学期工作的基本情况，并指出工作所取得的成绩和经验。

正文，这是总结的核心部分，一般应涉及以下几个方面。

甲、工作回顾

班主任本学期完成了什么工作，并为此而采取了哪些针对性的方法措施取得了哪些成绩等。

特别强调，班主任的工作回顾应与开学之初的工作计划相呼应，从而体现班主任工作过程的完整性。例如，在计划中曾确立自己要对某一课题进行专题研究，那么总结中就必须反映出研究的成果。可自行制表，对研究的课题、目的和意义、具体要求以及为研究的开展创造了哪些条件，采取了什么措施，步骤是什么，最后提出研究的结论。

乙、经验介绍

总结不能只满足于对成绩的列举，还必须加以深化，即从教育教学的具体行为中，抽象出规律性、结论性的东西来。这其中包括自身的工作方法，对学生的认识，班级管理目标的实现等种种问题。当然，总结经验教训不可能面面俱到，应注重最具代表性和投入主要精力的方面来阐明。

丙、存在问题

这一部分应写明没有完成或没有完成好的任务，并分析造成这一现状的原因。

丁、努力方向

即今后工作的重点和努力方向，以及应当反映的看法和意见。

对于以上总结的具体内容，班主任可视自身情况确定重点阐述对象，而不必平均用力，面面俱到，应以实际工作需要为主要出发点。

（2）班主任工作总结的写作方式

甲、从几个问题的几个方面入手

这是比较常见的方法，行文简便、规范，有助于分门别类地说明工作对象，并把经验性的认识和结论融入其中，是各种问题的具体化。

乙、按工作进程展开总结

这种形式将会更多地参照工作计划，叙论结合，突出工作的阶段性特点。

丙、以论文形式写出

这种写法是从班主任工作计划实施过程中取得阶段性成果或一些成功经验已上升为规律性认识时采用的。写这种论文，应有论点、论据、有结论。论据中应有真实的过程，有准确的数据。结论要符合逻辑性。

班主任工作总结没有固定的写作形式，应当从实际出发，以真实、可信为要，以有意义有价值为重。

以上六讲，是中、小学班主任工作的常规内容。在实际工作中，由于学生年龄阶段不同，心理发展有别，因而班主任工作必须针对其心理发展的不同阶段，从实际出发，有的放矢，方能奏效。

总之，中小学阶段是人的一生中极为重要的关键时期。从小学起，儿童开始进入学校从事正规的有系统的学习，学习逐步成为他们的主导活动；而中学时期，正是青少年身心急剧发展、变化和成熟的时期。在这样的时刻，作为"灵魂工程师"一员的班主任，其任务是光荣而又艰巨的，你的工作之于学生，胜似阳光雨露之于禾苗。只要你坚定信念，恪守原则，遵循规律，大胆实践，不断反思，认真总结，你就一定会成功。

（2003.3）

十四、让两个雕塑家同心协力朝着一个目标行动

——谈教师与学生家长的关系

苏联教育家苏霍姆林斯基所领导的帕夫雷什中学，在多方面取得了卓越的成就。他认为："这些成就来源于我们和学生家长的共同工作。这种工作起了极其重要的作用。……问题恰恰在于，我们和家庭作为并肩工作的两个雕塑家，有着相同的理想观念，并朝着一个方向行动。要知道，在创造人的工作上，两个雕塑家没有相互对立的立场是极其重要的。"

苏霍姆林斯基的经验十分响亮地提醒我们：为了教育水平的高超、教育效果的优异，必须正确处理教师与学生家长的关系，没有教师与学生家长关系的协调、和谐，就不可能有学校教育的卓越成就。

教师与学生家长之间的正确关系，来自正确的认识。从教师来说，如何认识与家长的关系，如何对待家长，不仅关系到教育效果的好坏，而且反映着职业道德水平的高低。在现实中，教师与学生家长之间时常产生这样和那样的矛盾，其中重要的原因之一，就是教师不能正确认识更不能正确处理与家长的关系。比如有一位

小学生的家长，对家长会感到恐惧。走到教室门口，又不敢进门。我问她为什么？她说每次家长会，教师总要表扬优生的家长，批评差生的家长。我们的孩子差，老师指着我的鼻子说："你就只管赚钱，不管儿子的成绩？"另一位家长给我看了一份她孩子的考卷，上面有老师的两句批语，大意是：家长，上次家长会上你的承诺不知你记不记得？看看你儿子的考分吧，你不感到脸红吗？家长因子女的问题不时受到教师的批评和指责，产生对教师的反感，怕与教师交往，这种情况，在相当大的程度上是教师在对待家长时不理智、不尊重造成的。这不能不说是教师在处理与家长关系时缺乏良好职业道德的表现。

正确对待学生家长，需要正确认识与学生家长的关系。教师与学生家长正确的关系体现在三个方面六个字上。即：平等、互尊、配合。

一、平等，是指社会地位的平等。教师与家长虽然职业不同，岗位不同，身份不同，但都是一个普通的社会公民，都享有法律所赋予的共同的社会权利和义务，其社会地位都是平等的。有一年，暑假期间集训教师。我去请某领导（市委某某部部长）讲话。某领导冷冷地说："笑话，教师集训还要我去讲话？"我说："我们教师的职责是传承文明、启迪智慧、弘扬美德，为社会培养高尚的、聪明的、合格公民。我想这大概与你的部门工作不仅不相抵触，而且完全一致……"他见我还想说什么，急忙改变语气，有点歉意地说："别误会，别误会。我是抽不开身，不是看不起教师。"我想，我们当教师的，都不愿别人歧视教师。同样，学生家长也不愿受到教师的歧视。这里用得着当年国家主席刘少奇接见掏粪工人时传祥的一段话：我当国家主席是为人民服务，你掏大粪也是为人民服务。这是社会分工的不同，没有高低贵贱之分。从教师与家长的关系来看，家长要平等地对待教师，教师也要平等地对待家长。对教师来说，无论从其工作性质方面，还是从他本人所具有的文化修养来看，尊重家长都应该更自觉一些，更好一些。对家长不平等、不民主，实际上也降低了教师本人的威信。

二、互尊，是指联系交往时互相尊重。教师与学生家长的联系交往一般是围绕学生的教育问题而发生的。这种联系和交往中的关系是否和谐，对教育力的大小和教育成效的高低有着关键性影响。如果在这种联系和交往中，教师和家长建立起和谐合作的关系，就能把学校教育和家庭教育紧密结合在一起，取得良好教育效果，反之，难以达到预想效果，甚至还可能产生负效应。从目前的情况来看，学生家长是不敢不尊重教师的。原因很简单，怕得罪教师，招致教师歧视孩子，以此报复家长。所以，这里的关键在于教师是否能做到尊重家长。人民教师，是传承文明、启迪智慧、弘扬高尚道德的使者，理应明白：敬人者，人恒敬之。因此，教师要努力自觉地尊重学生家长。这不仅仅是社会主义社会公民的基本社会关系决定的，也不仅仅是取得良好教育效果的需要，还有社会道德上的必然要求。社会主义道德要求在日常的活动和生活中，人与人要相互给予最基本的尊重。礼貌、热情、和蔼、谦逊、关心、体贴、帮助、爱护等等，是人与人交往应当遵循的基本要求。作为教师，在与家长交往联系中冷漠傲慢，盛气凌人，训斥挖苦，态度蛮横，等等，都是不道德的。它不仅伤害了家长的尊严，也损害了教师自身的形象。这绝不能表明教师的高贵，只能证明其自身道德的低下。

三、配合，是指教育过程的配合。这种配合，是为了学生的成人成才。家长与教师之间的相互配合，没有时间上的规定，也没有空间上的限制。而应是经常的、一贯的、多方面的相互配合。确立这样一个相互配合的基本关系，主要是由于中小学生的良好发展，需要各方面影响的一致性。特别是学校和家庭影响的一致性。我曾当过十五年班主任，班级工作中有好多事情需家长配合。比如：培养学生良好的行为习惯，必须有家庭学校的密切配合。曾有一个学生，从小学起就有多种不良习惯：打架、斗殴、乱花钱、课堂上吃零食……当他进入我班时，我真有点头疼。我暗暗打听了一番，原来，他同所有的班主任、带课老师甚至学校校长，都有过顶撞、吵闹，甚至打斗。但是我不能把他赶走。因为我知道改变学生不良行为习惯是教师的责任。于是我定了个计划，采取了措施……其中最主要的是与家长联系，请家长配合。比如，减少零花钱的供给，鼓励做好事……一个学期下来，这个孩子彻底改变了上课吃零食，基本改变了与同学、老师吵闹的毛病。为了孩子的健康成长，有时候，教师也需主动配合家长。有一位李老师，她的班里有一个学生，父母离异，谁也不管。这个学生只好跟着一身疾病的老奶奶过活。该生既要上学，又要洗衣做饭照顾有病的奶奶，上学常迟到，上课常溜号。李老师家访了解情况后，同意她奶奶的清求，允许孩子迟到早退，还组织本班同学，成立互助组，每周利用休息日帮助这个特殊家庭做家务，帮助这个同学补习功课。三年后，这个学生，顺利完成学业，并以优异的成绩考入高一级学校。

事实证明，学生各种素质的良好发展，需要学校和家庭两种教育的有机结合，这两种教育良好的结合，教师和家长之间能否相互配合是关键。没有这种配合，就不能形成强大的教育合力，也无法取得教书育人的优异成绩。

教师与学生家长之间在对学生的教育上有其目的和愿望的共同性，本当平等相待、相互尊重、默契配合，但由于各自职业身份、教养及环境的不同，也时有各种各样的矛盾。主要表现有以下几种。

一、教师和学生家长对学生的教育出发点不同，对培养目标的设计和认识不一致。教师从履行社会职责出发，为社会培养各种各样的合格人才。对学生要面向全体；要求全面发展，而家长一般只关心自己子女的成长，对子女寄予极大的期望，往往以为只有考入高等院校才是唯一的出路。

二、教师与家长对学生的情感不一样。教师爱学生，是爱全体学生。而且是无私的爱、理智的爱，是从学生的长远利益出发去关心爱护他们。而家长对孩子的爱则是把孩子看成自己生命的延续者，杂有"养儿防老"的私心的爱。

三、教师与学生家长在教育方式方法上不一致。教师受过教育专业训练，在教育理念、育人技巧上都有各自娴熟的一套。而学生家长一般都缺乏教育知识，更缺少育人的技能技巧。但是教师与家长的关系中，教师除了人格影响、道德威望外，没有任何权力。因此若摆出一副绝对权威的架势，而试图命令、指挥家长，就会引起家长的反感，妨碍教师和家长之间的情感交流而产生矛盾。

四、社会上许多行业的不正之风也波及学校教育这块育人净土。有些教师失德违规做出一些见利忘义的事，例如：乱补课、乱收费、乱购教辅材料，或者向家长索要礼物索要服务。这些都引起了家长的反感和社会的非议。

但是教师与学生家长之间的矛盾一般情况下是在根本利益一致基础上的矛盾。双方都是为了学生健康成长成才，有利家庭，有利社会。因此绝大多数是可以避免的，也是完全可以化解的。

为了避免和化解教师与学生家长之间的矛盾，协调学校教育与家庭教育，形成教育合力，教师和家长双方都应做出必要的努力。从教师这方面来说，在处理与学生家长关系时应从以下几方面努力。

一、主动与家长联系，用先进的教育理念影响家长

要使家庭教育与学校教育形成合力，急需以先进的教育理念影响家长。这个任务的完成最合适的人选是教师。由于教师是孩子的老师，孩子的爸妈也最愿意听从老师的开导。全国师德标兵、云南省丽江地区华坪县教师张桂梅，访问一个学生家庭，需走山路两三个小时。在她感召下，许多家长改变了恶习送孩子上学，主动配合张老师的工作。全国师德标兵、北京市22中教师孙维刚每接一个新班都要请家长到校共商一个培养高素质人才的建班方针。全国五一劳动奖章获得者大连市教师董大方每接一个班，都要向家长提出约法三章：第一不许说孩子笨，因为学习再差的学生也有潜能，说他笨就等于扼杀了他的潜能；第二不许说孩子是坏孩子，无论孩子表现多么差，只要内心渴望被教育好的孩子都是好孩子；第三当老师与学生发生冲突时，家长应先站在孩子一方，给孩子以温暖，倾听孩子的呼声，不要让孩子感到孤立无援，挫伤孩子的自尊心。以上三位老师，在教育工作中都取得了辉煌的业绩。我想，这与他们耗心费力主动积极地把家庭教育与学校教育结合起来，形成强大的教育合力不无关系吧。

二、虚心听取家长的意见，力争家长的真诚支持与配合

河北省石家庄红星小学为办个性化学校，确立了"打造书香特色，通过阅读使师生的精神更加富有；通过习惯教育使师生的行

为文明高雅；通过心理健康教育让师生的心灵充满阳光"的办学思路。他们认为个性化的学校必须是开放的学校，必须有家长的配合。为此，校长要求红星小学的电话全部开放，校长办公室的电话，每位老师的电话，家长们都知道，有意见有想法欢迎随时沟通。福建泉州第二实验小学每年开展家长征文比赛，以"假如我是校长"、"假如我是班主任"为题，让家长畅所欲言。

北京22中孙维刚老师在总结他班55％考上北大清华、100％高考达线，全班学生都成了高素质人才时说：我们班的成功，是绝对绝对离不开家长的同心同德的。我这里是个病句，两个绝对怎么能连在一起写！但我实在难以形容我对我们班家长的崇敬和感谢。孙老师是中国数学学会理事、北京市首批有突出贡献专家，北京十大杰出教师、北京市模范班主任，国家数学奥林匹克首批高级教练，全国十佳师德标兵……孙老师的聪明才智在全国上千万的教师队伍里应该是屈指可数的精英吧，但他尚且"绝对绝对离不开家长的同心同德"，即绝对离不开家长的真诚支持与配合，何况我们一个普普通通的教师呢？

为什么？有道是"尺有所短，寸有所长"。任何教师，无论他具有多么丰富的实践经验和深厚的理论修养，都不可能把复杂的教育工作做得尽善尽美，不出差错。而且随着整个民族素质的提高，家长的水平也在不断提高，他们的许多见解值得教师学习和借鉴。加之"旁观者清"，有时家长比教师更容易发现教育过程中的问题。因此，教师要放下"教育权威"的架子，经常向家长征求意见，虚心听取他们的批评和建议，以改进自己的工作。这样做，也会使家长觉得教师可亲可信，从而诚心诚意地支持和配合教师的工作，维护教师的威信。为此，教师对家长态度要诚恳热情，不虚伪、不冷淡；语言要文明礼貌，不指责，不训斥。对不同意见，要耐心听完，妥善答对，力求在和谐中达到双方满意。

三、教师要教育学生尊重父母

在《孙维刚同志教育思想研讨会》上，正在清华大学经济学院读书、担任经7（1）班长、刚刚当选清华大学经济学会会长获得清华大学奖学金的王一同学发言中有一段话："我深深受益于孙老师的教育，我与父辈、祖辈之间根本不存在代沟，我和家人都能很好地沟通，不会整天抱怨不被理解云云，这使我想起孙老师经常叮嘱我们的话：要关心体贴父母，有事多与父母商量。有一次家长会后还让同学们挽着父母的手回家。"这段话反映了孙老师教育学生尊重家长是经常的、具体的、有效的。而且其意义也是重大的。试想，一个高素质人才，如果连家庭的关系都不善处理，还能参与和谐社会的构建吗？大家听说过浙江省金华中学的高中学生徐力因不满母亲对自己学业的督促，用榔头击死母亲的报道吧。如果让这个学生走向社会去参加任何一项工作，有谁能放心呢？世界著名的大画家毕加索曾说，只要和谐，一切事情都好办。家庭和谐，社会也就和谐了，家庭与学校也便和谐了。

一个好教师，不仅要自己身体力行地尊重学生家长，而且也教育学生尊重自己的父母，特别是那些社会地位和文化水平都不高的父母。有教养的教师决不当着学生的面讲有损于他们家长威信的话。

事实证明，教师教育学生尊重家长，不但可以提高家长的威信和作用，增强家庭教育的力量，而且当家长看到自己的孩子在教师教育下健康成长，对自己又是那样尊重时，就会衷心地感谢教师，更加信任教师。因而，教师和家长就会在互相尊重的基础上，产生共同语言，统一对学生的教育。

　　家长是一支蕴藏巨大教育潜力的队伍。我国有2亿多学生，只有1000万教师，却有2亿多家庭和4亿多家长。这是一支庞大的教育队伍，调动他们的积极性，提高他们的教育素质，对于发展我国的教育事业，提高整个中华民族的素质，具有重要的意义。恳请各位教师，当仁不让肩负一份责任吧，这也是时代对我们的要求。

（2005.8）

十五、教师要重视并开好家长会

一、桥梁、讲堂、窗口

我是一名教师，同时又是一名学生家长，我的双重身份，使我在多次主持家长会和参与家长会的实践中，感触颇多。真可谓，家长会是桥梁，是讲堂，是窗口。

（一）家长会是沟通学校与社会的桥梁

教师是专门的教育工作者，在教书育人方面承担着重要的责任。然而，现代教育是一种全新的多方位和立体的教育，教师仅凭个人学识去培养众多弟子的古代模式是根本不能完成现代教育任务的。必须有家庭的配合和社会的支持。家长会上一位教师往往面对几十位家长。单个地看，他们代表家庭，整体地看他们代表着社会。在他们当中有干部、有工人、有农民、有医生、有商人……他们职业不同，见解各异。但他们都有一个共同的心愿——把他们的子女培养成才，这便是社会的要求。面对这一要求，教师一方面要把学校教育的目标、任务、方法、手段交代给家长以取得家长和社会的共识，形成教育的合力。另一方面也要通过家长把学生在家庭、校外、社会的表现行为以及家长的期望和建议反馈到学校，以资不断改进教学工作，取得更好的教育效果。这样，家长会自然成为沟通学校与社会之间的一座必不可少的桥梁。

（二）家长会是宣传科学教育思想和方法的讲堂

随着基础教育事业的长足发展，"普九"跨进了新的阶段，不论城乡，广大的学生家长参与意识越来越强。但是，由于他们教育思想模糊，教育方法陈旧，严重影响着新一代的身心健康发展，贻误着新世纪一代新人的培养。"棍棒底下出人才"的"打骂教育"、全家人围着孩子转的"娇惯教育"、"树大自然直"的"放任教育"就是几种有代表性的极端的表现。这些做法酿成的后果是不堪设想的，它们不仅直接导致了家庭教育的失败，而且还会造成对学校教育的负面冲击，这必然形成一个社会问题。这个问题谁来排解呢？最有条件、最有权威的就是教师，因为教师受过专门训练，肩负着培养人才、塑造灵魂的神圣职责。为此，人民教师有责任为家长提供先进的教育思想和科学教育方法，使他们能更好地配合学校思想教育把学生培养成有用之才。而家长会正好提供这样一种合法的讲堂，这时教师可以亲自讲授，还可以请家长交流教育子女的成功经验，并鼓励家长积极支持学校的各项工作，以便形成社会大教育的合力。

（三）家长会是一展师表风范的窗口

教师是家长会的组织者、主持人。每次家长会都有几十双眼睛盯着教师，教师的一言一行、一举一动被家长尽收眼底。因此，通过家长会给予家长的不仅有教师自己的教育思想、教育观念、知识水平，而且有个人的道德风貌、仪表形象。有鉴于此，在家长面前，教师要牢记"为人师表"的职责，努力塑造自身高尚的人格。

通过教师的示范，不但使家长明白事理，有所遵从，还要分清善恶美丑，使家长乐于效仿，并能利用学校有利条件帮助家长不断提高个人素质。

综上所述，家长会在教师的教育活动中无疑是一项重要的工作，它的作用不容忽视。

二、认真开好家长会

怎样才能开好家长会，使其充分发挥应有的作用呢？我认为应从以下几方面努力：

（一）定好计划，明确目的

每学期的家长会，开学初都应定出计划，计划内容应根据每个年级段的学校工作实际拟定，每次家长会要解决什么问题，应有明确的目的，会前应预先下发通知，让与会家长早有准备。

（二）筹备充分，时间抓紧（一小时左右，不可无限延长）

家长会前主持人（一般是班主任）的筹备工作必须周到细致、充分。如会场布置，确定议程，科任教师如何配合，表扬哪些学生，批评哪些现象（一般不当众指名批评，以免伤害其家长的感情）。形成什么共识，体现什么教育思想观念等。这样能使会议紧凑有序，避免拖泥带水，浪费时间。因为家长们是在百忙之中参会的。倘若会场紊乱，议事拖拉，不仅影响会议效果，也可能影响学校及主持人的信誉。

（三）内容实在，中心突出

家长会上，教师、学生的发言应事前准备讲稿，以便发言能围绕中心，紧扣议题，避免随意漫谈。这样能保证话不空说，内容实在，要解决什么问题就解决什么问题。

（四）态度诚实，平等相待

不论班任、科任，家长都尊称"老师"，教师应有学富德高的师者风范。家长会上，教师提出的见解主张应以商量的语气、征询的姿态出现。千万不可居高临下、盛气凌人。正确使用评价手段，要注意不能因为学生有缺点、错误，就出言不逊，甚至挖苦、讽刺其家长。家长会上还有一项重要任务，即教师要真诚地欢迎家长提出意见，并且虚心地接受家长的正确批评。这样做不仅能充分调动家长为学校教育出谋划策的积极性，同时也提高了教师在家长心目中的地位，树立真正的教师威信。

（五）做好记录，认真总结

每次举行的家长会都要做好记录，这种记录要列入"学校家长合作档"便于查看，参照学生的成长，同时可作为准确的教育资料，提供期末总结。认真的总结，必须使经验得到升华，对于教师的教育科研来说，这不啻为一股源源不断的甘泉。

（2000.10）

十六、普及国学经典 建设精神家园

——谈谈国学教育活动

中国共产党十七届六中全会指出，文化是民族的血脉，是人民的精神家园。立足当今的中国社会，我们中华民族共同的精神家园其内涵是什么？华中科大欧阳康先生指出，"一以贯之的核心内容，如'和而不同'、'自强不息'、'厚德载物'、'中庸'、'和谐'等"。而这些名言警句正是数千年积淀在国学经典中的中华文化之精髓。所以，普及国学经典，是建设中华民族共同精神家园的基础工程，也是每一位中华同胞修身齐家的必备素质。

一、国学是什么？

关于国学的定义，迄今尚无统一而明确的界定。1906年，国粹派邓实撰文说："国学者何？一国所有之学也。有他而人生其上，因以成国焉，有其国者有其学。学也者，学其一国之学以为国用，而自治其一国也。"（《国学讲习记》）同一时期，我国近代资产阶级革命家、思想家、教育家章太炎，他举办国学讲习会，讲授《说文解字》和诸子百家。晚年他在苏州设立章氏国学讲习会，谈儒论经。他认为，施教育应该根据本国的情况，"自国的人该讲自国的学问，施自国的教育"，"不问外国人贵贱的品评"。这几句话应该是章氏心中的国学定位吧。章太炎的关门弟子姚奠中先生是一位国学大师，他谈到国学时说，国学是"文史哲不分，以小学为基础"。他说在这里强调"文史哲不分"，主要是针对现在的学科分类而言的。因为"分"得太细了，所以他才用"不分"来解释"国学"。他还说："当然国学中也有分类，传统分经、史、子、集四部，小学包括在经部里。"

学过大师们的论述，结合个人体会，自然有了一个概念：国学是指以儒学为主体的中华文化之精髓，是几千年积淀下来的宝贵文化遗产。具体说来，国学分为经、史、子、集四部。"经"意谓儒家经典，也是群籍之首；"史"涵盖了从上古到清乾隆年间的正史典籍；"子"采撷诸子百家的各类书籍；"集"则为诗文荟萃。"经史子集"汇集了中国古代所有汉文典籍，囊括了中国哲学、历史、文艺、社会、经济、天文、地理、算学、农业、医学，几乎所有的学科都能从中找到其源头和宗脉。从内容到形式，都可称之为中国古代文明无价之宝。

国学最根本的思想是中国家国一体的和谐文化，贯穿中国历史的孝、悌、忠、信、礼、义、廉、耻等为核心的道德思想。

二、国学有何用？

国学既然是中华文化的精髓，是几千年积淀下来的文化遗产，那么现在学习研究又有什么理论价值和现实意义呢？

第一，国学对于建立和谐世界、实现人类社会的可持续发展有着不可或缺的作用。

中国文化产生于乱世。两千多年前的春秋战国时代，天下大乱。许多思想家都在思考：天下为什么乱？如何消除战乱维护安定？社会怎样才是合理的、有序的、幸福的？大家都在探讨如何治理的问题。道家认为，乱是由于人的欲望太多，特别是统治者，要清心寡欲，"罪莫大于多欲，祸莫大于不知足，咎莫惨于欲得"。主张小国寡民，无为而治，不言之教，"治大国若烹小鲜"。这就是老子道家的政治主张。法家认为，只要以法治国，道之以政，齐之以刑，令行禁止，天下也就太平了。儒家主张礼治，"为政以德"，认为用礼仪来规范人们的行为，通过教化，树立仁义道德，知道荣辱，就不会违背礼义。整个社会充满仁义之气氛，井然有序，还会乱吗？墨家主张兼爱、非攻，反对战争，提倡相爱，天下也就太平了……到了汉朝，董仲舒提出独尊儒术，儒家的仁义道德就成了中国传统文化的主干。"仁"是爱心，"义"是公平合理。这是道德原则，也是政治理念的基础。中国以开放的心态对待外来思想，只要包含爱心与公平合理的因素，就加以吸收，利用，使中国传统思想日益丰富发展。20世纪末，中国改革开放，使传统文化与世界文明接轨。在文化复兴的同时，经济崛起，一个横空出世的强大中国，不是偶然的。除了中国共产党的英明领导，与中华传统文化不无关系。二千五百年前的孔子提出了许多治国理政的理论，经过长期政治实践的检验，得到丰富与发展，使中国成为有序的社会、先进的文明，和平的力量。两千年前，董仲舒提出大一统论，使中国长期维持统一大国的局面。他独尊儒术，加强了中华民族的凝聚力。历代中国人民都追求统一稳定，所以尊儒成为中国传统文化的主流。儒学对于建立和谐、稳定的社会有过许多积极的贡献。

从历史上看，国学的提倡总是与一个时代的需要联系在一起的。清末民初章太炎等人提倡国学是为了"用国粹激动种性，增进爱国热肠"；20世纪二三十年代的国学运动，则主要是倡导一种科学的研究方法，所以"整理国故"盛行一时；我们今天的时代需要是什么呢？就是党的十七大提出的"建设中华民族共有的精神家园"。当前的国学使命就是创造出与我们正在努力建设的民主和谐的社会主义社会相适应的、满足广大人民精神生活需要的新文化。这当然需要通过弘扬优秀传统文化同时吸取外来先进文化并加以融会、创造之来实现。

对传统文化的积极弘扬包括两个方面的工作：即取其精华，去其糟粕。我们提倡仁爱、和谐就是对传统的"党同伐异"、"窝里斗"的批判和否定，我们提倡民主、人权就是对专制政治漠视生命、践踏人的尊严的抗议和控诉。中华传统文化也正是在革故鼎新的转化中得到发展的。

以儒学为主干的中国传统文化，还具有超时空的普世性价值。20世纪后期，西方学者开始思考中国传统文化的意义。英国著名历史学家汤因比博士，曾以为中国文化是一种僵死的走向死亡的文化，可是到了晚年通过对两次世界大战的反思，他改变了看法。他说："世界统一是避免人类自杀之路，在这点上现在各民族具有最充分准备的，是两千年来培育了独特思维方法的中华民族。"他在一次报告中还提出："世界现在最需要的是中国文明的精髓——和谐。如果中国不能取代西方成为人类的主导，那么整个人类的前途是可悲的。"在1988年巴黎召开的面向21世纪诺贝尔奖获得者国际大会上，著名瑞典科学家汉内斯阿尔文博士提出："人类要生存下去，就必须回到公元前六世纪之前，去吸取孔子的智慧。"澳大利亚学者李瑞智、黎华伦在《儒学的复兴》一书序言中说："北亚古老的神话和圣哲，看来更可能代替西方文化成为我们'地球村'未来的中心。"20世纪后期来自西方的声音，从另一方面说明了中国传统文化的价值和意义。

综上所述，国学不仅是中华民族生生不息的动力源泉，也是世界人民的宝贵精神财富。

第二，国学之于一代历史巨人是必备的精神素养，犹如母乳之于婴儿那么重要。

翻开中国近代史，静观19世纪末、20世纪初诞生的革命家、文学家、艺术家，哪一位不具有深厚的国学底蕴？

毛泽东国学造诣之深为世人瞩目。他22岁时给萧子升写信："师其校者，尚多名贤。有某公者，居校经十有余年，学具根柢，故欲于国学加研究，亦尽有切磨之朋。"说明国学在青年毛泽东心目中占有重要的位置，同年9月，毛泽东第三次致萧子升的信，更提"国学"，不但进一步说明国学在他心中地位异乎寻常的重要，他说国学不仅范围广，意义深，而且国学常识是"顾吾人所最急者"，因为它关系到"何苦而为中华民"的大问题，也就是做中国人的资格问题。然后说到学习国学的途径，推荐了曾国藩编纂的古文选读本《经史百家杂钞》。接着谈到了国学文献的阅读方法。最后毛泽东还批评了读书不能会通的现象。由此可见22岁的青年毛泽东对国学钻研已何等深刻。

周恩来五岁时养母就教他唐宋诗词，生母还为他讲"窦娥冤"、"西厢记"、太平天国和义和团。九岁十岁时生母、养母相继去世，父亲又远在他乡，他不得不像成年人那样担起家庭重担。12岁那年大伯带他到沈阳，进了东关模范学校，既学经书，又读西学，课外还读《离骚》、《史记》、《汉书》等历史文学。他特别赞赏《岳阳楼记》中"先天下之忧而忧，后天下之乐而乐"的思想。三年读书期间，他的学业名列前茅，老师问"为什么读书"，他答"为中华之崛起"。许多老师都赞扬他德才兼备。国文老师在他的作文上批语："教不如此，不足以言教，学不如此，不足以言学，学校不如此，不足以言学校，文章不如此，不足以言文章。"还感慨地说："我教了几十年书，从未见过这样好的学生，为这样的学生，就是呕心沥血也心甘情愿。"

少年周恩来在沈阳东关模范学校读书时，已是道德文章之模范。这与国学底蕴不无关系吧？

鲁迅先生是思想家、文学家、革命家。为了推行白话文，他曾极力反对青年读古书。然而他自己，凡诸子百家、正史杂史，笔记小说，但能找到的中国古书，大都烂熟于胸，所以在他的著作里才能够纵横捭阖，谈古论今。在鲁迅的白话文中，处处都蕴藏着"文言"的深厚功底，他的语言力量也正是来自于这种厚重的底蕴。

胡适，驰名中外的学者，白话文运动的发端者，文学革命的旗手。三岁进私塾读《诗经》、《孝经》、《小学》、《论语》、《孟子》、《大学》、《中庸》、《书经》、《易经》、《礼记》等经典原著。到九岁时，凭借良好的经典底蕴，开始大量泛览古典小说。11岁的时候，读完《资治通鉴》，13岁时读完《左传》。此时，他对中国古代的重要书籍大多已经熟悉。

再如郭沫若是历史学家、文学家、考古学家、古文字学家、诗人，著名的社会活动家。"五四"时期发表反帝反封建的新诗《女神》等，成为中国新诗的奠基人。后因蒋介石通缉，亡命日本，从事中国古代史和古文字的研究，把古文字学和古代史研究结合起来，开辟了史学研究的新天地。抗日救亡，他写了《屈原》、《虎符》等大型历史剧和战斗诗篇《战声集》……他的国学造诣是不言而喻的。

毋庸赘述，以上几位伟人、大师，正是他们幼时嗜学如命满腹经纶，加之后来的社会实践造就了他们的辉煌。

第三，国学能开发智力、修养德行，对儿童少年健康成长有鲜为人知的妙用。

国学经典是千年中华智慧的结晶，是中华民族生生不息的动力源泉，它对人的智力开发、德行修养有多大作用呢？

毛泽东曾说过他对近世国人最佩服曾国藩，蒋介石也说过类似的话。曾国藩多了不起啊！可是小时候的曾国藩却是实实在在的笨小孩。私塾老师骂他是"天生的笨蛋"，还说"你将来若能有点成就，我就给你送伞"。他有个夜读的故事：一天晚上，有个小偷藏在他的房顶，想等他读完书睡下后再动手。他正在背《岳阳楼记》，读的慢慢吞吞，磕磕巴巴……小偷听着听着睡了一觉。一觉醒来，他还在背书。小偷憋不住了，出来说："你读的什么书，我都背会了。"说着大大方方地背了一遍，然后扬长而去。可就是这个笨孩子，凭着他的毅力把经史百家装满了肚子，成年后智如泉涌，终于成了清代一位中兴大儒，使大清王朝延续了六十年。

曾国藩是一百三十多年前的古人。今天的孩子学国学有用吗？

请听台中师大教授、儿童读经运动发起人王财贵家孩子的故事。王家只有一个男孩，但很笨，已到六岁还不大会讲话，而且内向，总是畏畏缩缩的。小学一二年级，班里40个孩子，他总考三十几名。当他姐姐五年级读经的时候，王财贵要正在读三年级的儿子也读。王财贵跟儿子说："孩子，这本书你读给我听。"他翻开第一页就读："第一章，道可道，非常道；名可名，非常名……"五十多字，他都能读对。再读第二章，又是五十多字，他又读对。这个笨孩子居然会读《老子》，因为有拼音，当然能读对。王财贵又说了，"孩子呀，你去旁边读，多读几遍你应该会背，你会背就来找我。"他就去读了，读了一个多小时。别人十分钟就背会了，有人读五分钟甚至读三遍就会背了。但王家这孩子一个多小时才会背，还是背得结结巴巴。王财贵说："不行，要把它背熟。"三年级下午没课，一个小时是有的，不管他什么时候背，只要晚上他来背。到晚上背时果然很流利了。王财贵跟他说了一句改变孩子一生命运的话："从今以后每天背两章。"每天晚上考他背会两章才去睡觉。《老子》共81章，40天就背完了。这部《老子》可是影响他一辈子的经典呀。从那天起，《老子》跟他一辈子，永远不会忘记。背完《老子》，王财贵非常后悔，因为第一本书不该是《老子》，应该背《论语》，所以又让他背《论语》，一天背两章，已经有背《老子》的经验，现在背《论语》太方便了。《论语》五百章，要250天背完。王财贵只考到一半，就不考了。不考，孩子就不背，所以《论语》只背了半本。但是，他这一本半就已经了不起了。因为，总有一万多个字了，就渐渐聪明起来。老师感到很奇怪，孩子四年级、五年级名列前茅，六年级第一名毕业，然后到了初中还是第一名。到了初二，老师说："你自己初二就读懂了，你不要来上学了。"初二教他在家自学。他读完初二就去考高中，考上高中又永远是全校第一名，高二就可以考大学。但是，教育当局硬要他读高三。读完以后他考大学，到了大学，又是第一名，年年拿奖学金。到了大学三年级的时候，他就去考研究所。一个是政治大学，考了第一名；一个是台湾大学，他又考了第一名，现在读硕士班。有很多人问他："你怎么这么会读书？"还有人以为他是神童。他老实告诉人家："我也不是很用功，别人比我更用功；我也不是很聪明；但是我爸爸小学三年级教我一部《老子》，四年级教我半部《论语》……

结论是明摆着的：国学经典能教人变愚为智。有科学根据吗？有。下面从《华东师大经典诵读实验报告摘要》中摘来几点：

1998年9月至1999年6月期间，香港国际文教基金会与上海华东师范大学教育科学学院合作进行了《儿童诵读中国传统文化经典与潜能开发》的相关实验研究。

实验方法是取样设定了实验班和对照班两组，实验班407名幼儿和小学生，对照班是273名小学生和幼儿。让实验班每天诵读《大学》、《中庸》、《论语》及部分唐诗，每天15~20分钟，在寒假期间实验。被试学生在家中由家长带领每天诵读经典15~20分钟，对照班则在整个试验期间不诵读经典，但在其他实验变量上与实验班完全相同。

统计方法：对原始数据的统计采用了T检验方法在SPSS.8.0版本《大型统计分析软件》上进行检验。

实验的基本结论：诵读经典是儿童开发潜能的有效方式。通过对实验结果的科学分析，初步得出了几点结论——

（1）儿童诵读经典可以明显、快速地增加识字量。（具体情况与数据从略）

（2）经典诵读可以使儿童在记忆的广度和理解方面有显著的提高。（测试情况从略）

（3）经典诵读有助于提高儿童的注意力。（测试情况从略）

（4）诵读经典有助于儿童人格成长。

诵读经典与儿童的人格成长有无关系？经典中的格言被儿童熟记后，对儿童本身产生了什么影响？研究人员请班主任和家长对被试儿童在诵读经典前后的道德行为表现，进行了经验性的评价，即请被试学生的班主任和家长对儿童诵读经典前后的道德行为表现做出过程性观察、描述，最后对诵读经典这个活动能否帮助儿童道德水平提高做出"很有帮助"、"有些帮助"、"没有任何帮助"三级评价。调查结果分析表明：有90%以上的家长和班主任都认为诵读经典对于被试者的道德水平有帮助。

实验发现：儿童之所以能够通过每天15—20分钟的时间，轻松、简单的诵读经典，就能够在智力与人格等方面全方位地提高，一个主要原因就是"高度浓缩又相互关联的智能思想体系"。这套经典教材在词汇方面是大量的，在语言内容方面是高度紧凑浓缩的，包括大量对人生、世界乃至神秘宇宙的智能思考和为人之道的论述，是古人真实深远的生命体验。但在文字的组合时，却多用简练的短句，读起来有一种轻松有趣的音韵感。所以儿童读经典活动虽然十分简单，但其收获颇多，超出想象，有出乎意料的科学价值。

三、国学教育活动的开展

国学大师姚奠中题词："普及经典，以正世风，利民兴国，稳步康同"，这是我市孔子学会的会训。遵循这一会训，孔子学会的同仁，耄耋之年，却甘愿与蒙童一道诵读经典。

孔子学会将创办会刊、举办讲座，让国学经典进入普通百姓之家。对青少年的诵经活动更是言传身教，身体力行。

孔子学会倡议，幼儿与小学低年级诵读《弟子规》、唐诗等浅显易懂的启蒙读物；小学中年级以上诵读《论语》、《大学》、《中庸》等经典名篇。中学生则可读古典名著。有条件的可以尝试幼儿读经典，小学读名著，初中、高中则见大效受大益。

国学教育是以德行为根本生发出来的一种优秀文化，像春风化雨，润物无声。诵读经典更是最经济的教育。我们相信，随着诵读经典活动的推广和科学研究的深入，人们会越来越认识到这一教育活动的深刻意义和伟大价值。

（2012年）

十七、《弟子规》并非儿童少年专利

翻开眼前报纸，《弟子规》的有关报道接踵而来——

2012年3月14日，中华文化讲师团走进孝义德顺煤矿，与在场的40名中高层干部一起探讨了优秀传统文化《弟子规》的现实意义。

2012年3月24日，太原市迎泽区桥东街办、双北、太堡、建铁、双三社区团支部和"两新"团组织，联合举办了《弟子规》讲座，太原市希望职校团支部的干部、学生、团员代表等100多人参加。

2012年4月27日，山西省自动化研究所70多名工作人员，举办《弟子规》学习讲座，所长赵金亮说："经济飞速发展的同时，我们的思想道德文化建设更应加强，今天的《弟子规》讲座对我们大家提升自身的道德文化建设就有很大的作用。"

2012年7月，武乡县交警大队决定以《弟子规》为抓手，全面开展职业道德、社会公德、家庭美德和个人品德教育，引导全体民警从自身、从细节做起，争做好公民、好警察、好职工、还要做家庭的好成员。

……

一本童蒙养正的小书居然有偌大的魅力，吸引了社区百姓、煤矿职工、武警战士，还有研究所的知识精英等等无数颗赤子之心，这是为什么？

原来《弟子规》和《三字经》、《千字文》一样，不仅通俗易懂，朗朗上口，而且它所包含的丰富的中华优秀传统文化乃是当前我国精神文明建设急需而必备的精神营养。虽然《弟子规》成书于清朝康熙年间，距今已300多年，但其中列述的青少年们待人、接物、举止、言谈、处事、求学等日常生活诸多方面应当恪守的许多规范早已成为约定俗成的中华礼仪，而且这些礼仪正是当下缺失并且亟待传承的文化传统，比如孝亲敬老、诚实守信、崇德扬善、内省自砺、闻过则喜、知恩图报等等。漠视规矩、表里不一、背信弃义、损人利己、不讲礼义、不懂廉耻是被广泛谴责的社会恶习。从这个意义上说，大有必要弘扬传统文化，让青年一代懂得并遵守基本的伦理规范是当务之急，让成年人补补迟到的人生必修课又何尝不是一桩善事呢？

恭请诸位同您的学生、同您的孩子一起品尝《弟子规》温馨清爽的滋味，何乐而不为呢？

我写的解读《弟子规》小册子，已被孝义市职业教育中心等学校、学堂、幼儿园作为教材使用，皆免费供应。这是我们孝义市孔子学术研究会的一大义举，很受欢迎。

全文附后。

附：《弟子规》解读

第一章 总叙

《弟子规》原名《训蒙文》，是清朝康熙年间山西绛州秀才李毓秀所编，后经清朝学者贾存仁修订，更名为《弟子规》，流传至今。

《弟子规》选取《论语·学而》第六章："弟子入则孝，出则悌，谨而信，泛爱众，而亲仁，行有余力，则以学文"的文义演绎而成。

"总叙"是这本书的提要，亦即全书的总纲领。读了总叙，就知道本书写的什么内容。

【原文】

弟子规① 圣人训②
首孝弟③ 次谨信④

【白话】

《弟子规》这本书是依据孔圣人的教诲编成的儿童少年生活规范。首先在日常生活中，要做到孝顺父母，友爱兄弟姐妹。其次在言语行为中要小心谨慎，要讲信用。

【注释】

①弟子：孩子们、学生们。规：规范。

②圣人：人格完美又能周济天下的人，本文指孔子。训：训诲、训勉。

③孝：孝敬父母。"弟"（tì）：通"悌"，指友爱兄弟姐妹。

④谨：一切言行要小心谨慎。信：与人交往要守信用。

【提示】

孔子认为"孝、悌"是做人的基础、根本，要首先做到。做到

"孝悌"，家庭和睦，推己及人，社会和谐、安定。

【原文】

泛①爱众　而亲仁②

有余力　　则学文③

【白话】

要普遍地关爱别人，并且要亲近有仁德的人，以便向他们学习。这些都是最重要而又非做不可的事。如果做了以后，还有多余的时间和精力，就应该好好学习文化知识。

【注释】

①泛：普遍地、广泛地。

②而：并且。仁：仁人，品德高尚的人。

③则：即、就。文：指历代文献，是孔子四种教学内容之一。略同于"书本知识"或"文化知识"。

【提示】

孔子主张，青少年应该先学良好的行为规范，懂得做人的道理，然后学习文化知识，切不可本末倒置。

第二章　入则孝

这一章是讲为人子女之道，即孝道。"百善孝为先"，孝敬父母是中华民族的基本道德准则，在家能孝敬父母、尊敬长辈，出外才能尊敬老师、老人。

【原文】

父母呼①　应勿缓②

父母命③　行勿懒

【白话】

听到父母呼唤，应及时回答，不能慢吞吞地应答。父母交代的事，要立刻行动去做，不可拖延、偷懒或借故推辞。

【注释】

①呼：呼叫、叫唤。

②应：答应、回答。勿：不要、不可以。缓：迟缓、拖延。

③命：命令、差遣。

【原文】

父母教^①　须敬听

父母责^②　须顺承^③

【白话】

父母教导孩子做人处事的道理，孩子必须恭敬地聆听。父母责备告诫孩子，孩子必须虚心接受，顺从地承认错误，不可强词夺理，使父母生气、伤心。

【注释】

①教（jiào）：教诲、教导。

②责：责备、指责。

③顺承：顺顺当当地承认接受。

【原文】

冬则温　夏则清^①

晨则省^②　昏则定^③

【白话】

冬天，子女们要关心父母衣服是否温暖、室内是否暖和；夏天，要考虑父母是否感到凉爽、舒适；早晨起床后，要向父母问候，身体是否安好；傍晚回家后，要向父母报个平安，让父母放心。

【注释】

①清(qìng)：凉爽。

②省（xǐng）：问候、探望。

③定：安定，此处是问安、安慰。

【原文】

出必告　反必面①

居有常②　业③无变

【白话】

子女外出，必须告知父母到哪里去；回来的时候，一定要面见父母，让父母安心。生活起居要有规律，自己所从事的学业或事业要合理规划，不要随便改变。

【注释】

①反：同"返"，回来。面：面见父母。

②居：生活起居。常：有规律、常规。

③业：学业、事业。

【原文】

事虽小　勿擅①为

苟②擅为　子道亏③

【白话】

不妥当的事情，即使是很小的事，也不要任性，擅自做主。假如任性而为造成错误，就有损为人子女之道，让父母担心，这是不孝的行为。

【注释】

①擅（shàn）：自作主张。

②苟（gǒu）如果、假使。

③子道：为人子女的本分，即孝道。亏：损害、缺陷。

【原文】

物虽小 勿私藏

苟私藏 亲①心伤

【白话】

不是自己的物品虽然很小，也不要偷偷地藏起来。如果私自藏起来，品德就有缺失，父母亲知道了，一定很伤心。

【注释】

①亲：父母亲

【原文】

亲所好① 力为具②

亲所恶 谨为去③

【白话】

父母亲所喜爱的东西，子女们应尽力准备齐全；父母亲所厌恶的，子女应该恭敬地谨慎地为他们排除。

【注释】

①好（hào）：喜好。

②具：置办。

③去：去除、排除。

【原文】

身有伤① 贻②亲忧

德有伤 贻亲羞③

【白话】

作为子女要爱惜、保护好自己的身体，如果自己的身体受到伤害，一定会让父母担忧；为人子女更要养成良好的道德，如果子女的道德有了缺失，会让父母亲蒙受耻辱。

【注释】

①伤：受伤或者病痛。

②贻（yí）：本为赠送、遗留，此处为让、使。

③羞：羞耻。

【原文】

亲①爱我 孝何难

亲憎②我 孝方贤③

【白话】

当父母亲喜爱自己时，孝顺是很容易的事情；当父母亲讨厌或者严厉管教时，自己一样孝顺，这种孝顺才是难能可贵的好德行。

【注释】

①亲：父母亲。

②憎：讨厌。

③贤：德行好。

【原文】

亲有过 谏使更①

怡吾色② 柔吾声

【白话】

父母亲有了过错，子女应该劝谏他们改正。劝导的时候态度要诚恳，声音要柔和，脸色要温和愉悦。

【注释】

①谏：劝勉、劝导。更：改正。

②怡（yí）：和气愉悦的样子。"怡色"是脸色和悦。

【原文】

谏不入① 悦复②谏

号泣随　挞^③无怨

【白话】

如果父母不听劝解，就等待他们情绪好转或是高兴的时候再继续劝导。如果父母固执不听，甚至生气，有孝心的子女不忍陷父母于不义，即使难过得痛哭流涕，还要恳求父母改过，纵然遭到责打，也无怨无悔。

【注释】

①入：听从、接受。

②悦：喜悦、愉快。复：再。

③挞（tà）：鞭打。

【原文】

亲有疾^①　药先尝^②

昼夜侍　不离床

【白话】

当父母亲有了疾病，熬好了药汤，为人子女，要先尝一尝，以免太烫了烫伤父母。还要不分白天黑夜，侍奉在父母身旁，不可随意远离。

【注释】

①疾：疾病。

②药：过去多是汤药，要自家人熬药，若现在的西药，就不用尝。

【原文】

丧三年^①　常悲咽

居处变^②　酒肉绝

【白话】

父母去世，守孝三年期间，应追念父母教养的恩德，常常悲伤欲哭。自己的生活起居必须调整改变，并且戒除酒肉等生活享受。

【注释】

①丧三年：古代为父母守丧三年，实际规定为二十五月或二十七月。孔子认为人生下来三年才能离开父母的怀抱，能够自己走自己吃。因此，为了感恩父母，应该守丧三年。

②居处变："居处"指平时的居住生活。"变"指改变平日起居生活。古人守丧要搭茅草蓬子，睡草垫子，用土块制的枕头。

【提示】

孔子说过，对于礼仪，与其奢侈铺张，宁可朴素俭约；就丧礼说，与其仪文周到，宁可过度悲哀。如今生活节奏加快，生存竞争压力加重。亲人去世，只要开个追悼会，后人不忘感恩、继承遗志就行了。

【原文】

丧尽礼①　祭尽诚

事②死者　如事生

【白话】

办理父母的丧事要依照礼仪，不可草率马虎，也不可铺张浪费，祭祀时要尽到诚意。对待已经去世的父母，要如同生前一样恭敬。

【注释】

①尽礼：竭尽礼节、按照礼仪。

②事：对待。

第三章　出则悌

这一章讲的是兄弟相处之道以及与长辈在一起的规矩。教导孩子从小懂得待人恭敬，长大才能尊重别人，与同伴、同事、同僚和谐相处。

【原文】

兄道①友　弟道②恭

兄弟睦　孝在中③

【白话】

哥哥姐姐要友爱弟弟妹妹，弟弟妹妹要恭敬哥哥姐姐。兄弟姐妹和睦相处，这是对父母孝顺的一个方面。

【注释】

①兄道：指当哥哥的如何对待弟弟之道。

②弟道：弟弟如何对待哥哥之道。

③兄弟睦　孝在中：兄弟姐妹和睦相处，省得父母操心、能使父母放心，这自然就是子女对父母尽孝了。

【原文】

财物轻①　怨何生

言语忍　忿自泯②

【白话】

把金钱和物质看轻些，怨恨就无从生起。说话的时候互相忍让一些，自然就不会有愤怒了。

【注释】

①财物轻：对金钱和物质看得轻些。

②忿（fèn）：愤怒、愤恨。泯（mǐn）：泯灭、消失。

【提示】

财物是人们生存的必需品，但不可过于斤斤计较，以免陷自己于不义。语言是交流思想的工具，表达清楚就好，千万不说气话，不说过头话，不说不负责任的话。

【原文】

或饮食 或坐走

长者先 幼者后

【白话】

吃喝要请长辈先用，入座要请长者先坐，走路要请老人先走。不论吃喝坐走，让年长者优先，年幼者在后。

【原文】

长①呼人 即②代叫

人③不在 己即到

【白话】

当父母或长辈叫人时，自己要立刻代他们叫唤。被叫的人不在，自己应当及时回来告知，并问长辈有什么需要帮忙的事。

【注释】

①长：指长辈们。

②即：立刻、马上。

③人：指被呼叫的人。

【原文】

称尊长① 勿呼名

对尊长 勿见能②

【白话】

称呼长辈，不可直呼姓名，这是对长辈的尊重；在长辈面前，要谦虚有礼，不可故意显能卖乖。

【注释】

①称：称谓、称呼。尊长：父母以及所有长辈。

②见（xiàn）同"现"，即显露。见能：即表现自己的才能，张扬自己的能力。

【原文】

路遇长^① 疾趋揖^②

长无言 退恭立

【白话】

路上遇见长辈，应快步向前行礼问好。如果长辈没有说话或没有事情，就退后一步让长辈先走。

【注释】

①长：长辈或长者。

②疾：快速步走。趋：小跑前进。揖（yī）：古时拱手为礼。

【原文】

骑下马 乘下车

过犹待 百步余

【白话】

骑马遇长辈就下马，乘车遇长辈就下车，让长辈过去百步以上，自己才上马或上车。

【提示】

路遇长辈下马下车以示恭敬尊长。现在要遵守交通规则，切不可违规停车，因为安全更重要。

【原文】

长者立 幼勿坐

长者坐 命乃^①坐

【白话】

长辈如果站着，年幼的人就不可坐下。当长辈坐下了，并吩咐年幼的坐下，才可坐下。

【注释】

①命：吩咐、允许。乃：于是、就、才。

【原文】

尊长前 声要低

低不闻 却非宜^①

【白话】

在长辈面前讲话，声音要低，但是声音太低，长辈听不清楚，那也是不妥当的。因而说话要柔和适中才好。

【注释】

①非宜：不适当、不可以。

【原文】

进^①必趋 退^②必迟

问起对^③ 视^④勿移

【白话】

进见长辈要快步向前，告退时，应该放慢脚步。长辈问话，要站起回答，眼神要注视长辈，不可东张西望、左顾右盼。

【注释】

①进：指进见长辈。

②退：指退下来。

③问起对：长辈问话，站起回答。

④视：指自己答话时的目光。

【提示】

前面几段中提到的饮食、坐走、言语、进退、应对等都是重要的社交礼节。今人常常带着小孩参加各种聚会，往往看到一些小孩，有的打打闹闹、乱喊乱叫；有的毫不客气，抢座抢吃；还有别人问话不理不睬、心不在焉。这些都是需要教育改正的。良好的行为习惯要从小培养，为人父母、长辈一定要教导自己的孩子谦虚礼让，从小养成讲文明、懂礼貌、遵规守纪的良好习惯，长大才会当个合格的公民。

【原文】

事诸父① 如事父
事诸兄② 如事兄

【白话】

对待叔叔伯伯，要像对待自己的父亲一样；对待同族的兄长，要像对待自己的胞兄一样友爱。

【注释】

①事：对待。诸父：伯父、叔父。

②诸兄：同族兄长。

【提示】

现代中国，多是独生子女，似乎用不着"悌道"。其实人与人除了长辈、晚辈之别，还有年长、年幼之分。不论是否同族，只要长者爱护幼者、幼者尊重长者，人人都献出爱心，世界就成了美好人间。这大概就是人类追求的"大同世界"，也叫"四海之内皆兄弟"了。

第四章 谨

"谨"是用谨慎的态度对待看似细小的生活琐事，以防造成大错。诸如珍惜时光、讲究卫生、衣食立行等，其实都是重要的生活规范。通过这些日常小事培养孩子们正确的人生态度。

【原文】

朝起早 夜眠迟

老易至 惜此时

【白话】

早晨要早早起床，晚上要晚点睡觉。因为人生的岁月容易消逝，少年人转眼就是老年人了，所以要珍惜现在每一天的宝贵时光。

【提示】

"早起、晚睡"必须按时作息。要把握时间，及时努力，但以不影响健康为度。

【原文】

晨必盥① 兼漱口

便溺②回 辄③净手

【白话】

早晨起床后，必须洗手洗脸，还要刷牙漱口。大小便后，一定要洗手。

【注释】

①盥（guàn）：洗手洗脸。

②溺（niào）同"尿"。③辄（zhé）即、就。

【提示】

刷牙、漱口应该一日三餐之后都要做到，尤其晚餐之后，更要落实。这样才能保健牙齿。

【原文】

冠①必正　纽②必结

袜与履③　俱④紧切

【白话】

帽子要戴端正，衣服的纽扣要扣好。袜子和鞋子都要穿得贴切，鞋子的鞋带要系紧。

【注释】

①冠：帽子。

②纽：纽扣、扣子。

③履（lǚ）：鞋子。④俱：都、全部。

【提示】

注重服装仪容的整齐清洁，虽然是生活细节，但这不仅有助于形成自身的仪容，还能逐步养成做事严谨的习惯。

【原文】

置①冠服　有定位

勿乱顿②　致污秽③

【白话】

脱下来的帽子和衣服应当放置在固定的地方。不要随意乱放，以免弄皱弄脏。

【注释】

①置：放置。

②顿：原为暂停、顿驻。此处是放置。

③污秽（huì）：弄脏。

【提示】

衣物用品有固定位置，生活就会有条不紊，做起事来就能够简便快捷。从生活起居方面，可以看出一个人的修养，这些素质要从小培养。

【原文】

衣贵洁^① 不贵华^②

上循分^③ 下称家^④

【白话】

穿衣服须注重整齐清洁，不必讲究昂贵华丽，而且要依照自己的身份，更要衡量家中的经济状况，才是持家之道。

【注释】

①贵：注重。洁：整齐清洁。

②华：华丽、昂贵。

③上：古指职位高的人。或有职位的人。循：遵循、按照。分：身份、地位。

④下：古指普通百姓、无职位的人。称：相称。家：自家的经济状况。

【提示】

俗话说："秀才不在穿蓝衫。"爱美之心人皆有，但是服饰之美在于内在气质与外在形式的和谐统一。若只追求外表的光鲜亮丽，忽视内在修养，就会被人耻笑。

【原文】

对饮食　勿拣择

食适^①可 勿过则^②

【白话】

对待日常饮食，不要挑剔偏食，而且要吃适当的分量，不可贪食过饱。

【注释】

①适：适当。

②过则：超量。

【提示】

饮食卫生，营养均衡，多吃蔬菜水果，少吃肉，不挑食，不偏食，不吃零食，更不要暴饮暴食，这些都是保证儿童身体正常发育的基本要求。

【原文】

年方少　勿饮酒

饮酒醉　最为丑

【白话】

年岁小尚未成年，不要饮酒。因为喝醉了酒会丑态百出，最容易表现出不当的行为。

【提示】

酒中含有大量酒精，对未成年人危害极大，它会麻醉神经，损坏大脑，影响儿童正常发育。所以青少年不可饮酒，成年人也不可过量饮酒。

【原文】

步从容①　立端正

揖②深圆　拜③恭敬

【白话】

走路时步伐应当从容稳重，站立时姿势要端端正正，问候行礼时不论鞠躬或拱手作揖都要真诚恭敬。

【注释】

①从容：不慌不忙、稳重大方。

②揖（yī）：拱手为礼。③拜：古时为下跪叩头及打躬作揖的通称。

【原文】

勿践阈① 勿跛倚②

勿箕踞③ 勿摇髀④

【白话】

进门时不要踩门槛，必须跨过去；站立时身体不要歪倒斜靠在墙壁上。坐下时两腿不要张开像畚箕一样，更不可有摇动大腿或摇动脚板的坏习气。

【注释】

①践阈（yù）：脚踏门槛。

②跛（bǒ）倚（yǐ）："跛"是两脚不同时站立，有一只脚斜放着。"倚"是指身体斜靠墙壁。

③箕（jī）：指畚（běn）箕。坐时两腿张开样子像畚箕很不雅观。踞（jù）：坐。

④髀（bì）：指大腿。

【提示】

"践阈"、"跛倚"、"箕踞"、"摇髀"这些都属生活小节，但却不雅观、不稳重，给人以轻浮、烦躁、傲慢的形象。所以为人父母、长辈应该及时纠正孩子们的这些毛病。

【原文】

缓揭帘① 勿有声

宽转弯 勿触棱②

【白话】

进门时要轻轻地缓缓地掀起门帘，不要发出很大的声音，走路或转弯时要离物体的棱角远一些，以避免触碰棱角而受伤。

【注释】

①帘：指门帘，有布帘、竹帘，现在还有塑料帘等。

②棱：指门框、门扇等棱角部位。

【提示】

做任何事情都要细心、谨慎，不可鲁莽冒失。古训有"欲速则不达"，急于求成往往会坏事，其结果是一事无成。

【原文】

执①虚器　如执盈②

入虚室③　如有人

【白话】

手拿着空空的器具，要像拿盛满东西的器具一样。进入没有人的房间，要如同进入有人的屋子一样。

【注释】

①执：拿、持。

②盈：充满。

③虚室：没人在屋里。

【提示】

在没人监督的地方，也要保持谨慎的心态，不要随便碰触别人的财物，不要做不义的事情，从小养成"慎独"的品德。

【原文】

事勿忙　忙多错

勿畏难　勿轻略①

【白话】

做事不要急急忙忙、慌慌张张，因为忙乱中最易出错。该办的事情不要因怕困难而犹豫退缩，也不要轻率随便而敷衍了事。

【注释】

①轻略："轻"，轻率；"略"，省略。

【提示】

遇事要从容淡定，理清主次先后，做到心中有数。即使面临逆境，或挫折，只要是正义的该做的事，就应坚定地做下去，直到成功。

【原文】

斗闹场　绝勿近

邪僻事① 绝勿问

【白话】

凡是容易发生争吵打斗的场所，不要接近逗留；对于邪恶下流、荒诞不经的事，不要好奇地追问。

【注释】

①邪僻事：邪恶怪癖的事。

【提示】

对孩子的善恶美丑教育要特别重视。教孩子学会从小拒绝邪恶，长大进入社会，才能顺风顺水踏上人生正途。

【原文】

将入门　问孰存①

将上堂② 声必扬

【白话】

即将踏进别人家的门时先要问一下："有人在吗？"将要走进厅堂时，要提高声音，让屋里的人知道有人来了。

【注释】

①孰存：孰（shú）谁、哪个。存：在。

②堂：厅堂、客厅。

【提示】

要进别人的房间，不管有没有人，都要先敲门。这是对人的尊重。主人在家答应了，即可进入。无人答应，绝不可进入。否则将会招惹麻烦。这些基本礼节，要让孩子从小遵守。

【原文】

人问谁 对以名

吾与我 不分明

【白话】

屋里有人问道："你是谁？"回答时一定要说出自己的名字。如果只说"吾"或"我"，让人分不清你是谁，那就不合适了。

【提示】

现代住房，都安有门铃。按过门铃，要留给主人问话与走路开门的时间，不可连续不断、频频按铃，以免惹人烦恼。

【原文】

用人物 须明求

倘①不问 即为偷

【白话】

当你向别人借用物品时，一定要恳切地向人家讲清楚。如果没有得到允许就随便拿来使用，那就相当于偷窃行为。

【注释】

①倘（tǎng）：假如。

【提示】

随便拿用别人的东西，常常引起别人的烦恼，特别是当人家丢了东西的时候。还有人由于好奇，喜欢翻看别人的物品，这也易引起别人的怀疑。这些小事都能影响自己的德行，必须避免。

【原文】

借人物　及时还
后有急　借不难

【白话】

借了别人的物品，一定要及时归还。以后遇到急用再向人借时，就不会有困难。

【提示】

有借有还，而且及时，这是一种信用。有"信用"这种德行，别人才乐意同你相处。

第五章　信

孔子说："人无信不立。"一个人如果言而无信，就很难在社会上立足。当人们对你说的话、办的事产生怀疑时，就会离你而去，你就很难生存，更难发展。所以，"诚信"跟一个人的生命同等重要。因此，说话、做事都应以"诚信"为原则。

【原文】

凡出言　信为先
诈与妄① 奚可焉②

【白话】

凡是开口说话，首先要真实不虚、讲求信用。欺骗和不真实，怎么能行得通呢？

【注释】

①诈（zhà）：欺骗。妄（wàng）：不实。

②奚（xī）：文言疑问代词，相当于"何"、"怎么"。焉（yān）：这里是文言语助词，相当于"呢"。

【提示】

言行能守信，自然会奠定一个人在社会上的发展基础，因为这个人人气旺，人们乐于与他相处，愿意为他提供帮助。

【原文】

> 话说多　不如少
> 惟其是^①　勿佞^②巧

【白话】

话说得多不如说得少。只求实实在在，不要讲些不切实际的花言巧语。

【注释】

①惟：独、只。是：事情的真相。

②佞：花言巧语巴结奉承人。

【原文】

> 奸巧^①语　秽污^②词
> 市井气^③　切戒之

【白话】

虚伪狡诈、下流肮脏的话以及粗俗鄙陋的习气，一定要彻底戒除。

【注释】

①奸巧：奸诈、巧辩、不真实。

②秽污：肮脏庸俗。

③市井：古代指做买卖的地方，后为街市的代称。"市井气"指街市上没有文化修养的人们的肮脏鄙陋、庸俗之习气。

【提示】

语言的文明健康是一个人自身修养的直接表现。父母应要求孩子说普通话、说准确明白的话，绝对不说脏话；并且教孩子不要急，等想好再说。

【原文】

见未真　勿轻言
知未的① 勿轻传

【白话】

自己看到的事情没弄清楚之前，不要轻易乱说，自己了解得不很明白，就不要随便传播。

【注释】

①的（dí）：确定、的确。

【提示】

"轻言""轻传"常常会造成不良后果，想想那些人际纠纷，好些不愉快的事情，多从口舌是非开始。"言多必失""祸从口出"的古训，让孩子牢记在心。

【原文】

事非宜　勿轻诺①
苟轻诺　进退错

【白话】

对于那些不妥当的事情，不要轻易答应，如果轻易答应了，会使自己做也不对，不做也不对，进退两难。

【注释】

①轻诺：轻率地答应。

【提示】

面对别人托付的事情，首先看合不合道义、违不违法律。符合道义、不违法纪，才能答应。

【原文】

凡道①字　重且舒②

勿急疾③　勿模糊

【白话】

说话要吐字清楚有力，语气要舒缓，不要太快太急，不要字句模糊不清，使人听不明白。

【注释】

①道：讲话。

②舒：语气流畅、舒缓。

③急：急躁。疾：快速。

【原文】

彼说长①　此说短②

不关己　莫闲管

【白话】

遇到别人谈论他人的是非长短时，如果与自己无关，就不要多管闲事。

【注释】

①彼：那个、他、对方。长：长处，这里指谈论他人长处。

②短：短处，这里指谈论他人短处。

【提示】

参与议论他人是非，会招来很多麻烦，甚至会结怨于人。古话说："莫说他人短与长，说来说去自遭殃，若能闭口深藏舌，便是修行第一方。"

【原文】

见人善^①　即思齐^②

纵去^③远　以渐跻^④

【白话】

看见别人的优点或良好行为，心中马上升起向他看齐的念头，即使当下还差他很远，只要努力就能渐渐进步、赶上。

【注释】

①善：优点和好行为。

②即：立刻、马上。齐：看齐、达到。

③纵：虽然、即使。去：差距。

④跻（jī）：上升。

【提示】

与人相处，要多看别人的长处。如果能多看别人的长处，别人就会欢欣愉悦，而自己也能受益。孔子说："三人行，必有我师焉。"每个人身上都有比自己好的地方，只要谦卑地去寻找他人的闪光点，即使与有很多缺点的人相处，自己也能受益。相反，一个傲视一切的人，即使与英雄、模范相处，也觉得他们都不顺我眼，都不如人意。

【原文】

见人恶^①　即内省^②

有则改　无加警

【白话】

看到别人做坏事、使坏心眼，就立即反省自己。如果自己也犯同样的过错，就立刻改掉；如果自己没有，就提醒自己加以警惕。

【注释】

①恶：做坏事，恶劣行为。

②省（xǐng）：检查、反省。

【提示】

人生百态犹如一面镜子。以人为镜，智者可以反思警戒，不断提升修养，成就自己；愚者却如同戏迷而沉溺不悟，终其一生，了无可取。

【原文】

唯德学① 唯才艺

不如人 当自砺②

【白话】

做人最要紧的是自身的道德、学问、才能和技艺。如果这些方面不如别人，应该自我督促、努力赶上。

【注释】

①德：德行。学：学问、知识。

②砺：磨刀石，磨炼。此处指督促、勉励。

【提示】

孔子说："好学近乎智，力行近乎仁。"一个人能对德学才艺努力学习，这就叫近乎智慧了；学到之后加以积极践行，从小事做起，从身边做起，那就称得上仁德了。

【原文】

若①衣服 若饮食

不如人　勿生戚^②

【白话】

如果穿着、饮食不如别人，不要悲伤忧愁。

【注释】

①若：如果。

②戚：忧愁、悲伤、不高兴。

【提示】

在物质享受上跟人攀比，生活很累、烦恼很多，这种人必然放松道德学问的追求。所以父母要防微杜渐，及时把孩子的不健康思想消灭在萌芽状态。父母也应以身作则，为孩子树立榜样，引导孩子，崇尚贤才，摒弃虚荣。

【原文】

闻过怒　闻誉乐
损友^①来　益友却^②

【白话】

听到别人说自己的过错就生气，听到别人称赞恭维自己就高兴。这样，有害的人就会向你靠近，有益的朋友就会和你远离。

【注释】

①损友：损人利己的人。

②却：退避。

【提示】

人们往往看不到自己的过失，因此需要好朋友及时提醒。"一个篱笆三个桩，一个好汉三个帮。"你要成为一个德才兼备的好人，必须有几个劝善规过的好友。真正的朋友是以道义为准绳的净友，不是以金钱为纽带的世俗之交。

【原文】

闻誉恐① 闻过欣②

直谅士③ 渐相亲④

【白话】

听到别人赞美自己就感到惶恐不安，听到别人指出自己的过错就欢喜接受，正直诚实的人，就会逐渐亲近你。

【注释】

①恐：惶恐不安。

②欣：喜悦。

③直：正直。谅：诚实。士：从前指读书人、知识分子。

④亲：亲近。

【提示】

一个真正有所作为的人，必定是虚怀若谷、宽宏大量的人。

【原文】

无心非 名为错

有心非 名为恶

【白话】

无意之中做错了事，这叫做过错；故意做错事，便叫做罪恶。

【提示】

"人非圣贤，孰能无过"，说明谁也难免有过失。区别在于"无心非"还是"有心非"。无意做错是凡人，故意做错是恶人。恶人总要受到法律的制裁。

【原文】

过能改 归于无

倘掩饰 增一辜①

【白话】

有了过错，要能勇于面对，并彻底改正。这样，别人就会把他当好人看待。如果不肯承认，还要极力掩饰，那反而又增加一项罪过了。

【注释】

①辜（gū）：罪。

【提示】

"金无足赤，人无完人。"人们的成长、发展，都是在不断的纠错中获得的。不断地纠正过错就是不断地超越自我。但承认错误需要勇气，改正错误需要毅力。没有这种勇气和毅力的人，那叫自甘堕落。

第六章 泛爱众

"泛爱众"是普遍地关怀爱护人民大众。人类社会是需要这种爱心作为纽带的，否则将会弱肉强食、痛苦不堪。那么，这种爱心从何而来？这种爱心要从小培养，从"入则孝、出则弟"开始，然后由近及远，"老吾老，以及人之老；幼吾幼，以及人之幼"，逐步把爱心推衍到一切人身上。

【原文】

凡是人　　皆须爱

天同覆①　　地同载②

【白话】

世上所有的人们，都要互相关心、爱护和尊重，因为我们共同生活在同一片蓝天下，同一块土地上。

【注释】

①覆：遮盖。

②载：承载。

【提示】

任何人都不可能孤立地生活在这个世界上，自己的衣、食、住、行都离不开他人的劳动。大家相互依存，才构成这个社会。每个人都应该心存感激，密切关注他人的困苦，随时准备伸出援手，以尽到作为社会成员的一份责任。如此，人生才更幸福，更有意义，更有价值。

【原文】

行①高者　名自高

人所重　非貌高

【白话】

一个德行高尚的人，名声自然会高。因为人们敬重的是一个人的品行，而不是看他是否有一副好的相貌。

【注释】

①行：品行、德行。

【提示】

孔子一生传播爱心、力行仁道，生前有三千弟子拥戴，死后被尊为万世师表，至今两千五百多年仍被世人敬仰。这都是因为他的德行、学问修炼到人们难以企及的高度。

【原文】

才大者　望自大

人所服　非言大

【白话】

才能大的人声望自然大，人们所佩服的是有真才实学的人，绝不是吹嘘说大话的人。

【提示】

"才"必须以德为基础。一个德行高尚的人，才学越丰富，对社会越有利，人民群众越爱戴敬佩；反之，一个没有道德的人，才能越大，对社会危害越大，人民群众只有痛恨。

【原文】

己有能　勿自私

人所能　勿轻訾①

【白话】

自己有才能，不要只想着为自己谋私利，还应当做些对社会大众有益的事。别人有才能，不要心生嫉妒、随便轻视、贬低和诽谤。

【注释】

①訾（zǐ）：诽谤、非议。

【提示】

一个德才卓越的人，不会因为别人的嫉妒、诽谤而吓倒；相反，那些嫉妒者、诽谤者却会自食苦果，自己的恶行导致自己身败名裂。

【原文】

勿谄富①　勿骄贫②

勿厌故③　勿喜新④

【白话】

对有钱有势的人不巴结奉承，对贫穷困苦的人不骄傲歧视。不厌恶、不嫌弃亲戚旧友，也不一味追求喜爱新人、新友。

【注释】

①谄（chǎn）：巴结奉承、谄媚。富：有钱发大财的人或有

权力有势力的人。

②骄贫：傲慢无理地对待穷人。

③厌故：厌恶、嫌弃旧的亲戚朋友。

④喜新：一味喜欢接纳新人新朋友。

【提示】

与人交往要记住孔子的一句话："君子义以为质。"即以道义为原则。只要主持公平正义，不论贫富都可以结交，不论新旧都是挚友。

【原文】

人不闲　勿事搅

人不安　勿话扰

【白话】

当别人正忙着没空时，就不要找事打搅他；当别人正心神不安时，就不要用闲话打扰他。

【提示】

与人相处，要时时处处替别人着想。自己的一言一行都以不妨碍他人的正常生活与工作为妥，这也是一种美德。

【原文】

人有短① 　切莫揭

人有私② 　切莫说

【白话】

别人有缺点、短处，绝对不可揭穿，到处宣传。别人的隐私、秘密，千万不可说出去，让人知道。

【注释】

①短：缺点。

②私：不想让人知道的私事。

【提示】

对朋友的过失、短处，可以善意指出，帮助改正，但不可传扬。至于别人的隐私，只要不违法犯罪，就千万不可揭露了。

【原文】

道人善　即是善
人知之　愈思勉①

【白话】

赞美别人的善行，本身就是一种行善。因为对方听到以后，就会因为受到勉励而更加努力去行善。

【注释】

①愈：更加。思勉：想着努力（行善）。

【提示】

赞美善行就是树立榜样，而榜样的力量是无穷的。人们看到了榜样的光彩，也自然会效法行善。因此，"道人善"本身就是一种善行。

【原文】

扬人恶　即是恶
疾之甚①　祸且作②

【白话】

宣扬别人的恶行，就等于自己作恶。如果过分地宣扬，就会招来灾祸。

【注释】

①甚：很、极。

②且：将。作：兴起、降临。

【提示】

揭露社会的丑恶以及犯罪分子的罪恶是应该的，但要注意与执法部门的配合，同时要有保护自己的措施。至于对朋友的过失，只能善意劝勉，绝不可以宣扬。

【原文】

善相劝　德皆建
过不规①　道两亏②

【白话】

行善能相互勉励，彼此都能建立良好的德行。有了过错而不相互规劝，双方在品行上就都留下缺陷。

【注释】

①规：规劝。

②亏：缺损、缺陷。

【提示】

"朋友有劝善规过之谊"的古训告诉我们：真正的朋友必须是道义相砥、过失相规的诤友。但是规劝朋友要讲究方式方法、时间、场合。规劝朋友最好是两个人的时候，绝无他人在场。

【原文】

凡取与①　贵分晓②
与宜③多　取宜少

【白话】

拿人家的东西与给人家东西，特别要分得清楚。给人家的东西要多一点，拿人家的东西要少一点。

【注释】

①取：拿。与：给。

②分晓：分明，清楚。

③宜：应该。

【提示】

常言说，人要"舍得"，即舍了才有得。当你施舍给予别人时，你就结交了善缘。如果一旦自己遇到困难，朋友就会帮助自己。所以，自己舍与别人的愈多，自己获得的也就愈多。

【原文】

将加人^①　先问己

己不欲　即速已^②

【白话】

有事要托人做或有话和人说，先问一问自己是不是喜欢，如果自己不喜欢，就应该立刻停止。

【注释】

①加人：施加于人。

②速已：迅速停止。

【提示】

孔子说"己所不欲，勿施于人"，即本段之意。这是举世皆知的金科玉律，是维持人际和谐的上策。联合国都认同，在世界上被称为"黄金法则"：你不愿意别人怎么对待你，你就不应该怎么对待别人。如果你用这种心态去和周围的人相处，自然就能够得到大家的欢迎。

【原文】

恩欲报　怨欲忘

报怨短　报恩长^①

【白话】

受人恩惠要感恩在心，常记不忘，并时时想着报答。别人有对不起自己的事情，过去就算了，要宽大为怀，尽快忘掉它。

【注释】

①长：长久。

【提示】

古人说："受人滴水之恩，当以涌泉相报。"父母的养育之恩，师长的教诲之恩，同学、朋友的帮助之恩，国家的保障之恩，我们永远也报不完。与人相处发生矛盾冲突，对别人的过失，不要总放在心上。经常受嗔恨情绪控制的人，会产生高血压、心脏病、胃病、失眠症、精神分裂等等疾病。所以生别人的气，首先是惩罚自己。请记住：先宽恕对方的人，先得到解脱。

【原文】

待婢仆① **身贵端**②

虽贵端③ **慈而宽**④

【白话】

对待家里的婢女和仆人（现代社会如保姆等），本身行为要注意端正庄重，不可轻浮随便。若能进一步做到仁慈、宽厚，那就更好了。

【注释】

①婢(bì)：古代指女奴。旧社会被迫供有钱人家役使的女孩子。仆（pú）：旧社会受人雇佣，在生活上受人役使的人。

②贵端：重在端正庄重。

③虽：表示假设，如"即使"、"纵然"。

④慈：仁慈和蔼。宽：宽厚、厚道。

【提示】

现代社会没有女奴之类，但主人与保姆、老板与员工的关系也用得上本段所讲的道理。

【原文】

势①服人 心不然②
理服人 方无言

【白话】

用权势去压服别人，别人口服心不服。用道理说服人，别人心悦诚服而没有怨言。

【注释】

①势：权势。

②然：以为正确。

【提示】

有些领导，往往恃权傲物，主观武断，以势压人，致使下属阳奉阴违，甚至怨声载道，这是十分危险的。即使普通百姓，为人处世也应该以道义为重，用真理服人，才能使你的生活少点纷争，多些和谐。

第七章 亲仁

"亲仁"是亲近有道德、有学问的人。一个人时时亲近有道德、有学问的人，就能不断提升自己的修养与学识，这叫"近朱者赤"。如果天天同那些言不及义的不法之徒厮混，那么自己也会在不知不觉中同流合污，这叫"近墨者黑"。所以，"亲仁"的选择是人生路上的一大智慧。为人父母一定要教给孩子"亲仁"，这绝不可马虎。

【原文】

同是人　　类不齐

流俗①众　仁者希②

【白话】

同样是人，品行高低、善恶邪正却是好坏不一的。随波逐流的人很多，真正仁慈博爱的人却稀少。

【注释】

①流俗：随波逐流的庸俗之人。

②希：同"稀"，稀少。

【原文】

果①仁者　　人多畏

言不讳　　色不媚②

【白话】

真正品行高尚的人，人们都会心存敬畏。因为仁者说话时直言不讳，不讨好别人，脸色态度庄重，没有一丝媚态。

【注释】

①果：果真、真正。

②媚：讨好、谄媚。

【提示】

真正的仁者，心地清净，无私心杂念，他说的是公平正直的话，办的是有益大众的事。因而他绝不巴结奉承、谄媚取宠他人。

【原文】

能亲仁　　无限好

德日进　　过日少

【白话】

能够亲近仁者，向他学习，就会得到无限的好处。能够与仁者亲近，德行就会一天比一天进步，过失就会一天比一天减少。

【提示】

在生命的长河中，能够陪伴我们一生的仁者就是圣贤经典，它是最真诚最光辉最永恒的仁者。

【原文】

不亲仁　　无限害

小人①进　　百事坏

【白话】

不亲近仁者，就会有无限的祸害。这样一来，小人就会乘虚而入，围绕身旁，什么事情都会弄得一塌糊涂。

【注释】

①小人：指道德低下、人格卑鄙的人。

【提示】

为人父母都希望孩子学好，都担心孩子混坏。那就让孩子读好《弟子规》。掌握《弟子规》，能分辨善恶美丑，"益友"、"损友"一看便知。即使遇到"损友"，也有办法"善相劝"，能做到"德皆建"。

第八章　余力学文

前面讲了孝、悌、谨、信、泛爱众、亲仁六个方面的规范要求，都是必须努力践行的。而人生道路坎坷不平，曲折多磨；并且顺境少、逆境多；意想不到的艰难险阻比比皆是，层出不穷。面对人生旅途中这些不速之客，怎么办？本章教你"余力学文"，意即有时间，就向圣贤借智慧——"学文"。"学文"就是学习圣贤留给我们的经典文献。

【原文】

不力行① 但学文②

长浮华③ 成何人

【白话】

如果对孝、悌、谨、信、泛爱众、亲仁这些规范要求不肯力行，只在学问上研究探索，那就容易养成虚幻浮华的习性，怎能成为一个有用的人呢？

【注释】

①力行：努力践行。

②但：只。学文：学习经典文献。

③浮华：华而不实、虚伪。

【提示】

受教育的目的首先在于"做人"，做一个有道德的人。很多家长和学校只注重学生的考分，不注重学生的品行。未成年人犯罪率逐年上升就是一个致命的惩罚。

【原文】

但①力行 不学文

任②己见 昧③理真

【白话】

如果只是力行，不肯读书学习，而固执于自己的见解，就不会识别道理的真假，这也是不对的。

【注释】

①但：只。

②任：固执、任性。

③昧：不明白，不能识别。

【提示】

孔子对不爱学习的弟子明确指出"六言六蔽"，他语重心长地说："喜爱仁德不喜爱学问，那就会被人愚弄；喜爱耍聪明却不喜爱学问，那就会放荡而无基础无归宿；喜爱诚实，却不爱学问，那就会被人利用而害了自己；喜爱直率，却不爱学问，那就会说话尖刻，刺痛人心；喜爱勇敢，却不爱学问，那就会捣乱闯祸；喜爱刚强，却不爱学问，那便会胆大妄为。"孔子的话可谓句句中的、入木三分。恭请为人父母、师长们给孩子多读几遍。

【原文】

读书法　有三到

心眼口　信①皆要

【白话】

读书的方法有三到：心到、眼到、口到。即心要记，眼要看，口要读，这三者确实都非常重要。

【注释】

①信：确定无疑。

【提示】

读书最重要的还是在于"心"，如果心猿意马、心不在焉，即注意力没有集中在读书上，即使眼看了、口读了，也是白看白读，毫无收获。所以古人要求孩子背书，就是培养孩子的专注力。要他背书，他必然是"心眼口"都能到。

【原文】

方①读此　勿慕彼②

此未终③　彼勿起④

【白话】

正在读着这本书时，就不要想着那本书。这本书还没读完，就不要再去读另一本书。

【注释】

①方：正在。

②彼：那。

③终：完成、终了。④起：开启、开始。

【提示】

学贵精不贵博，知道十件而都不精通，不如知道一件却很精通。对一种知识精益求精的人，就是专家、学者。所以，读书贵在求精，不可走马观花，看得眼花，却一无所获。

【原文】

宽为限①　紧用功

工夫到　滞塞通②

【白话】

把学习的期限安排得宽松点，在学习时却要抓紧下功夫。真正刻苦下功夫了，不懂的地方自然就通达了。

【注释】

①限：期限。

②滞塞：未读懂的知识或章句。通：畅通。

【提示】

读书要有计划。每天要读的内容一定要抓紧完成。读好书，"先须熟读，使其言皆若出于吾之口。继以精思，使其意皆若出于吾之心，然后可有得尔。"

【原文】

心有疑　随札①记

就人问　求确义

【白话】

读书遇到有疑问的地方，经过反复思考，还不能理解的话，就用笔记下来，向别人请教，一定要明白它确切的意义。

【注释】

①札（zhá）：古时用来书写字的小木片。

【提示】

"学贵有疑"，不怀疑不能见真理，有疑证明你进行了思考。但应反复思考，还不懂再向别人请教，才有益。所以"学问"二字，"问"放在"学"的后面。

【原文】

房室清　墙壁净

几案①洁　笔砚正

【白话】

书房和卧室等学习工作生活的地方都要保持清洁，墙壁也要干净，书桌要保持清洁，笔墨纸砚等文具都要摆放端正。

【注释】

①几：矮小的桌子，如茶几。案：狭长的桌子，如书案。

【提示】

擦桌扫地、整理卧室书房，虽属生活小事，但有益于孩子自理能力的培养和勤劳习惯的养成，并且能创造一种有条不紊、安详恬静的学习环境。

【原文】

墨磨偏①　心不端
字不敬②　心先病

【白话】

如果把墨磨偏了，说明你心不在焉。如果字写得潦草、不工整，说明你浮躁不安，心没定下来，思想不集中。

【注释】

①墨磨偏：从前用毛笔写字，先要在砚台里滴水，再用墨块磨成墨汁。墨块是长方体或圆柱体，很规整。磨墨不小心，用力不均匀，就会磨偏。

②敬：严肃、认真。

【提示】

磨墨、写字都要静下心来，"墨磨偏"和"字不敬"都是心浮气躁的表现。所以，要求孩子们磨好墨写好字，不仅是读书学习的需要，也是修身养性的必须。

【原文】

列典籍①　有定处
读看毕　还原处

【白话】

存放经典书籍，要有固定的地方；读看完毕，立刻归还原处。

【注释】

①列：陈列、存放。典籍：经典书籍。

【提示】

书籍文具用后，各归各位，方便以后再用。这样学习起来才能节省时间，提高效率。久而久之，养成做事从容、有条不紊的良好习惯。

【原文】

虽有急① 卷束齐②

有缺坏 就补之③

【白话】

读书要爱惜书本，即使有急事也要先将书本收拾整齐才可离开。发现书本有残缺破损时，应该及时修补完好。

【注释】

①急：急迫的事。

②卷：书本。束齐：整理好。③补之：修补它。

【提示】

古人一书难求，所以破了及时修补。现在购书方便，但也应爱惜书籍。读书前，先洗手，以免弄脏书籍；翻书页，下手轻，莫使折损；更不可在书上乱涂乱画。若能处处仔细小心，就培养了井井有条、少出差错、认真办事的能力。

【原文】

非圣书 屏①勿视

蔽②聪明 坏心志

【白话】

如果不是教化圣贤之道的书籍，一概摒弃，因为它会蒙蔽人们的聪明智慧、败坏人们的纯正心态。

【注释】

①屏（bǐng）：摒弃、除去。

②蔽：蒙蔽。

【提示】

读好书，学会做人做事，还能净化心灵；读坏书，使人蒙蔽心智，误入歧途。所以，选择书籍等于选择朋友，不可不慎重。当今社会，不良的出版物、不健康的网络产品、电影电视，污染之大，防不胜防。这就更需要我们多读圣贤书，广交真善美，不断地引导孩子辨伪识真、惩恶扬善，从而有效地培养他们求真、崇善、尚美的精神品质。

【原文】

勿自暴① 勿自弃②

圣与贤③ 可驯致④

【白话】

不要自己糟蹋自己，也不要自己瞧不起自己。圣人和贤人的境界虽然很高，但是可以通过循序渐进的努力学习而达到。

【注释】

①自暴：自己害自己。

②自弃：不求上进，自己瞧不起自己。

③圣：本义为通。常指思想品德的最高典范。贤：有才能，德行好。

④驯：此处是渐进的意思。致：此处是达到。

【提示】

《弟子规》好读好记，做起来也不难。只是坚持下去不容易。但是，"千里之行，始于足下"，只要我们不间断地向着目标一步一步地走下去，"圣与贤"的境界总会达到的。因为"人皆可以为尧舜"。

十八、做人第一　求知第二

　　《论语·学而》记述了孔子的一席话："弟子入则孝，出则弟，谨而信，泛爱众，而亲仁。行有余力，则以学文。"孔子教导他的学生们说："青少年在家要孝敬父母，出外要尊重兄长，行为要谨慎，说话要信实，对人要普遍关爱，要特别亲近有仁德的人。认真做好这些事情，如此修身还有余力，再学习书本知识。"

　　孔子的这段话，宣示了孔门弟子的行为规范，也彰显了孔门治学的育人理念：做人第一，求知第二。这一理念是深刻影响中华文明两千多年的教育智慧。

　　孔子把人分为四类，即庶、士、君子、圣人。"庶"是指务农为主的处于社会最底层的劳苦大众，"士"是指读书人，"君子"是指修身成德的士人（《论语》中的君子，有时指"有德者"，有时指"有位者"，这里指"有德者"）。"圣人"指思想道德与聪明睿智二者兼优、人格完美而能兼济天下的人，如孔子赞不绝口的尧、舜、禹、文、武、周公等。孔子认为圣人难以见到，也是难以企及的，但君子能够看到，而且也可以努力做到（圣人，吾不得而见之矣！得见君子者，斯可矣《论语·述而》）。

孔子聚徒讲学的目的是要把"士"培养成"君子"。

"君子"是什么样的人呢？

《论语》中有关"君子"的论述比比皆是。

君子的言行举止——孔子说："君子先行其言，而后从之。"（《论语·为政》）君子先去实践自己要说的话，做到以后再说出来。孔子说："君子欲讷于言而敏于行。"（《论语·里仁》）作为君子，就要努力在言语上谨慎迟钝，而在行动上敏捷有效。孔子说："君子耻其言而过其行。"（《论语·宪问》）君子认为自己如果说得多而做得少，是一件可耻的事。

君子的立身行事——孔子说："言忠信，行笃敬，虽蛮貊之邦，行矣。"（《论语·卫灵公》）君子说话真诚守信，做事踏实认真，即使到异域他邦也行得通。孔子说："君子喻于义，小人喻于利。"（《论语·季氏》）君子能够领会的是道义，小人能够领会的是利益。孔子说："君子义以为质，礼以行之，孙以出之，信以成之。"（《论语·卫灵公》）君子要以道义为内心坚持的原则，然后依合理的方式去实践，用谦逊的言辞说出来，再以诚信的态度去完成。

君子的情怀操守——孔子说："君子谋道不谋食。"（《论语·卫灵公》）君子追求的是人生理想而不是衣食享受。孔子说："君子坦荡荡，小人长戚戚。"（《论语·述而》）君子的心胸光明开朗，小人经常愁眉苦脸。曾子说："可以托六尺之孤，可以寄百里之命，临大节而不可夺也。君子人欤？君子人也。"（《论语·泰伯》）可以把幼小的孤儿和国家的命脉交付给他，遇到重大变故也不能使他放弃操守，这种人称得上君子吗？的确称得上是君子。

君子的价值取向——孔子说："富与贵，是人之所欲也，不以其道得之，不处也。贫与贱，是人之所恶也，不以其道得之，不去也。君子去仁，恶乎成名？君子无终食之间违仁，造次必于是，颠沛必于是。"（《论语·里仁》）发大财和做大官是人人所盼望的，不用正当的方法去得到它，君子不接受。穷困和贫贱，是人人所厌恶的，不用正当的方法抛弃它，君子不逃避。君子离开了仁德，怎样去成就他的声名呢？君子没有一餐饭的时间离开仁德，就是在仓促匆忙的时候，也一定和仁德同在。孔子还说："志士仁人，无求生以害仁，有杀身以成仁。"（《论语·卫灵公》）有志者与行仁者不会为了活命而背弃人生理想，却肯牺牲生命来成全人生理想。

君子的气象风度——孔子说："质胜文则野，文胜质则史。文质彬彬，然后君子。"（《论语·雍也》）。朴实胜于文采，就未免粗野；文采胜于朴实，又未免虚浮。只有朴实和文采相配适当，才是一个君子。孔子还说："君子泰而不骄，小人骄而不泰。"（《论语·子路》）君子舒泰而不骄傲，小人骄傲而不舒泰。颜回是孔门最高弟子，他死了，孔子说："惜乎，吾见其进也，未见其止也。"（《论语·子罕》）孔子极为悲伤地说："可惜他已经死了，我只看到他不断地进步，没有见他停下来过。"

《论语》通过不同侧面的反复解说和阐发，"君子"优秀的品德——志存高远、择善固执、表里如一、谦逊有节、诚信友善、光明磊落、安贫乐道、自强不息等等，集仁、义、礼、智、信、温、良、恭、俭、让于一身的一种理想人格范式，生根在中华文化的沃土中。至今在街谈巷议或农贸市场上都可听到"君子一言，驷马难追"、"君子爱财，取之有道"的格言警句。

这就是孔门治学培养的人。

何谓求知第二呢？

孔子说："行有余力，则以学文。"学文就是阅读典籍文献。学习典籍上的知识。孔子认为孝、悌、谨、信、爱众、亲仁为根本。弟子为学，应重德行。但只重德行，不学于文，难以见多识广，心胸不会开阔，志趣不会高远，人的发展会受到限制。只有文、行兼修，一边广泛地学文，一边及时地践行，二者相辅相成，才能既成其德，又成其学。"君子博学于文，约之以礼，亦可以弗畔矣夫！"（《论语·雍也》）孔子说："有志成为君子的人，要广泛地学习文献知识，再以礼规范自己的行为，也就不至于背离人生正道了。"这就是他设计的育人通法"文、行兼修"的理论依据。

孔子的高足弟子颜回的赞叹印证了孔子这一育人通法的功效。颜回赞叹孔子说："……夫子循循然善诱人：博我以文，约我以礼。欲罢不能，既竭吾才，如有所立卓尔，虽欲从之，末由也已！"（《论语·子罕》）"老师善于循序渐进地领着学生，他以文献知识广博我的见解，又以礼制规范约束我的行为，使我想停都停不下来。我尽了全力之后，好像学会了立身处世的本领，但是，当我想要再进一步追随老师，却又找不到路可以走了！"

生性鲁莽的子路却很不理解。他当了季氏的总管，举荐年轻而读书未成的子羔去当费县的县长。孔子批评子路说："这是害了人家的儿子。"子路说："那地方有老百姓，有土地和五谷，为什么读书才叫求学呢？"孔子说："所以我讨厌你这样犟嘴利舌的人。"（子路使子羔为费宰，子曰："贼夫人之子。"子路曰："有民人焉，有社稷焉，何必读书，然后为学？"子曰："是故恶

夫佞者！"《论语·先进》）

子路没有听懂老师的批评。孔子又耐心地开导了他。孔子说："子路，你听说过六种品德与六种流弊的说法吗？"子路回答说："没有。"孔子说："你坐下，我来告诉你。爱好仁德而不爱好学习，那种流弊就是愚昧上当；爱好明智而不爱好学习，那种流弊就是放荡无根；爱好诚实而不爱好学习，那种流弊就是伤害自己；爱好直率而不爱好学习，那种流弊就是尖酸刻薄；爱好勇敢而不爱好学习，那种流弊就是胡作非为；爱好刚强而不爱好学习，那种流弊就是狂妄自大。"（子曰："由也，女闻六言六蔽矣乎？"对曰："未也。""居！吾语女：好仁不好学，其蔽也愚；好知不好学，其蔽也荡；好信不好学，其蔽也贼；好直不好学，其蔽也绞；好勇不好学，其蔽也乱；好刚不好学，其蔽也狂。"《论语·阳货》）

孔子"六言六蔽"这段话阐明要想成为一个君子，不学文也难成其德。仁、智、信、直、勇、刚这六种美德，不学文就不能明白其内涵，不能懂其究竟，信马由缰，随意而为反而变成不美。愚则易被陷被骗；荡则不知所止；贼是受到虐害；绞则急切而不通情理；乱则犯罪违法；狂则目中无人，妄自尊大，到处碰壁。所以，不学文者，必然自食苦果。

君子修身养德有其丰富内涵，孟子一语道破："穷则独善其身，达则兼善天下。"（《孟子·尽心上》）孟子认为读书人尊德崇义，穷困时能以高尚的品德表现于世人，并以此自得其乐；发达了不离开道义，能把惠泽普施于百姓。《论语》中孔子以三句话讲给子路：子路请教怎样才能成为君子？孔子说："修养自己，以致能认真谨慎地面对一切。"子路再问："这样就够了吗？"孔子说："修养自己，以致能安顿周围的人。"子路又问："这样就够了吗？"孔子说："修养自己，以致能安顿所有的百姓。修养自己，以致能安顿所有的百姓，尧舜也会觉得这是很难做到的事啊！"（子路问君子。子曰："修己以敬。"曰："如斯而已乎？"曰："修己以安人。"曰："如斯而已乎？"曰："修己以安百姓。修己以安百姓，尧舜其犹病诸！"《论语·宪问》）

孔子认为欲求百姓安、天下平，只有从"修己以敬"开始，百姓安、天下平是君子修德的最高目标。这个目标在《大学》里是以"齐家、治国、平天下"表述的。"安人"、"安百姓"即"治国"、"平天下"连尧、舜也还怕力量不足，难以做好啊！靠一己之力肯定不够，必须把世世代代积累的智慧用上才好啊！这世世代代的智慧，就得靠"学文"，学习文献当是在所必需了。

再从本质上讲，儒学是一种追求以仁为核心的善的哲学，而善又是以真为前提的。真指真知、真理，即客观事物的规律。儒学在求善的问题上不但重视以身作则、言传身教的作用，同时也强调"格物致知"（《礼记·大学》），即穷究事物原理，获得真知灼见。而且把"格物致知"当作修身、齐家、治国、平天下的最基本的最必要的条件、基础。没有"格物致知"，其"修、齐、治、平"便都成了空中楼阁。"故君子尊德性而道问学，致广大而尽精微，极高明而道中庸。"（《礼记·中庸》）因此君子尊崇德性，从事学问，使德性和学问日益博大精细，竭尽精细隐微，达到高超精明的境界，遵循不偏不倚的中庸之道。在一定意义上说，"道问学"是"尊德性"的前提。孔子明确主张"未知，焉得仁？"（《论语·公冶长》）"知者利仁"（《论语·里仁》）。把"知"作为得"仁"的手段，视"仁"为"知"的目的。至此可知做人必须求知，"做人第一，求知第二"也属必然了。"第一""第二"只为强调重要性,并非安排先后顺序。事实上"做人"与"求知"从来就是同步的,"做人"中"求知","求知"为"做人",不能割裂,不可分离。倘若割裂分离,必然导致社会出现低能的好人,更可怕的是出现高才的恶人。

"做人第一,求知第二"这一育人理念是深刻影响中华两千多年的教育智慧,时至今日还有什么启迪意义吗?

中华民族的传统文化,从来重视"做人"。近代以来,中国经济落后,许多有识之士提出"科学救国"、"技术救国"、"实业救国"、"知识救国",教育重心转向科学知识、技术知识、专业知识的传授。强调"求知"压倒了"做人",随之,"重智轻德"、"重分数轻育人"的应试教育长盛不衰。有学者指出:"我们培养了很多精致的利己主义者,很多高学历的野蛮人",这反映了国人对当下的教育之焦虑与担忧。怎样克服弊端,解除国人的忧虑,进而适应激烈的国际竞争对人才培养的战略需求呢?

中国共产党第十八届三中全会在《中共中央关于全面贯彻深化改革若干重大问题的决定》中强调指出:"全面贯彻党的教育方针,坚持立德树人,加强社会主义核心价值体系教育,完善中华传统文化教育,形成爱学习、爱劳动、爱祖国活动的有效形式和长效机制,增强学生社会责任感、创新精神、实践能力。"这一决定,拨正了教育的方向,在"立德树人"中回归了本真。

坚持立德树人,要求学校的一切工作以"育人为本"。中华民族二千五百多年前的教育原本就是"在明明德,在亲民,在止于至善"(《大学》)。就是教人弘扬良好的德行,注重个人修养,永远追求真善美,成为一代新人,育人是教育的神圣使命。

"育人为本"要求德育为先。我们的教育方针是使儿童、青少年在品德、智力、体质、审美等诸方面得到全面发展，提高全民族素质，培养有理想、有道德、有文化、有知识的社会主义建设者和接班人。我们的建设者和接班人"合格"的首要标准是"德"。我国正处于并将长期处于社会主义初级阶段。在这个时期，什么是我们要求的"德"呢？习近平总书记在对北大师生的讲话中说："社会主义核心价值观就是德，既是个人的德，也是一种大德，就是国家的德，社会的德。国无德不兴，人无德不立。如果一个民族、一个国家没有共同的核心价值观，莫衷一是，行无依归，即这个民族、这个国家就无法前进。"总书记的讲话为我们的德育工作注入了鲜明的时代精神，提出了明确的目标任务——学校的一切工作要以二十四字社会主义核心价值观为魂，把核心价值观渗透到一切教育教学活动之中，这就是今天我们"做人第一"的要义，因为建设富强、民主、文明、和谐的社会主义现代化祖国，实现中华民族伟大复兴，是百年多来中国人民的伟大梦想，是中华民族的最高利益和根本利益。

中共十八届三中全会的决定，圆满解答了新时期的教育培养什么样的人、怎样培养人的根本问题："坚持立德树人，加强社会主义核心价值观教育"。这体现了对中华优秀文化"做人第一，求知第二"传统的继承与弘扬，而且旗帜鲜明地展示了我们中国特色社会主义的时代精神。

（2014年）

附录一

他引领孝义中学崛起在三晋大地

——缅怀原孝义中学郭向胜书记

从左到右，前排：王　增、郭向胜、武俊益、张梦文、吴秀珍

后排：杨汝让、成鼎山、张道明、杜汀鹤、张廷盛

　　半个多世纪前，我执教在孝义中学。郭向胜同志是当时的党总支书记，还兼任了一段校长。他身材瘦小，相貌平平。可就是他，在短短五六年中，引领孝义中学迅速崛起，一举夺得"全面贯彻党的教育方针"锦旗一面，与平遥中学并驾齐驱，成为三晋名校之一。他给我留下了深深的记忆，我珍藏在心底。他离我们而去，已有30多年。今天，我轻轻捡起那几片零碎的记忆，以此缅怀这位先贤。

一、见贤思齐，能捕捉别人的点滴长处

20世纪50年代末，无论师资、设备，还是业绩、声望，孝义中学与北邻汾阳中学、南邻介休中学相比，都难望其项背。郭向胜书记率领"孝中人"决心赶超先进，力争上游。他说，要老老实实向先进学习，然后出于蓝而胜于蓝，达到后来居上。我曾先后奉命到介休中学、汾阳中学、汾阳师范听课，到平遥中学、祁县中学、胡兰中学走访。这里我简述去介休中学的一次活动。

1960年冬天，我奉命参加介休中学语文公开教学活动。头一天，郭锡麟主任交代我任务，郭向胜书记又嘱托了我几句。他说："年轻人，要多长心眼，多学本领，顺便把学校特色也看看。回校后要向我汇报。"当时，我有点纳闷：书记还管听课？

次日一早我去了介休中学。上午听课，下午座谈，还看了介休中学的文体活动。第三天从介中返回。我向郭主任汇报了公开教学的全貌，又单独向郭向胜书记作了重点介绍。当我正准备告辞时，他意犹未尽地提示我："学校突出的特色是什么？"我忽然想起书记的临行嘱托，好在我还真用了点心。于是我把课外活动中，我的观察所得——教师和学生一起参加文体活动，校长、主任同师生一起打篮球；还有座谈会上介中书记李步光的两句名言"领导要活跃在群众中，教师要活跃在学生中"和盘托出。当他听到这里时，不住地点头，连声说："好！好！"我诧异地睁大眼睛，他为我注释：有两个"活跃"，才能传播思想，传递感情，达成共识，上下同心。《孙子兵法》说"上下同欲者胜"。

二、智释纷争，教矛盾双方口服心服

一个团队，要想顺利发展，就必须清除大大小小的路障。最大的路障是"内耗"。很多时候，"内耗"是内部矛盾未得到妥善解

决而造成的。身为领导要维护公平正义，就不能和稀泥不分是非，更不能装"公允"各打五十大板。这需要靠智慧。郭向胜书记主政期间，在"阶级斗争天天讲"的大背景下，日常的磕磕碰碰不知有多少，但没有形成阻碍前进的"路障"。这是为什么？看看下面一例，则自然明白。

1963年，在一次"评功摆好"汇报会上，作为语文教研组组长的我，汇报到半截，卡了壳儿——因为我"吹捧"右派（其实已摘帽）教师王树山、洪卓民，并为右派（其实已摘帽）教师杜自强"辩护"，这是一位党员干部对我的指责，并且一口咬定这是"立场问题"。

郭向胜书记说，让汀鹤讲下去。

书记让我讲，我就理直气壮地讲。我继续汇报，同时也据理力争。我说王树山、洪卓民二位老师在"一帮一"活动中，实际带了4位青年教师。尤其王树山老师，不仅帮4人系统提高，还在繁重的本职工作之余，听课、评课，指导青年教师的教学工作，使大家受益匪浅，我有真切的感受。王、洪二位老师在提高我校语文教师素质、提高我校语文教学整体水平上，功不可没。至于杜自强老师，他在一次作文眉批上，因为写错一个字，即把"还"写成"不"，致使全句变味："你不仅要争取早日加入共青团，而且不要争取早日加入共产党"，我们已经批评了他的错误。但不认为他"反党"。接着，我又从修辞、逻辑上说明这只是笔误，并非恶意。但是，对方仍坚持说："我不懂咬文嚼字，我只懂你替右派说话，就是立场问题。"

双方各执一词，与会者莫衷一是。此时此刻，郭向胜书记讲了一番话，使我终生难忘。他说，毛主席在《正确处理人民内部矛盾的问题》一文中，有几处讲道：我们的事业需要知识分子，包括犯过错误的。只要他肯真正为人民效力，做了好事，并长期做下去，就应该肯定，应该赞许。至于对他们工作中的错误，也不能迁就，但应该摆事实、讲道理，以理服人。让他们心情舒畅地为人民服务。我们大家都应该统一在毛泽东思想上……

郭书记的一席话，拨开了会场上的乌云，使与会者豁然开朗。会场风波平息了，我也被松绑，顿觉精神上获得解放。

三、急人所急，让大爱仁心进驻员工百家

一个团队的力量，首先表现在其凝聚力上。人才再多，若一盘散沙，便无济于事。领军者光明磊落、正直公平、宽宏大量、尊重并关爱他人是凝聚人心的必备素质。郭向胜书记具备这些素质。他关爱员工，无微不至。他为外籍教师带家属者安排住房，他为大龄未婚者介绍对象，他还嘘寒问暖，急人所急。我本人也是受惠者之一。

1964年春，我有幸偕同郭向胜书记赴山西省教育学院学习。在省教育学院，我同郭书记同吃一锅饭，同卧一盘炕，还同学一堂课。学了一个月后，我接到一份电报："祖母病故，速归。"我不得不暂停学业回家治丧。但是院长好歹不准假。我苦苦哀求，院长说："祖母病故还要你回去？没必要。"我的解释他听不进去。郭书记见我垂头丧气，主动要帮我忙。他说："走，我跟你再走一趟。"我俩找到院长，院长见面就说："呦，你还搬来救兵了？"郭书记接过话，同他打哈哈："我可不是'兵'，是'将'，是管他这个小'兵'的。"接着他笑着说："这小伙子是我校一个教师。好学、上进，就是出身太苦了。幼年是孤儿，日本鬼子杀了他父亲，放火烧了他的房子。他家破人亡，只有一个老奶奶。现在他

奶奶死了，他是唯一的后人。他不回去，死者无人安葬。"院长听了，二话不说，准假、签字、盖章。难题就这样被郭书记破解了。

四、求贤若渴，使团队实力日渐壮大

"教育之计，教师为本。"以郭向胜书记为首的孝义中学的领导们深谙此道。他求贤若渴，恨不能一夜间集天下名师于麾下。但名师从何而来？除本校自己努力培养外，他还派人到山西大学把名师请回来，从郭堡水库把名师抢回来，从兄弟学校把名师挖回来……

我讲一个从兄弟学校挖回名师的故事。

1964年初秋，晋中行署教育局在汾阳中学举办语文教学观摩会。我以孝义中学语文组组长身份应邀参加了这次活动。

主讲人是汾阳中学高三教师杨如森，课题是《论"费厄泼赖"应该缓行》。这是鲁迅先生杂文的代表作。鲁迅先生的杂文语言犀利，思想深刻，战斗性极强。要在一上午的时间，让学生读懂思想内容，学会论说技巧，掌握精辟语言，实属不易。但是，杨老师能从容自如、讲练结合、有序有效地按时完成了任务。座谈会上，大家肯定了这次观摩教学的成功。

这次观摩教学，我学到了新知，更结识了一位新人——就是这位主讲人杨如森老师。因为他是孝义人，一见面就有亲切感。交谈中，又得知他的爱人是我班毕业的一位学生。这使我们的距离更近了一步。言谈中，他流露出因母病、子幼，家庭负担重，产生回归故里——孝义中学的意愿。我也动情了，孝中正缺这样的人才。

汾中语文组组长郭忠义是我师范的同学。他邀我闲聊，无所不谈。我顺便提起了杨如森，他口无遮拦，说是好同志，忠诚、实在、有能力、有魄力，是汾中语文组的台柱子。听他介绍后，我更坚定了把杨如森老师接回去的念头。

汾中此行，我满载而归。我向校领导汇报，他们都很满意。郭向胜书记兴致更高。他约我单独说话，要我具体谈谈杨如森的情况。我知无不言，言无不尽。他又问我有什么办法把他挖回孝中？我建议，贺XX老师是汾阳人，他早想回汾阳了，何不以人换人？郭书记连声称赞："妙招！妙招！各得其所嘛。"我还建议，"事不宜迟，抢先动手"。郭书记说，"这就派人去跑。"……一年后，杨如森老师站在了孝义中学的讲台上，他成了一名"孝中人"了。

都是近五十年前的事了。现在回味起来，还历历在目，这就是我所认识的郭向胜书记。

郭向胜书记是我风雨人生路上第一位领航者、掌舵人。他值得信赖、受人尊崇。斯人已逝，风范常存。郭向胜同志永远活在"孝中人"的心中。

（2014年）

附录二

学为人师 行为世范

——众弟子点赞恩师霍联光

霍联光老师遗像

公元1960年6月11日晚8时许，北京。

几辆满载"全国教育文化卫生体育新闻方面社会主义建设先进单位和先进工作者代表大会"代表的接待车一路驶来，穿过华灯初放、游人如织的天安门广场，来到人民大会堂门口停下。下车的众代表中走出一位年逾"天命"、面庞清瘦但目光炯炯、精神矍铄的男士。下车伊始，接待车旁闪出一个二十几岁的小伙急切地呼唤："霍老师！霍老师！"并且抢先一步上去，紧紧握住

"霍老师"的手:"听说您来北京参加群英会,昨天下午我就来等你,没等着,今天终于见面了。"小伙是"霍老师"在平遥中学教过的学生,他说在北京已工作的同学少说也有30个。他要领着霍老师一家一家走一走,聊一聊,让老师放松几天。霍老师颔首微笑,倾听着。直到小伙喘口气、暂停,他才开口:"你的学弟学妹们此时正在学校'冲刺',我在北京开会一周,已经'放松'了七天。今晚晚会结束,明日一早上火车,火速回校……"

这位参加全国文教群英会的"霍老师",何许人也?

(一)

这位霍老师,姓霍,名联光,字星五(1910年—1977年),中国共产党党员。祖籍山西省孝义县苏家营村。出身于一个中华传统文化底蕴深厚的家庭。其祖父霍凝德,一生悬壶济世、治病救人,行善凝德;其父霍秉径,秉承国学经典,许身稚子,教书育人数十年。霍联光系独子,自幼聪慧,踏实勤勉,先后在本村小学、县城高小、河汾中学读书。1930年考入山西大学采矿冶金系攻读。大学期间,曾为中学代课或帮学校刻印讲义,自筹学费。1934年秋,大学毕业,供职同蒲铁路局材料股股员。

1937年秋,日寇攻入山西,他不愿为日寇奴役,弃职还乡,改业从教。先后在居义小学、私立尊德中学、县立简易师范、孝义中学、平遥中学任教。数学、物理、化学都能胜任,化学教学造诣尤高。

霍联光老师从教34年,积累了丰富的教学经验,创造了一套卓有成效的教学方法。《孝义教育志》曾给予精辟的总结,指出:霍老师的这套方法的理论基础,用现代术语表述是"教学场效应"。"教学场"包括组织场和心理场。霍老师尤其重视"心理场效应"

的运用。他善于把成就期待因素、相互期待因素和情感交融因素结合起来，创造最佳心理场，在教师教与学生学的撞击中产生最强的合力效应……这套教学方法符合教学规律，因而收到了良好的教学效果。在平遥中学教学时，他所教的化学成绩，曾几次获全省前列。（《孝义教育志》第151页）

《孝义教育志》的点评，十分中肯。凡聆听过霍老师教诲的人，都有自己的感受可作佐证。

60多年前的弟子杨如森先生谈到霍老师的化学课时，有一段精彩的描述："他带五个班的化学。他每走进教室，同学们连起立都怕碰着凳子，异样地肃静。而他出声'呵'（霍老师在讲话或讲课开讲前，常有习惯性的'呵'）的前后，也绝没有一个人敢学。仿佛每个人都在企盼要细细品味即将到来的这一声叮嘱，有如珍惜宴会上第一杯醇香的美酒。大概是同学们太喜欢他讲课的缘故吧。他的课大都被排在午后第一节。一天上课，起立后出现了意外，有一个同学趴在课桌上睡着了，同桌的同学踢了一脚。霍老师笑了笑，稍停，他说："我小时候特能睡觉。一次午后背了书包去上学，一出门就边走边睡，边睡边走。突然梦见我妈给我头底下塞来了枕头，睁眼一看，啊！我抱了一根电线杆。"笑声四起，人人精神抖擞。霍老师的一流的教学效果，除了他的知识，教学方法，加之他那扫一眼可以穿透每个人心底的双眸等等之外，不能说别有风采的组织教学能力不是重要因素。他在讲话、讲课中无数的小故事可以应运而生，随口而出……有天我问霍老师：'讲课既不看书也不看教案，能背会吗？他说：看着书和教案是讲给学生耳朵听，看着学生讲是讲给学生的心。只有眼对眼、神对神的交流，才能产生你所希望的效果。'这句话影响了我的一生。"

张宏炫先生，先前在孝义中学读初中时，是霍老师的学生，后来到平遥中学高中毕业留校任教，又是霍老师的同事。他回忆说，霍老师当班主任，同学们都觉得他和蔼可亲。班会上，他从来不讲大话、空话，而像一位慈祥的父亲与学生交谈，循循善诱、语重心长。他上化学课，一般是先做实验，再讲理论。讲课时，先创意境或设悬念，他总是想方设法激发学生的内驱力、点燃学生的求知欲、调动学生的主观能动性，所以同学们非常喜欢他的化学课。

李家骏先生同张宏炫一样，也是先前孝义中学霍老师的学生，大学毕业后到平遥中学任教，又成了霍老师的同事，而且是同教化学课的一个教研组的同事，更准确地说还是霍老师亲手培养的化学教学的学科接班人。他深情地回忆说，进入霍老师的化学课堂是一种怡情悦性的享受。且不说抽象的概念形象化、也不说枯燥的道理趣味化，单说一个动嘴少、动手多的实验课片断，就可以领略他课堂教学的无穷魅力——

当霍老师三言两语讲明实验目的、方法以及注意事项后，他说："需要两位同学帮我做这个实验。"满教室学生纷纷举手。他扫视一遍，笑眯眯地说，"以往上台比较少的，就你和你吧。"两位同学欣然起立，疾步走上教台，低声同老师交谈。老师站在他俩身旁，还帮着拿器皿、找药品。当学生迟疑时，老师及时提醒；学生操作有误时老师及时示范。只轻声纠正，绝不指责。全班同学仔细地观察着台上的老师和两位同学的动作；有的还动手比划模仿着，有的轻声赞叹着……不一会儿，实验结果出来。台上同学下来穿行行间，出示结果给大家看，大家脸上露出满意的笑容。同学都在分享成功的快乐。老师又提醒大家，就实验过程的现象提出问题，就近展开讨论……

这个片段中的每一个过程，看似平常，细想都有深意：

①老师说"需要两位同学帮我做这个实验"既激发了学生的积极性，又显示了老师的亲和力，同时暗示学生，"老师跟你们是合作关系"。

②老师说"以往上台比较少的，就你和你吧"，暗示学生，有教无类，面向全体，让每一位同学都得到发展的机会。

③老师与台上的同学低声交谈，给学生暗示"老师是真诚的合作者"。

④学生迟疑或有误时，老师及时提醒或示范，使实验顺利完成，并吸引台下同学注意力集中到正确的操作上来，让课堂气氛始终积极向上。

⑤实验结束，台上同学手捧结果，展示在座位行间，让每个同学观察、思考、讨论、交流。这样既让大家分享了实验成果，又让学生体会到实验是学习科学知识的途径、手段；同时，自然而然过渡到相关知识的教学。

这个片段，只是霍老师课堂教学无边光景的一隅，然而足以展示他老人家营造和谐课堂之价值所在——激发主观能动性，教给方法，培养能力。

众弟子津津乐道的还有——每上化学课，霍老师就把同学们带进一个"化学世界"。讲到食盐，就简介我国食盐资源分类、分布等情况，同学们便神游山西运城的盐湖、四川自贡的盐井，山东、江苏等海岸绵延千里的盐滩。讲到硝酸铵，就简述合成氨、硝酸的工业生产设备、工艺等情况，让同学们随同老师的描绘憧憬合成氨的发展前景……

众弟子赞不绝口的还有——霍老师的化学教学与生产、科研相结合。平遥中学校办细菌肥料厂就是他带头创建的校办工厂。这个厂成了培养学生实践能力的基地。在这个基地上他带领学生创制了多种产品，曾在平遥县、晋中地区、省会太原多次展出。

（二）

20世纪50年代到60年代初，霍联光老师在平遥中学执教，成绩卓著。他被选为平遥县第三、第四届人大代表，并出席了1960年的全国文教群英大会，受到了刘少奇主席、朱德委员长、周恩来总理的亲切接见与宴请。他已是晋中地区仅有的两位"中教三级"之一。但他一如既往地埋头苦干在教学第一线上，仍然是一名普通劳动者。

平遥中学有校办农场、校办工厂。学校要求教师轮流参加劳动锻炼。鉴于霍老师年迈体弱，又是"全国英模"，学校免去他的体力劳动锻炼。但是同事们常常见他在农场或工厂的身影：在农场，或则间苗锄草，或则施肥浇水；在工厂，工人师傅不让他顶班干活，他就清理场地，提壶送水。三年困难时期，政府对他有"特供"，但他却同员工们上一个大灶、吃同样的饭菜。他把节省下来的"特供"常常接济了别人。据李家骏先生回忆，他自己就多次享受过霍老师赠送的"黄金叶"，他还见到霍老师为患病的学生买鸡蛋、红糖之类的营养品。同事们劝霍老师自用，他却风趣地说："我是'精瘦型'，吃差点，依然很精神。而学生伙食本来差，病了就是雪上加霜。不补一点怎能行？"

霍老师心中，无时不在挂念的是学生。早在40年代末，他的长子懋功已是尊德中学高中部品学兼优的学生，却查出"肺痨"，因为霍老师工作繁忙而疏忽"家事"，致使懋功20岁就英年早逝。作为父亲，悲痛之情是难以言表的。自此，"幼吾幼以及人之幼"，他把学生看作自己的孩子，他说："绝不能误人子弟！绝不能慢待学生！"

到了60年代，国家遭遇"三年困难"，粮食供应不足，教师们营养不良，多有浮肿。霍老师原本羸弱，体力就更加不支，曾有一段时间，胳膊也抬不起来，上课时自己不能板书，便请学生代劳。1964年调回孝义中学，1966年6月"文化大革命"开始，学校"停课闹革命"，派性大作，武斗猖獗，他嘱咐学生千万不要参加武斗；1967年又"复课闹革命"，他巴不得天天开课，但教室里只有几个学生，他说："即使有一个学生我也要把课上好。"黑板上贴满了"革命标语"，他就在地板上板书……有人说，"你老了，图个啥？"他说，"我这辈子，一不图升官，二不图发财，只图为国家培养人才"。

霍老师从平遥中学调回孝义中学，接受了化学课的教学任务，同时还兼任了学校的工会主席。教师们知道他是出席全国群英会的"英模"，是教育界的功臣，马上有许多青年教师拜他为师，请他"传、帮、带"。不仅有物理、化学教师，还有数学、语文教师。他有求必应，每天除了上课，就是听课。

其实，提携、栽培青年教师的义举，早在平遥中学时他就实施过。李家骏先生讲过霍老师带自己成长的过程。那时霍老师独扛高三化学教学，还兼任班主任，兼任教研组长，负担本已繁重，又患着浮肿；但他老人家每周都要听家骏的课。霍老师尽其所知，竭其所能，帮扶晚辈要点有三：一是备课必须读懂教材内容、体系、知识点之间的联系；二是要摸清学生的实际，学会换位思考，懂得学生的志情意趣；三是教师的人格魅力很重要，"亲其师"才能"信其道"。

霍老师拥有宽厚又赤诚的情怀与襟抱，显然更为可贵，也更为难得。

（三）

霍联光老师在教育园地是誉满三晋的名师，在孝河两岸还是一位有口皆碑的乡贤。

霍老师很重视个人的素养，他认为"士不素养，不可以重国。"文教群英会奖给他一套《毛泽东选集》，他用红笔不知圈点了多少遍。他还自费订阅《时事手册》、《半月谈》、《红旗》等报刊，在家里没书桌，常常就着炕沿，边读书报，边记笔记。1964年他从平遥中学调回孝义中学，第一件事就是自费购买毛泽东著作数十本赠送老家苏家营党支部。为此，苏家营党支部向孝义中学写了感谢信。

前面张宏炫先生回忆说，霍老师当班主任从来不讲空话、大话。他老人家关心国家大事，也从不空谈，而是为家乡的建设做点实事。

"文化大革命"期间，霍老师的两个儿子要回村务农，其小儿子还报名为生产队养猪。他毫不迟疑地表示赞成，并且嘱咐他们要用科学知识发展农业生产，努力改变家乡面貌。

对家乡的工业生产，霍老师做过极其可贵的贡献。据原孝义县毛皮厂、孝义县化工厂、孝义县玻璃厂等几个厂的工人老师傅说，他们虽没有进过孝义中学读书，但他们却是霍老师的"弟子"。这是为什么？

原来，在20世纪70年代初，上述几个厂都请霍老师进厂帮他们排解过难题。

孝义县毛皮厂厂长张继尧一心谋求技术革新，尽快淘汰落后工艺。他从外地取回化学原料鞣制毛皮的"酸铝法配方"，然而本厂老师傅文化程度极低、年轻工人学过化学的也极少。他们看到"酸铝法配方"无异于见到"天书"。厂领导商量，必须找个"高人"。他们来到孝义中学，学校推荐出席过全国文教群英会的化学教师霍联光，可又说霍老师刚刚被医院诊断为"直肠息肉有间变现象(可能癌变）"。张厂长求成心切，还是想见一见。他们到了霍家，一开口，老人竟是满承满应。"别看他身体羸弱，精神还是十足"。说干就干，第二天就骑自行车到厂报到。

他们回忆说，霍老师是分两步指导化学原料鞣制毛皮工艺的。

第一步：他用通俗易懂的语言和形象化比喻讲解配方所列原料的化学性质、安全使用等最基础的理论知识。以硫酸（H_2SO_4）为例：氢（H）原子就像一段竖立的"铁路"，硫（S)原子就像肉铺挂肉的"肉勾"，而氧（O)原子就像鸡蛋形的铁环。这两段"铁路"（H_2）、一个"肉勾"(S)、四个"铁环"（O_4）化合在一起，就是硫酸的分子式……由于浓硫酸溶于水会放出大量热，所以只能把浓硫酸慢慢倒入水中，绝不能把水倒入浓硫酸，否则会造成事故。边讲解边演示……随后又手把手地教会使用化学仪器和分析化验的简单方法。

工人们在由浅入深的讲解中逐步明白：生产的第一阶段——毛皮浸泡，所以加入芒硝是利于剔除其内皮的，食盐能起到防腐作用；生产的第二阶段——毛皮鞣制，经30℃~40℃的鞣液中加入浓硫酸是用以扩张毛皮纤维孔的，硫酸铝和滑石粉钻入纤维孔中起到充填作用，能使皮板丰厚松软，而甲醛能起到很好的防腐作用。

第二步：他进入车间同老师傅、青年工人实践操作，几经试验终于成功。

后来又引进"铬铝法"，把制革工艺所用的重铬酸钾配液按一定的比例加入鞣池，同样取得满意效果。从此，孝义县毛皮厂彻底告别了"米熟皮"的老旧工艺，正式走上了化学鞣制毛皮的崭新路子，所生产的兔皮褥子畅销国外，不断赚取外汇，成为山西省知名企业。

对于霍老师的辛苦付出，毛皮厂上自各位领导下至每个工友感激之情难以言表，决定给以报酬。但霍老师分文不取，就连一副劳保手套也不曾收下。

孝义化工厂的老师傅们，凭多年的经验，使用大铁锅熬制食盐及点豆腐的卤水，都是行家里手。但要他们提取硝酸钾结晶，却苦于不懂相关知识。化工厂的领导们也来求助于霍老师。

霍老师二话不说，立刻骑车进入化工厂。他给工友们讲解了物质的溶解液、溶液、饱和溶液、过饱和溶液等基础知识后指出：各种可溶性化学物质都有各自的溶解度。食盐的溶解度随温度高低变化不大。而硝酸钾在不同温度下的溶解度差异极大（100℃时的溶解度是25℃时的6倍左右），所以在熬制过程中一定要把溶液加热，蒸发水分，让其成为过饱和溶液而后予以降温，使其在梯次成为过饱和溶液的整个过程中逐步析出硝酸钾结晶体。

随后，霍老师亲自参与试产，理论知识与经验操作结合，很快生产出化工厂代表性产品——硝酸钾。

孝义县玻璃厂是生产生活、观赏器皿的企业。在设计生产工艺配料的讨论中，有关技术人员对该不该加入硫酸钠持有不同意见。为此，厂领导征求霍老师的意见。霍老师查阅资料、深思熟虑后提出建议：平板玻璃之所以光洁透亮在于它的主要原料二氧化硅中加入适量的硫酸钠，故称之为钠玻璃。玻璃器皿虽然无须达到平板玻璃的质量标准，但考虑到它光彩亮丽的质量要求及易于成形的生产过程，应当按比例加入硫酸钠。随后的生产实践证明，霍老师的建议是正确的。

孝义食品公司为缓解当时市场上日用品肥皂的供需缺口难题（当时包括肥皂在内的许多日用品都是凭"商品供应票"供应的，因货源不足，常遇有票缺货的现象），决定利用猪羊下水中的下脚料（油脂）生产肥皂。生产过程中，油脂需配水、火碱、松香等多种化工材料。但相关知识、技术不足，致使研制一直难出成果。公司领导请来霍老师指导，现场讲解、现场配方、亲自指挥，只用了五天工夫，一试而成功，而且质量上乘……

以上多次为企业生产攻坚克难，都是在霍老师身患重症、查出癌变、需要静养治疗的艰难时刻。然而，为了孝义经济的发展，他挺身而出、忘我拼搏。无意间在孝义工业发展史上写出了浓重的一笔。至于"报酬"，他老人家一次又一次婉言谢绝，分文不取。人们不禁想起鲁迅先生的那句名言："我好像一头牛，吃的是草，挤出的是牛奶、血。"我们的霍老师，不正是为国家为人民鞠躬尽瘁的一头"牛"吗？

（四）

霍联光老师在校园，甘为人梯；在社会，忘我奉献；在家庭，他又以"德行传家"被人称道。

"德行传家"是他祖父霍凝德始创、他父亲霍秉径所传承下来的"祖训"。他深知"德行"的实现，在于行为、行动，不在空洞的说教。因此他的家庭教育，同学校教育一样，从来不说空话、不说大话。而是从实实在在的做人行事上引导子女求真、向善。

懋恒，既是儿子，也是学生。他回忆说，父亲是原晋中地区

（包括现在的吕梁地区在内）仅有的两名三级中教之一，级别待遇相当于行政17级的县委书记，生活原本不必太紧。但他老人家认为"俭以养德"不仅为诸葛亮诫子所用，无产阶级革命家方志敏也坚持"清贫，洁白朴素的生活，正是我们革命者能够战胜许多困难的地方！"于是"节约应从瓮口始"、"锅边碗底不剩一粒"、全家出动"秋拾杂粮夏拾麦"；穿衣"笑破不笑补，大的穿罢小的穿"；作业本要用尽，上学期用正面，下学期翻拆用背面。父亲还教女儿们支纺车纺棉线，提木摆拨毛绳，自制勾针打毛衣毛袜毛帽子；还置了些常用工具，教儿子们自己修桌凳、修车子、修座钟、修房顶……操办婚丧喜庆，从不张扬。三个最小的儿女，都是旅行结婚，几乎没有亲戚以外的客人。祖父出殡，用小平车载棺安葬。父亲病危，遗嘱"后事简办，不能超过你们的爷爷"。

霍老师认为"行以明德"。懋恒回忆说，父亲说"听其言而观其行"的古训不过时。"行"就是实践。毛主席多次强调实践是认识的基础，是检验真理的标准。所以一个人的德行好坏，就看他的行为对人民对社会对国家是否有益。"文化大革命"期间，派性斗争越演越烈，甚至出现"武斗"。他老人家在校劝导学生不要武斗；回家又劝儿子，但总不放心。于是想出一个绝招：利用儿子爱钻研的个性，让儿子去"格物"——即花25元钱买零件，拜某无线电爱好者为师，学装半导体收音机（半导体收音机是当时最时髦的家用电器）。他说，"格物"能致知，"格斗"却害人。这一招果然灵，竟然让懋恒痴迷到废寝忘食的地步，再也无心参加派性活动了。

霍老师十分厌恶社会上的不正之风，他身体力行，坚决抵制各种歪风邪气。儿媳妇在城关联校当缺额代教，表现优秀，曾多次评为先进。但每年自然减员的转正名额却没份。好多人建议老人家"找找县里负责此项工作的几位学生只要开口,定能办成",但他认为这是"走后门",不能助长不正之风,也不能为自家的事给政府添麻烦,所以始终没有开口。直到县里首次用文化考试录取教师,才以联校第一名、全县第二名的成绩名正言顺地得以转正。

霍老师就是这样坚持以身立教、信守德行传家的。霍家也顺理成章成为远近闻名的书香门第、信义之家。

古人云:经师易得,人师难求。众弟子认为,霍联光老师既有中国知识分子的修养,又有中国共产党人的风范,集"经师"与"人师"一身。赞他老人家"学为人师,行为世范",当之无愧。有缘受业于他的麾下,是弟子们的人生之幸。

霍老师的业绩早已载入《孝义县志》、勒于《孝义名人碑》,他永远活在孝义人民的心中!

(2015年)

附录三

执著的追求　顽强的拼搏

——吴治斌老师献身教育的一生

吴治斌（1930年3月—1994年2月）是20世纪50年代末—90年代初，在小学教育园地熠熠生辉的一颗明星。1960年6月，时年30岁的他，就荣获中华全国总工会、中华人民共和国妇女联合会、中国共产主义青年团中央委员会、中国人民保卫儿童全国委员会联合授予的"先进儿童工作者"称号，并光荣地出席了"全国教育和文化卫生体育新闻方面的社会主义建设先进工作者代表大会"，受到了刘少奇主席、朱德委员长、周恩来总理的亲切接见与宴请。此外，他还受到省、地、县的多项表彰。

崇高而众多的荣誉为什么会降临到年纪轻轻、只有小学文化、又拖着一条假肢、挂着一根拐杖的一位山区小学教师头上？

故事还得从头说起。

一、"党把我从绝望中拯救出来，给了我新生"

吴治斌出生在孝义西部山区吴西庄村一个贫苦的农民家庭。13岁时父亲病故，在本村上过三年小学的他，辍学务农，跟母亲苦度时光。1945年国民党阎锡山部民干校招生，他为了混口饭吃，报名应招为学员。1946年他被编入青军团为学员。因为生活环境恶劣，一年后右脚患了骨结核病，于是回家养病。直到1951年，病情日益严重，又肿又烂，痛不欲生。本村首任党支部书记李昌福与邻居范永春来家探望，眼见21岁的吴治斌奄奄一息，极为痛心。老李以党支部名义动员全村村民集资，为他治病。大家凑了1350斤小麦，立即送他到汾阳医院，截去右下肢，并装上假肢，这才保住了他的一条命。

21岁的吴治斌感激涕零。在后来的回忆中说："是党把我从绝望中拯救出来，给了我新生。"他决心将自己的一切献给党的事业、献给家乡的父老乡亲，献给新中国的建设。可是自己百无一能，又拖着一具残疾的身躯，能干什么呢？他思考着、烦恼着……

1952年3月，孝义县人民政府招考小学教师，他报名投考了，而且是正取第一名。他喜出望外，被派到兑镇小学。兑镇小学是孝义西部山区的老校、名校。校领导让他当一年级教师兼班主任，他满怀信心接受了任务。开课了，面对一群天真烂漫、无拘无束的小孩子。喊"立正"，站不齐；请"安静"，还是乱纷纷；课间操，手来腿不来……一时间，领导不高兴，家长不满意。他犯愁了——动摇、退缩？不行！"刚刚读过一本《钢铁是怎样炼成的》苏联小说，书中主人公保尔·柯察金给了我力量：任务是党和人民对你的信任，困难是党和人民对你的考验！"他思考良久。同一时间，又有几位好心的同事如任振绪、张万生、吴建棠等伸出了热情的援手，教他上课，帮他管理。他终于定下心来、扎下根来，"这就是我的岗位，一定要干好！"他发出了誓言。

兑镇小学的几年里，他干中学、学中干。既学业务，也学政治。他明白了不少："我们的学校是社会主义的学校，要培养有社会主义觉悟有文化身体健康的劳动者。""学校教育要与家庭教育紧密结合。""教育要适应儿童好奇爱动的心理特征"等等。这些道理是他在1960年6月《六年没有留级生，年年成绩满堂红》的经验交流中讲过的，也是他之前之后38年教育生涯中所实践的。

二、实践出真知，走出一条低年级教育成功之路

吴治斌首先引导儿童过有意义的集体生活。他认为儿童在自己家过惯了散漫生活，初入学校必然不习惯学校有组织领导、有纪律约束的集体生活，教师的责任就是吸引他们、引导他们融入集体、热爱集体。为此，他常同儿童一起活动、游戏、学习。除了备课、开会，他总在儿童中间。因为常在一起，就能及时了解情况，便于针对性地实施教育。例如发现儿童不洗脸，他就拿镜子给照一照，打盆水给洗干净，再用镜子照一照，教儿童"比比看"，问"一样吗？"答"不一样。"问"怎不一样？"答"好看了。"——这"好看不好看"就是"美与丑"的问题。以此类推诸如文明、礼貌、纪律等都是从小事细节中明白了道理，进而养成习惯的。久而久之，一个团结、友爱、尊师、守纪的班集体自然就形成了。

这里要特别指出，吴治斌的"比比看"，是提高低年级儿童认识能力的一个高招。"比比看"有助于儿童的思维从具体形象的直观阶段上升到抽象概括的理性阶段，从而轻松自然地得到发展。

其次，他重视家长在教育中的作用。每遇星期日、节假日，他都要走访家长。向家长宣传教育方针、政策，汇报孩子在学校的进步，沟通教育思想，征求家长的意见、建议。家访工作，每学期平均每生四五次，还召开家长会两次。家长们说："吴老师比家长也操心多，有这样的老师，我们放心。"

这一条也很重要。为了教育水平的提高、教育效果的优异，必须正确处理学校教师与学生家长的关系。没有学校教师与学生家长关系的协调、和谐，就不可能有教育的卓越成就。

再者，吴治斌还抓住三项措施，提高教学质量。这一条虽然放在最后，却是学校教育全部工作的重中之重。学校的一切工作都是为了育人，而育人的主渠道在"课堂教学"。他的"课堂教学"可分三步走——

第一步，认真钻研教材，备课要备人。吴治斌总是利用假期把下学期的教材从头到尾读几遍。了解各单元的内容以及单元之间的联系，把握全册的目标任务，思考用什么教法，制作什么教具等等。例如他教《人为什么会生病》一课时，在熟读教材的基础上，进行了家庭访问。发现有30多名儿童患过痢疾、疥疮、天花、感冒、眼病等传染病。课前准备了挂图，还预约了几个儿童现身说法。

第二步，课堂教学突出直观性与趣味性，着意改革传统说教模式。吴治斌发现儿童喜欢"耍把戏"，为何不把教材改编成"把戏"，把教台改变成"舞台"？于是，从1953年起他就开始制作妙趣横生的小型教具。到1960年6月，共制作了352种、2300余件。开始，他的教具只解决教学中的单个问题。1956年听了访苏代表的传达报告，其中讲到苏联教师在课堂上结合课文放电影的事例，激发了他大胆革新的动机，开始制作一种更新颖、更灵动、用途更广的"万能教具"。一年后，这个教具诞生了，是他自己设计、同事们协作制成的。它综合了几年来单个教具的优点，巧妙地组合在一起，实现了功能的多样性——既能演示实物、图片、连环画，还能识字、造句、数数、搞计算；既能演示生动的故事情节，又留有儿童思考的空间。1958年孝义教育会议期间展示了这个教具，原孝义县委书记李惠春十分赞赏："这样的教具，不花国家一文钱，教学效果又好，应该大力推广。"随后到灵石、介休展出都受到广大教师的好评。

第三步，抓好复习巩固，给后进生多"吃偏饭"。直观教具的应用增强了课堂教学的吸引力，教学效果明显提高。但要学生识记牢固、减少遗忘，还必须加强复习巩固环节。这一环节的强化，才能消除后进生成堆和不及格现象。为此，吴治斌每授完一课、一单元和一本书后，都要把字词按偏旁部首、音序或动植物归类，制成卡片，让学生在课内外反复见面、练习。还通过造句、练句，分别字形字义，通过读、写、讲、用，加深记忆。在课外活动中，还运用了电化拼音配音教具、流动小黑板、活动识字卡，组织儿童识字、组字、造句游戏。这些活动，都有益于儿童把课堂获得的知识进一步系统领会，并牢固地掌握。

但儿童的注意力、理解力、记忆力总有差异，对后进生的关注就是必要的。吴治斌除课堂上兼顾外，星期日、节假日还给他们开"小灶"、"吃偏饭"，舍得下功夫。他说："宁愿自己多吃苦，绝不让一个学生掉队。"

吴治斌抓住以上几招，到1960年6月，已连续6年没有一个留级生，虽然他每年都带50至60名学生的大班。1959年质量大检查，全班平均93分，名列全县第一。他带过的班，除学习成绩好之外，纪律性强、上进心足、富有集体主义精神。几年中，几乎没有吵嘴打架现象，也没有丢失过一钱一物。6年来，他教过383名学生，做好事1440件以上。学校大办三厂（场）时，他班的学生捐鸡、捐兔、捐钉子、捐木板最多，居全校小学部第一。1958年，县里发起"捐献少年锅驼机活动"，在他带领下，全班50名学生，每人拣羊粪15斤，折合人民币30元。在推广普通话活动中，他所带的班一直保持先进班的荣誉，多次受到学校的奖励。

1959年、1960年吴治斌先后出席了县、地、省、全国先进工作者会议。

三、厄运摧不垮，风雨过后是彩虹

1960年6月，吴治斌出席全国文教群英会载誉归来，激动不已，夜不能寐。他想，自己一个小学教师，做了一些分内应做的小事，党和人民竟给予无比崇高的荣誉，实在受之有愧。今后只有加倍努力，创造更大的业绩，才能对得起党和人民的厚望。于是他又一心扑在忘我的劳动之中。

此后的几年，他制作的教具越来越多，越做越精。去过兑镇小学的人们都记得，吴治斌一人占用两个教室：一个坐满了他的学生，一个装满了他的教具。他的教学质量也越来越高。1964年，他两年授完三年的课。这一年12月，全县80多位小学校长偕同教育局多位领导来兑镇小学考核吴治斌所教一个班的学生。两位领导监考一个学生，提问、听写，然后评分。结果全班人均97分（就是这个班在升级时，有3个学生跳级升入四年级）。经过一番认真、严格、过硬的考核，各位领导不约而同竖起大拇指啧啧称赞……

吴治斌的学生天天向上，吴治斌的事业如日中天。可是天有不测风云，史无前例的"文化大革命"从天而降。昔日的"标兵"、"模范"、"全国群英"等等，一时间变成了"罪犯"，吴治斌脖子上挂着"刘少奇黑旗"、"历史反革命"的牌子游街示众,一连十几天。原本残疾的肌体,他咬紧牙关,挣扎着、煎熬着……

1970年11月25日,吴治斌被开除公职。为了生存,他蒙羞忍辱一边在兑镇街头钉鞋、刻字、修自行车,一边申诉、上访。由于身体的原因,1972年他回到老家吴西庄。在村干部关心下,先安排他配治农药,后安排到本村幼儿园当了民办幼儿教师。在幼儿园里,他凭着一颗感恩的心、一双灵巧的手,自制了大量的教玩具。一年的时间就将吴西庄幼儿园办成全县的模范幼儿园,得到全体村民的赞同,受到县教育局的好评。

1974年8月,吴治斌的冤案经过四批外调人员的认真复查,做出结论:"原证不实,均予否定。"1975年元月,他复职了。1975年5月他重返教育岗位,被派往贺岭村任教。他走进贺岭村小学的校门,抚摸着学校的课桌凳,深情地望着一个个活泼可爱的小学生,真想高呼:"我终于回来了!"想起当年在兑镇小学自制的一千种、三千件教具,已荡然无存,一时不免伤感。但转念一想:"青山依旧在,何愁没柴烧?"于是,他在联校的支持下,又有同事们的帮助,起早搭黑、争分夺秒,放弃节假日,硬要抢回失去的时间。仅仅四年工夫,又制作了300多种、1300余件普通教具,还制成一件"电化多用讲台"。

为了制作这些教具,那几年,每逢假期吴治斌一个人吃住在学校,往往是通宵达旦昼夜不停。1978年寒假,为了制作"电化教学多用讲台",他熬到腊月三十日晚才回家,正月初二早晨又返校。临起身,老婆说:"你真不要命了?"他付之一笑,"哈哈"了事。到了学校,他又一头扎进劳作中,没明没黑地干起来。他说:"那时根本不知累是什么滋味。再忙,心里也是乐滋滋的。"学校没资金，他把自己省吃俭用的280元积蓄全部投入。

1979年10月，吴治斌的"电化多用讲台"及其他几件小型教具送到吕梁地区展出。地区教育局领导们一致赞扬，并决定在全区各县巡回演示。1983年吴治斌参加了山西省教学仪器工作会议。他的教具又受到省政府、省教育厅领导们的肯定。

在一片赞扬声中，吴治斌从不自我满足。相反，他总是主动征求参观者的意见。他的教具在太原展出时，他见东岗小学的校长、教师们参观了三次。他们把小型教具都画了图纸，准备复制，唯独不画"电化多用讲台"。他就向身边一位姓梁的老师说："请梁老师指导，这电化多用讲台有啥缺点？"这位梁老师说："电化多用讲台好，只是我们一没资金、二太复杂，不容易自制。"听了这位梁老师的话，他受到启发：自制教具要推广，除了适用，还须容易制作、又少花钱。此后，他便着手改造他的"电化多用讲台"。

1983年8月，正在他集中精力改造"电化多用讲台"的时候，由于他长期住在潮湿阴暗的窑洞操劳过度，不知不觉中阴邪入侵肌体，致使全身瘫痪，连双手十指都动弹不得了。联校领导、乡镇领导立即送他到县医院，教育局的领导们马上到医院探望并请医生会诊：这是格淋巴利斯综合症，发病快、死亡率高，县医院力所不及，又转送山医一院……住院四五个月，终于在医生精心治疗和本人顽强的毅力配合下，于12月底拄着双拐下了地。虽然一步一身大汗，但能走路了。1984年元旦，他手还不灵便，就拄着双拐返回学校，又投入教具制作之中。他与四位同事，趁着假期，花了一个月时间，把在病中设计的"简易多用讲台"也制作成功了。

四、硕果累累，成功属于执著者，奇迹属于拼搏者

　　吴治斌拄着拐杖、拖着假肢，顽强拼搏的精神感人至深。继1960年出席全国文教群英会后，1984年国庆节，山西省劳动竞赛委员会授予他三等功；1987年6月，山西省委、省政府授予他"山西省劳动模范"；1988年4月，中国联合国教科文组织秘书处与国家教委教学仪器研究所把他的自制教具"综合计算器"评为优秀教具；1991年4月，国家教育委员会把他的自制教具"汉语拼音魔柱"评为三等奖；1990年12月，山西省教委把他的自制教具"汉语拼音魔柱"评为一等奖、"儿童多用途教学演示器"评为三等奖；1990年起，连续申请并获得"儿童趣味教学组合演播装置"等8项国家专利局颁发的专利证书。此外，在他38年的教学生涯中20多次被评为县级优秀教师、先进工作者、青年标兵；9次被评为地区优秀教师、优秀辅导员。

　　1990年、1991年、1993年的《人民教育》、《山西日报》、《山西电教》、《中国社会报》、《汉语拼音报》、《光明日报》等报纸杂志刊登了吴治斌的有关事迹。

　　吴治斌的一生，以人民教育为己任，始终不渝地追求小学教育的高质量，取得了优异的教学成绩，做出了卓著的贡献。他给我们的启示是：奇迹属于执著的追求者，成功属于顽强的拼搏者。他的精神永远鼓舞着各行各业的后来者。

（2015年）

附录四

"文化大革命"期间
孝义县社办高中始末

　　"社办高中"是"人民公社"创办的高级中学校。是在20世纪70年代初"文化大革命"中，学校"停课闹革命"五年之后出现的一枝教育奇葩。

（一）县革委决定

　　1969年8月，孝义县革命委员会在兑镇中学举办为期一年的"清理阶级队伍毛泽东思想学习班"（开始几天设在孝义中学，后因4785部队占据孝中为军营而迁移）。孝义中学、兑镇中学、温泉中学的教职员工绝大部分参加学习。

　　1970年8月中旬，学习班接近尾声。光孝义中学就有5名教师被"插队"（到农村劳动），还有1名教师被"劳教"，另有两名教师病休。当时全县只有孝义中学有6个高中班建制，教师原本不足，这次"清队"又损失了几名，孝义中学的领导正为师资缺口犯愁。

　　8月下旬的一天，孝义县革命委员会主任刘××来到兑镇清理阶级队伍毛泽东思想学习班，向与会教工宣布了一项重大决定：凡有条件的公社都应举办高中，逐步实现高中不出社和初中不出生产队的宏伟目标。刘主任提出两个教师办一座高中，要求大家背起行李，立即行动。年底完成"社社有高中"的目标任务。刘主任的讲话引起与会者的震惊，大家交头接耳，窃窃私语：两个人办一座高中？办小学、办幼儿园还差不多……刘主任要大家表态，半天没人发言。我是参会者之一，自认为有义务为国分忧，为民请命。于是我情不自禁地站了起来，认真地一字一板地提出我的意见：举办一座高中，首要的条件是合格的教师。高中课程有政治、语文、数学、物理、化学、生物、外语、历史、地理、音乐、体育、美术。这12门课要让两个老师分担，就目前的师资而论，恐怕没一个能胜任……我还没讲完，刘主任听不下去，大手一挥："别说了！一年的毛泽东思想学习班白学了！办一个高中，还开多少课？一本《毛泽东选集》一辈子也够学了！"他怒不可遏地训斥一顿，又叮嘱随行领导几句，扬长而去。另一位领导不厌其烦地动员：学制要缩短，教育要革命。资产阶级统治学校的历史必须结束，要让工人宣传队，贫下中农代表队进驻学校，教育者必须接受再教育……这位领导讲完，没有要大家表态，只要求高举毛泽东思想红旗，上山、下乡、入社，立即行动。

这年9月，从兑镇学习班结业的大部分教师，就怀揣"红宝书"（《毛泽东语录》）、身背行李卷，走上"社办高中"之路。

（二）办学人足迹

当时，孝义县共有15个人民公社。对于办高中学校，多数公社不置可否。只有阳泉曲公社明确表态，不办高中。该公社领导认为他们的学生距兑镇中学较近，上学方便，只答应支援兑镇中学两位教师，也算是"合办"吧。其余14个公社，实际上也是12个公社办了高中。因为城关高中、兑镇高中都与公社无关。

城关高中虽然办在旧城，但是在原孝义中学旧校舍中开学的。原孝义中学的旧校舍（城隍庙）一度曾被县招待所占驻，后已搬迁至新城。城关高中的领导是原孝中的书记李杰和校长房福元，教职员工是原孝中留守的语文教师武国屏、数学教师杨书忠、体育教师刘明信等12人。

兑镇高中是办在兑镇中学校内，由原兑镇中学副校长郑邦宁主持工作，尚有兑镇中学的教职员工数学教师李吉勋、物理教师张崑、语文教师杨伍荣等12人供职。这两座高中，不论校舍、师资、经费、设备都与公社无关，也不受公社牵制，所以实质上不属于社办高中。

真正的社办高中共有12所：即下栅高中、大孝堡高中、司马高中、梧桐高中、驿马高中、柱濮高中、西泉高中、南阳高中、杜村高中、下堡高中、东许高中、白壁关高中。

这12座高中共同面对的困难是一无校舍、二无设备、三无经费、四缺师资。

本文将一座一座给予简要介绍。

1. 下栅高中

1970年9月由原兑镇中学教导主任闫振华带领青年教师朱云亮（四川人，大学历史系毕业生）去下栅公社创办高中。公社把他们安置到坛果村。他俩住在贫下中农代表霍玉耀家的一孔土窑洞里，就在霍家的土院中创建了一座高级中学校。因为在这里召开过现场会，那时全县闻名。

那是县革委"社办高中"的决定半年后即1971年的春天。全县14座高中的校长、各七年制学校的代表都来参加会议。呈现在大家面前的是极普通并不太宽敞的一处农家土院当中，横挖出一个东西长约八米、南北宽约四米、深一米多的地窖，周围用高粱秆扎成的篱笆围起来，四周埋着几根木柱，以固定篱笆。木柱上方支着木架，木架上铺满高粱秆。顶上的高粱秆以及四周篱笆上抹着一层麦秸、黄土、石灰和水的泥巴。这就是教室，也是下栅高中的全部财产。

现场会上，下栅公社教育办公室主任介绍了"革命化"的建校经验。他最强调的是政治意义：把高中办在贫下中农院里，方便了贫下中农对学校的管理，结束了资产阶级知识分子统治学校的历史。他特别加重语气指责：眼下我县大多数高中还不请贫下中农进校管理，资产阶级知识分子统治学校的现象必须批判。

参加现场会的各高中校长，当时确实还不曾请到"工宣队（工人毛泽东思想宣传队）"或"贫管队（贫下中农管校代表队）"。会前看到的景象本来令人深深感动，后来听了公社教办主任的讲话，"感动"却被"惶恐"代替。

这个现场会对全县各高中的影响并不明显，与会者缺乏认同感。当场就有人质疑：急风暴雨能不漏水？冰天雪地能挡严寒？大家都替上课师生担忧。至于公社教办主任的讲话，更不在理：住在贫下中农的"地窝子"里，就是"革命化"，就能结束了资产阶级知识分子的统治？谁会相信呢？

事实上，下栅高中师生住进贫下中农"地窝子"实属无奈。下栅公社是当时出名的贫困社，办高中可以说是毫无实力。坛果村也是个穷村子。闫、朱二位老师手无分文，师资配备又太不足。半年后才又陆续派来了外语系毕业的周秉义老师（朱云亮已调回四川），又三个月后派来了中文系毕业的武永健老师，又一年后派来了数学老师张志贤老师。1970年后半年，只有闫、朱二位老师，他们走村串户求生产队、党支部推荐高中新生，当年10月招到第一届一个班50名学生。没有经费开不了课，只好到汾西矿务局揽起架设高压线任务，又到七〇二化工厂包下土建工程，这些活儿一直干到1971年上半年。两人能开政治、语文，补补初中数学。况且劳动任务重，除了打工赚钱还有支农、建校。上点课，对师生们来说简直是劳动间歇中的一种享受。

坛果霍家院高中只一年，到1971年秋天便搬迁到九岔沟。九岔沟位于坛果、高仁、尧仲等村庄的中间，距周围村庄近则二三里，远则四五里。因九岔沟有下栅公社给学校的30亩沟地，"学农"种地方便。于是师生们在九岔沟先打两孔土窑洞，闫、周、武三位老师有了办公室。又在背西面东的土崖下挖个缺口，缺口的南、西、北三面有"靠山"，缺口处筑起一道砖墙，镶上门窗、顶上架起木椽，一间教室便成了。木料可以就地取材，砖瓦还得买，雇马车运来。但此处马车进不来，砖瓦还得从山坡上往下溜。白天学生在校可当小工。运砖车来晚了，住在学校的只有闫、周、武三位老师，黑灯瞎火地还得搬砖运瓦，老师们也太辛苦了。

新教室建成了，又能间或开课了。但学生没宿舍，晚上还得分散到附近村庄农民家里住。刮风下雨或冰天雪地来临，山路难走，连自行车也不通。老师、学生、家长都有意见。

九岔沟也不到一年，又要招第二届学生了，教室也没再建。公社决定，把高中搬到下栅村。又招一个班50名学生。师生们打工积累了资金、同各生产队支农"工变工"，生产队支援了木工、泥工师傅，建校劳动又开始了。

1973年上半年在下栅村又建成两间教室，几间小房，100名学生有了教室，教师有了办公室。这年12月，县革委决定：下栅高中停办，下届新生合并到孝中。

下栅高中共毕业学生100名。据不完全统计，优秀学子有：（2名）

梁来茂：吕梁市政协副主席

陈信国：太原理工大学教授

2.大孝堡高中

1971年春天，大孝堡公社书记高保俊找来党委委员侯兆勋，"给你500元人民币，去办公社高中，由你全权负责。要是办塌了，唯你是问。"

侯兆勋对县里派来的教师李万春（农大毕业，未当过教师）说："我只管后勤，教学工作你承担。"李万春问"学校在哪儿？"侯兆勋说，"就到我们村，长兴大队的侯家祠堂开学吧。"两个人暂驻祠堂，清理出一间大房子。他们又找各大队党支部推荐来75名新生，没课桌凳，自带小板凳。但李万春一个人开不了课，又从本公社七年制学校要来了语文教师郝春阳、数学教师张孝廉，开了政治、语文、数学、工基、农基等五门课程。

学校只有500元钱，开课就买课本、笔墨纸张、黑板、灯具以及火灶厨具。钱不够用，侯兆勋有三招：一是向公社要来17亩地，种了10亩胡萝卜，7亩玉米，以补助师生生活；二是办砖场，为建校备料；三是上铁路筛石子、到四七六处"挖砖"，赚钱为学校积累经费。

郝春阳是语文老师兼班主任，他带领学生啥活儿也干过，光在四七六处洪水泥淖中挖青砖就一连三个月。师生吃住在崇源头，干活儿在四七六处。每天在黄泥糊中挖砖，手指头破了，鞋中灌满黄泥糊子。

1972年春，又招了第二届一个班58名学生。没有教室，学生到生产队打麦场场房上课。学校新增了语文教师任振光、外语老师史铁山、数学教师张继果。5月，公社派来了校长任启德。

1973年春，学校迁到芦北街原公社农修厂，又新增语文教师郭铁民、外语教师马振声。是年12月，县革委决定：大孝堡高中合并到孝义中学。大孝堡高中共毕业学生140名。据不完全统计，其优秀学子有：（共3名）

任兆桐：商业部糖业烟酒储运部董事长兼总经理

郭建荣：高级律师

郝启才：市教研室教研员、中学高级教师

3.司马高中

1970年9月，原孝义中学教导主任郭锡麟、英语教师马振声去司马公社创办高级中学校。公社领导让他们暂驻南辛安一处民宅小院。院中只有一排房子，坐北向南，东西两头各一小间教师办公住宿，中间一大间可作教室。10月，各生产大队推荐66名学生，就是司马高中第一届的高一班。院内无厕所，师生如厕就出院门找百姓家的厕所。学生大多跑校，五里以外的在南辛安自找民房寄宿。

开课了，学生自带小板凳。郭老师教数学、物理、化学，马老师教英语、语文、政治。到第三学期即1971年秋天，郭述贤校长上任，学校又增加了教师，王维安教物理兼电工，马明武教数学兼体育，刘福梅教语文兼音乐，随后又来了语文教师闫永瑞、申节义。

1972年初学校又招第二届一个班50名学生。小院放不下，公社决定学校搬迁到司马村西门里靠西南一块空地，大约二三十亩土地，新建司马高中校舍。

学校没有经费。第一、二学期劳动特别多，上课很少。一是要打工赚钱，师生到粮食局当土建杂工；二是为建校备料，到盐锅头挖砖运砖，到十几里外的万花堡搬运木料；三是支农任务不断，如到南辛安拔草，到苏家营割谷、到公社的"团结抗旱渠"义务劳动。时已初冬，郭锡麟老师同学生一起抬土筐，月亮地里打夜战。郭老师眼睛又不好，戴着近视镜，汗水打湿了镜片，看不清坑坑洼洼的地面，脚步踉踉跄跄，还和同学们说说笑笑。

1972年春，开始建校。请来南辛安村的木匠师傅，司马村的泥匠师傅，学校的学生轮流支土工。1972年年底终于建成三排新校舍，计有四间教室、六间小房。两个班占用两间教室，剩余的两间教室分别是男宿舍、女宿舍各占一间。宿舍里没床板，在砖台子上铺了一层厚厚的麦秸。虽然简陋、但学生可住宿了。其余6间房子供教师住宿、办公，还开了厨房、有了库房。

到1973年底，共毕业110名学生。

1973年12月，县革委决定：司马高中合并到孝义中学。

据不完全统计优秀学子有：（共5名）

孟庆璋：中国防辐射研究院主任医师。

李春电：山西省地质局高级工程师。

霍金兰：高级讲师

任永昶：孝义市副市长、市人大副主任。

宗云宇：孝义市政协副主席。

4.梧桐高中

1970年9月，原孝义中学化学教师金文选带领物理教师张心睿、数学教师李志英、语文教师李树润、语文教师洪鼎祥到梧桐公社创办高中学校。公社安排他们暂借中梧桐小学两间教室，两间小房，招收两班100多名学生开学。学校没宿舍，学生都跑校。开课了，有语文、政治、数学、物理、化学。其余农业基础知识、外语、音乐、体育，因没教师，不开。

1971年3月，学校迁到尉屯村的一座破庙，一无教室，二无宿舍，更没有课桌凳。办学没经费，老师们带领学生自备干粮、自备开水到孝西车站铁路两旁植树，一个月赚了两千元。又去旧尉屯砖厂装窑、出窑、搬砖又赚了上千元。这两笔钱就是建校的启动资金。师生们还到汾河边开荒20亩，种上了高粱。这高粱是师生们拉着犁、耧耕种的。出苗后又锄草间苗，长势喜人。当年秋天收获一万多斤高粱，出售高粱又得一笔建校资金。

从5月份返校上课，像当年"抗大"一样，庙院里立一块黑板，学生自带小板凳。师生们上午开课读书，下午建校劳动。

建校工作，得到了旧尉屯等生产队的大力支持。他们出工帮助学校搬掉泥胎塑像、拆除破房，又派木工泥工师傅用旧木料、旧砖瓦建起两间教室、一间办公室。还把能用的旧房舍改造成适合教学的两间教室、几间教师办公室、学生宿舍。剩余的旧木料全部制作了课桌凳。到1971年秋季开学，学生全部进入教室上课。

1972年，新招两班学生100多人又增加了几位教师：高汝崇、高景勇、张道新、王占元、林芳等。高中课程包括体育、音乐、外语都能开了。1972年县教革组举行高中会考成绩较好。

1973年又招两个班100多名学生。前后共毕业学生300多名。1974年初合并到孝义中学。

据不完全统计优秀学子有：（共12名）

龙孝忠：山西煤销集团有限公司副总经理

高廷启：山西煤销晋中有限公司副经理，高级政工师

霍雅红：孝义市妇幼保健院院长、副主任医师

雷梅英：山西政法干部管理学院科研处处长、教授

李文锦：山西教育科学研究院党委书记、副院长、教授

张育防：山西省农业资产经营有限责任公司总法律顾问

贺宇富：曾任山西冶金矿山总公司副总经理

史碧莲：山西财经大学高级会计师

周俊英：山西省气象局财务处长、高级会计师

武立昌：太原天和食品有限公司高级技师

雷克铭：孝义市中学高级教师

陈志远：孝义市中学高级教师

5.驿马高中

1970年9月，县里派原兑镇中学物理教师乔兆田、原温泉中学语文教师郭少之二位老师去驿马公社办高中。郭少之老师已被抽到孝义县人民武装部战备办公室服务。乔兆田一人去公社报到，公社安排他下乡，直到1971年4月。5月初，驿马公社派原初中校长于清学主持社办高中工作，暂驻后驿马七年制学校。乔兆田停止下乡，又调来原兑中教师胡学正，还招聘了本公社原孝中高中毕业生胡登云、田玉亮，同时招生80名，分编两个班，5月4日正式开学。乔兆田教物理，胡学正教语文、胡登云教数学、田玉亮教语文，课程基本上开了。进入6月份停了课，开始建校劳动。——在后驿马学校操场上建办公室和学生宿舍。学校请来陕西的石匠，把前驿马河滩上的大石头辟开，一个班的学生把石料从前驿马河滩运回学校的操场。另一个班的学生到四七六处小车站，挖土方建车站，为建校挣钱。两个班轮流干活儿，师生同甘共苦。手指磨破，肩膀压肿。整整一年，终于建成了十一孔石窑

洞。学生可住宿，教师也有了办公室。

1972年春，又新招一个班，50名学生。

1973年县革委决定，驿马高中合并到兑镇中学。前后两届共毕业130名学生。据不完全统计，优秀学子有：（共3名）

庞鹏宏：吕梁学院党委书记

李月萍：孝义市人民医院主任医师

赵大勇：孝义二中高级教师

6.柱濮高中

1970年9月，县里派高隆祖（原孝义中学生物教师）、张明珠（原兑镇中学生物教师）去柱濮公社创办高级中学。公社领导安排他们下乡搞农村工作或回公社撰写公文。"创办高中的事，明年再说。"

1971年春天，公社领导要他俩到上柱濮七年制学校办高中。他俩占了一间办公室兼宿舍的小房，又占了一间教室，各大队推荐来40多名七年制毕业的学生，这就是柱濮高中第一届、第一个高中班。

高、张二位都是中学生物教师，现在却要勉为其难：高隆祖教数学、化学、音乐、体育；张明珠教语文、政治、物理。附近的学生都跑校上课，离家太远的几个学生住校，挤在一个房间。学生要上灶吃饭，就自带米面。

学校没有校长，干什么事都要请示公社领导。学校没有经费，公社也没钱。公社领导说你们自己打工吧。于是停课两月，师生到"十四号"工地做小工挣钱。

1971年秋天，公社决定要高中班搬到柏圪塔原公社所在地，原柱濮供销社早已弃置的旧址上。师生自己动手，把破破烂烂的旧房舍打扫收拾一番，用打工赚来的钱买来床铺，课桌凳、办公桌椅、文具纸张、安上灯具，厨房灶具等等。设备虽然简陋，但对师生们来说，已经够"安居乐业"了。

这年冬天公社派来校长刘生茂，柱濮高中从此独立了。因为只有一间教室，教师又不足，第一届学生毕业后，才又招第二届一个班50名新生。学校劳动多、上课少。为了办学经费，师生要外出打工。公社及生产队的突击任务，义务支农也不能怠慢。柱濮公社修建后河水库，公社领导分派高中师生支援一星期。高隆祖老师带班建水库，师生都自带干粮上工地，抬土筐，拉土车，一天干到黑，师生累得就像散了架似的，终于干完一周了。公社领导决定：高中师生再干一周。高老师向公社主任请示说，学生要回家取干粮、洗衣服，请假一天。公社主任却不准假。高老师说，"公社又不管饭，学生不回家取干粮怎能上工？"公社主任说："工程要紧，不能准假。"高老师与公社主任争辩起来。公社书记听到争吵，也来了。书记问："你叫什么名字？"答"我叫高隆祖。"问："你为什么不服从公社领导？"答："我不是不服从，是不能服从。"书记说："不服从公社领导，就是反对党的领导！"高老师说："你把我定成反革命，我也得让学生有了饭吃，才上工"高老师硬是让学生回家一天。这件事就此不了了之。1973年12月县革委决定，柱濮高中合并到兑镇中学。

柱濮高中共毕业学生90名。据不完全统计，其优秀学子：（1名）

冯俊年：曾任孝义市副市长、市人大副主任

7.西泉高中

1970年秋天，西泉公社派张华德、周世宏二位教师去西泉贾沟创办高中。贾沟里原有一处农家小庄园,共有15孔窑洞,一块打麦场。是原西泉农中的校址。周世宏管后勤,张华德只能教语文,半年来一筹莫展。

1971年正月,公社派来校长韩金亮。韩校长又调来数学教师郭崇秀、语文教师李仁拴、理化教师张立树,立即招生两个班100名学生。这年秋天又调来语文教师马永贵以及范治良、武有文、杜昌明等教师,还有会计张世新。

学生在窑洞上课,在窑洞住宿。教师在窑洞办公。在窑洞住宿办公还可以,窑洞作教室则不行。采光不亮,通风不畅,出入拥挤,多方不便。必须建造适合教学的教室。

学校没经费,全靠师生一双手:自力更生,艰苦奋斗。于是学校办起砖厂,石灰窑。学生和泥、制砖、入窑、出窑。下河滩、搬石头拉炭烧石灰。青砖、石灰都备现成,又请来木泥工师傅,学生轮流当小工,半年内建成了两栋教室,师生搬进教室上课了。

1972年春,又新招一个班50名学生,再备料,再建校又开工了。

语文教师马永贵兼任班主任工作。他还带学生到十里外的凤凰岭开荒种地,斩沙棘,修梯田,种谷子、莜麦、山药蛋十来亩。美其名曰"学农"。他还带学生下河滩烧石灰,在寒风凛冽的大冬天搬石头。还带学生打石子、上孝午公路铺路面,美其名曰"学工"。另外,公社还时不时地派他们支农劳动。

"学农""学工""支农"是全校师生的家常饭。

韩校长提出:艰苦奋斗建校,脚踏实地办学。他说,建校是为了更好地办学。学生以学为主。我们办的是高中,如果培养不成合格的高中生,至少要培养成合格的初中生。所以必须把初中的知识缺漏先补起来，打好基础，再提高。在他主持下，各科教师都重视基础知识和基本技能。语文教师马永贵发现新生连最简单的条据、书信都不会写，他就从字、词、句抓起，扎扎实实提高教学质量。

在大搞阶级斗争、狠批智育第一的大气候中，西泉高中能认认真真抓好教学，实在是难能可贵的。

西泉高中毕业150名学生，据不完全统计，其优秀学子有：（9名）

韩明瑞：吕梁市人大副主任（副厅级）

杜来拴：长治市公安局副局长（正处级）

李有京：四川商务学院后勤处长（正处级）

张茂维：吕梁市食品药品监督管理局局长（正处级）

马向高：山西煤炭地质局后勤处长（正处级）

沈济州：忻州市疾控中心教授

张爱芝：太原市气象局高级工程师

李有梅：太原市机械局高级工程师

郭世华：山西电力公司教育处处长（正处级）

8.南阳高中

1970年9月，县里派赵焕志、温守德、程应昌三位教师到南阳公社创办高中。他们先推选出一位领导——温守德，接着找到公社书记。书记说"给你们200元人民币，你们办去吧"。他们找到公社会计，会计说"账上一元也没有"。他们又请示书记。书记说"那就到供销社借吧。"他们从供销社借了200元，又请示公社书记，在哪儿办学？书记说"你们就去相王七年制学校"。他们去到相王学校，原来这是一座古庙。七年制学校腾出一个戏台，可作教室；又让出两孔窑洞，教师办公兼宿舍一孔、库房占一孔。各大队推荐来52名学生，学生没宿舍，就入户寄宿；没课桌凳，就向农户借；不够用，就向各村小学凑。公社还给了两支旧床，两支办公桌。高中就开学了。

开学要开支。200元仅能买到教材。经费没着落。三位老师带学生到大石头林场搬运木料，运一根能挣一角。教师能挑8根，男生能扛5根，女生能扛3根。从学校到林场35里路，来回70里。路上饿了吃干粮，但是没水喝。头一天只挣到25元1角钱。第二天程应昌老师借来一辆牛车，他一人驾辕前面拉着，两个学生后面推着，效率大大提高，第二天就挣到40元。第三天又增加了"牛车"，一周下来挣到300元。还了借的200元，还有剩余。又干了几周，挣钱不少，买来锅灶厨具、文具纸张，学校能开课了。由于师资不足，只开了政治、语文、数学、物理、化学五门课。

相王大队大力支持高中，高中烧炭可以免费供应。

1971年春，师生带书本到林场植树，同时在大石头村开荒50亩，种了谷子、南瓜、豆角、山药蛋。同学们半个月回家带一次干粮、边劳动、边上课，一连50天。收获的粮食、蔬菜补助了师生的生活，打工挣钱又积累了学校的经费，还给学生分得25%，作为助学金。第二次上山劳动，每人发给一套劳动服、一双球鞋。

1973年初又招第二届一个班50名学生。1973年12月县革委决定，南阳高中合并到下堡中学。

南阳高中共毕业100多名学生。（优秀学子暂无统计）

9.杜村高中

1970年9月程厚斌、林承龙、郭治邦三位教师去杜村公社办高中。公社领导让他们到杜村七年制学校办学。他们找到七年制学校，是在一座小庙。他们搬倒泥胎塑像，改造成一间教室，还有两间小房，就开始招生。原七年制学校变成九年制学校，原校长温学奎还是九年制学校的校长。

当年10月招到学生一个班50人。人到齐就开课。程厚斌教数学、英语、体育、音乐，还兼任学校青年团支部书记、公社团委委员。林承龙教语文，郭治邦教物理、化学。

1972年又招一个班50名学生。教师增加了两人，王永吉教语文，田锡光当班主任。

教学工作没什么要求，劳动倒是寻常事。学校要搞勤工俭学，师生轮流劳动。学校种地十来亩。种蔬菜三四亩，种山药蛋五六亩。夏天拾麦子，秋天拾核桃。收入补助师生生活。农忙时还要支援各生产队农业劳动。

1973年12月，县革委决定，杜村高中合并到下堡高中。

学校共毕业高中学生100多名。（优秀学子暂无统计）

以上9座高中（杜村是九年制学校），只办了三年。1973年12月，由于师资、经费、校舍、设备等严重不足，孝义县革命委员会做出决定：城关高中、司马高中、大孝堡高中、梧桐高中、下栅高中合并到孝义中学，孝义中学复校；柱濮高中、驿马高中、西泉高中合并到兑镇中学；南阳高中、杜村高中合并到下堡中学；东许高中、白壁关高中不作调整。县革委要求，合并后的高中于1974年3月正式开学。

（三）十年头上看

前面已指出，真正的社办高中全县12座。其中办了三年就合并了9座。剩余的3座又是什么状况？

10.下堡高中

1970年9月，原胡家窑初中校长田春雨带领数学教师范开坚、语文教师李国有和武永健、外语教师周秉义、物理教师傅继闵到下堡公社创办高级中学校。公社决定暂借下堡医院一幢楼房，开出四间教室，6间小房为高中使用。

10月，各大队推荐来150多名学生，全部招收编为3个排，用军队建制，并马上开课：政治、语文、数学、物理、化学。其余因师资不足，暂不能开。但学校没经费，学校承包了县外贸局的拣桃仁任务，教室变车间，学生变工人，课是停下来了。每天从早上8点钟上工，拣到天黑。一连三个月，偶尔上点课，这个冬天，周秉义调走，武守祯老师接替他的班主任。

1971年春天，李景义老师调来了。师生们在河滩里又垫了30亩土地，种上玉米、蔬菜。同时为了扩建校舍，开了砖窑，雇工挖砖，烧窑。装窑、出砖全是学生。学校还开了石灰窑烧石灰，学生也是主力。

1971年秋天，新建了一排6孔窑洞。刚刚圈起，学生上窑顶垫土，不料突然一孔接一孔垮塌。窑顶那个学生正在最南边头上的一孔顶上倒土，发现险情，立即北逃。他跑得快，窑塌得也快；他跑一孔，窑塌一孔。最后，他跑完第六孔，安全下来了。窑也都垮了。

但是，校长田春雨和一个同学被埋在下面，所幸的是，那个学生有惊无险，只受了惊吓，而无受伤。校长也只是皮肉轻伤，住院几天就痊愈出院。

1972年春天学校又招第二届学生一个排56名学生。这届招生是学校先考核招收28名，公社又推荐来28名，学校只好"笑纳"全收。

1974年初，南阳、杜村、下堡三座高中合并。后勤来了赵应伟主管。教师新增了语文教师赵焕志、任玉琰、田清诚，物理教师程应昌，政治教师赵廷汉。这届招生是让被推荐的学生劳动一会儿，写篇批林批孔的文章。就在这一年年初，下堡高中又迁到原下堡初中，即胡家窑初中的旧址上。是年，贫下中农代表杜村人老温进驻下堡中学，1975年离校回村。

学校迁到胡家窑初中，原有教室4间已够用。原有窑洞15孔，还要新建30孔，教师办公、学生住宿，才能全部解决。为了建校，学校又开砖场、石灰窑。学校开了瓷窑、南头村又种沟地50亩，办了农场。学生一周一周轮流学农，种了玉米、山药蛋。挑粪、收割、运输，就靠全体师生。

1976年田春雨调走，赵发正继任校长。

劳动太多了，还要支农。公社派学校师生去生产队劳动，随叫随到。有一次在某村劳动时，带队老师提了个意见，被公社一位干部揪住不放，硬要举行"批斗会"。多亏在场的其他老师一起求情，才幸免于难。

直到1980年8月，县教育局决定下堡高中停止招收高中生。十年间共招高中21个班，毕业1200多名学生。其优秀学子，据不完全统计共16人：

赵锡茂：铁12局党委书记

郭如卿（已故）：曾任吕梁市副秘书长

焦张生：孝义市人大主任

王尚文：运城公安处副处长

陈显珠：72局车辆厂厂长（正处级）

温桂花：孝义市政协副主席

李咸华：汾西矿集团副总裁

田雨河：孝义市中医院主任医师

赵富彪：孝义市七中校长、中学高级教师

陈明华：山西农大校长助理（副处级）

程玉海：孝义市中学高级教师

张铁虎：孝义市羊羔酒厂董事长

赵广福：孝义市中学高级教师

王守珍：孝义市中学高级教师

赵明旺：孝义市中学高级教师

田兴汉：孝义市中学高级教师

11.东许高中

1970年9月，原兑镇联校校长杨春森带领原孝义中学语文教师孙映庚、罗荣智，数学教师江素芬，物理教师张应忠，原兑镇中学音体教师武庚文，职工王秉文去东许公社创办高中。

东许公社领导决定学校办到东许村，责成东许大队长任根生协助筹办。任根生建议先暂驻本村七年制学校，并改造两间教室，准备开学。10月15日，从本公社各大队推荐的学生中录取170名，分作两大班，准备开课。学生住宿分散到农户。教师不足，又聘来赋闲在家的高校毕业生吴建栋教化学。同时又聘了孝义中学高中毕业生王明教语文。此时，语文、政治、数学、物理、化学、音乐、体育全开了。

学校没经费，立即组织师生到四七六处打工赚钱。为了兼顾教学，学校把学生分作三个班，轮流上课、做工。当年经费得到解决。

为建校舍，1971年春天，学校开办砖场，还在宜兴、东许等大队支援的105亩土地上开辟了农场。公社各大队都来支援高中建校，调来20辆皮车运炭，抽出木工、泥工、杂工9人，直接参与学校的砖场、农场以及建校工程。当年生产青砖15万块；建起学生宿舍窑洞15孔，厕所一个；生产粮食18000余斤，蔬菜45000余斤，供师生劳动补助。打工收入8000余元，购置课桌凳100套，还有单人床、乐器等。

1972年春，又招一个班90人，新增语文教师马启书、数学教师郭芝兰。

全校四个班，每班10付砖斗子，每斗子日产砖坯1000块，每班日产10000块。每个班里有20人备土、拉水、和泥，20人挖坯、跑斗子。砖场的学生从天亮到掌灯，一天下来，骨头都散架了。运砖的小平车，满装200块，一个强劳力男生拉车，搭配两个弱劳力推车，重量超过千斤，3个人都很吃力。汗水从头淌到脚，而肚子里补充的是米汤、菜汤、窝窝头。

这一年，生产青砖24万块，建起四座教室，还有灶房、库房、教师用房7间、30立方米水塔一个，平整出200米跑道的操场一个。这一年，劳动建校基本完成（附照片①）。打工收入13000余元，师生劳动吃饭免费。

照片①：1971年东许高中首届师生双手创建的第一排宿舍落成留念。

学校成立了毛泽东思想宣传队，农业科研组、体育队。

　　1973年初，招生范围扩大。除东许公社外还招自驿马、下栅公社；还招了柱濮公社的上下智峪，兑镇公社的令狐、梁家原、南营、新民、产树原、白壁关河南片、梧桐前营片、前后营、曹村、仁坊等地的学生。学校又增加了教师，有英语教师高汝崇，生物教师刘盛隆、王启福，自聘化学教师李端芳。

　　为解决校舍问题、经费问题，全体师生轮流外出打工，校内支土工，还有公社、各生产队安排的义务支农，师生每年劳动四个月，上课只在断断续续的八个月期间。从1971年到1976年生产青砖110万块，片瓦2万余块。建成校舍窑洞38孔、教室5座，还有办公室、节目排练室、灶房、库房、茶炉房、舞台、门卫室、马厩、车库、水塔等多种生活用房（附照片②）.农场产粮15万余斤，蔬菜50万余斤，植树1300余株。历年购置课桌凳250套，单人床以及体育器材、乐器等齐全。还有小马车三套，后来换成拖拉机一台，最后以4吨汽车一辆代替。

照片②：1974年建校与绿化初具规模落成摄影留念。

从左至右：任彪军、校长杨春森、武庚文、许小强

1974年，吕梁地区流动现场会上，地区教育局号召全区学东许高中自力更生办学校的精神。1977年以自力更生建校的先进典型，制作成模型，参加山西省教育展览。1977年出席了"山西省教育学大寨先进代表会议"。

1975年春，贫下中农代表马贵荣（河底人）进驻学校。1976年底离校回村。

1980年8月孝义县人民政府指示，东许高中不再招高中班，从此开始招收初中班。自此，东许高中共招生九届21个高中班，毕业学生1200名。据不完全统计，其优秀学子如下：

①在大专院校任教者7人

樊贵盛：太原工大博士生导师

赵述禹：太原科研所教授

郭荣卿：山西农大教授，现在美国。

田兴兰：山西财大副教授

高建峰：山西气象研究所研究员。

任跃峰：山西教育学院教授

张建国：北方工业大学教授、院长

②副处级以上职务者8人

邵富贵：孝义市副市长，人大副主任

傅一清：沁县副县长

郭守成：煤钢联集团总经理（正处级）

李亚平：汾酒集团北方厂工会主席（副处级）

郭江沛：汾西矿务局中兴煤矿书记（正处级）

续孝生：吕梁工行副行长

庞明虎：国家经贸部副处长

侯登虎：孝义市市长助理

③取得高级职称者22人

宋桂梅：孝义市急诊中心主任医师

许小强：孝义六中化学高级教师

武桂莲：孝义中学高级教师

李麦香：济南煤炭设计院副总工程师

李学政：孝义市天相中学语文高级教师

于耀生：孝义市六中物理高级教师

杨俊文：山西省第四建筑工程公司副总工程师

李世杰：临汾铁路局副总工程师

穆小琴：孝义市人民医院副主任护理师

许守川：孝义六中语文高级教师

杨万寿：孝义驿马初中高级教师

景亚泉：孝义中学数学高级教师

王利萍：孝义人民医院副主任护理师

李双英：孝义人民医院主任护理师

栗成栋：孝义市物理高级教师

栗瑞嫒：孝义职中语文高级教师

赵述梅：孝义六中数学高级教师

薛铁莲：孝义七中数学高级教师

杨元龙：孝义职中高级教师

张怀明：孝义中学化学高级教师

李兆根：孝义六中语文高级教师

王美香：孝义七中化学高级教师

④企业家4人

褚永辉：孝义辉宏房地产老总

温志忠：孝义金石集团老总

邵成贵：孝义金玺焦化集团老总

梁广辉：孝义恒山焦化集团老总

以上共41人。

12.白壁关高中

1970年9月，原孝义中学教导副主任杜汀鹤率领同事数学教师武济恒、物理教师程学正、化学教师梁国威以及俄语系毕业的大学生霍鹤年，一行5人到白壁关公社创建高中。公社要他们到善吉村原公社机修厂废址的两排机房里迁就开学。于是他们边维修边招生。10月中旬，旧机房改造成临时教室、两个班140名高中生也招齐了，立即开学上课。教室里只有一块黑板，学生自带小板凳上课。两教室中间过往行人议论着"这是高中课堂？倒像农村幼儿园"。师生们听到议论，心里不是滋味。作为校长的杜汀鹤却坦然面对。他开导大家："学校的好坏不在校舍门面，而在培养出来的人才质量。请大家相信我们的教师，一定会培养出德、智、体全面发展的优秀人才……"听了校长激情洋溢的讲话，教师们精气神十足，学生们脸上浮起了笑容。物理教师程学正兼代英语课，还为白壁关联校初中物理教师承办每周一次的义务培训；化学教师梁国威除兼班主任外还兼任学校团支部书记；数学教师武济恒除兼班主任外还兼毛泽东思想宣传队手风琴伴奏；语文教师霍鹤年除上两班语文课，还兼学生乒乓球队教练；校长杜汀鹤兼任政治课、革命文艺课（音乐、美术）。体育课既无场地又缺教师，两位班主任又兼代本班体育课。每天清早带领学生在村边公路上长跑20分钟，体育课也在公路上开展（那时孝义公路都是土路，一天也见不到一辆汽车）。

开学伊始，第一项决定是每年评选一次三好学生，名额为学生总数的10%，奖品只有一幅学校自制的白纸油印奖状。

善吉村的临时高中只有两间教室、4小间办公用房。公社支援了总务、事务、炊事员3人占一小间，灶房占一小间，教师合用一小间办公，还剩一小间为远路的女生住宿。其他师生分散在善吉村、白壁关农家住宿。

学校没有经费，师生轮班下河滩打石子、到七二五厂当小工。课程轮流上。打工挣的钱除了开销后勤三员的生活补贴外，剩余的为学校积累资金、准备建校。学生书费、学费全免。

校长把学校的现状及长远打算向公社书记赵孟岚当面汇报，赵书记赞同并全力支持。当下两人脚踏自行车沿村北公路上下飞车20里，找到一处最佳校址——白壁关村北两座早已废弃的车马大店。赵书记说："这是一千多年前尉迟恭镇守过的一块风水宝地，你们就在这里发展吧。"他还说，"公社没钱，但有29个生产大队，两万多人口。人力物力尽可能支援"。并且决定，明年开春动工。

得到公社书记的赞同和支持，学校师生欢欣鼓舞，大家都想尽快搬进崭新的校舍。学生中有一位高阳矿职工子女，她父亲是高阳矿的胡工程师。胡工听女儿说高中要建新校，就主动找上门来，义务为新校设计图纸，学校热烈欢迎。从此，他每天下班后来到新校址测量、规划，一个冬天的业余时间，绘制成蓝图。

1971年春天，县里派来了后勤主管马德让，公社撤走了先前的总务员。建校工程开工了，由老马负责。校长要求："教劳结合，安全第一，学工学农，以学为主。"在漫长的勤工俭学、建校劳动中，学校始终坚持了这16字原则。

建校开工的第一大任务是削平两店之间的两座土梁。东西两店中间有一"圪钻"，"圪钻"与两店间又隔着高6米、厚8米，长50米的两条土梁。近5000立方的土梁要搬倒，大"圪钻"要垫平，两个东西店的坑洼要平整，靠师生动手，全天劳动也得两个月，既费时间，又不安全。为了抢时间、保安全，师生到七二五厂当小工挣钱，又请来七二五厂的推土机推梁。三天的时间就推平土梁、夯实校园；结算时，却分文不取，倒成了"友谊支援"。

场地平整了，开始圈窑洞、建校舍。公社号召各大队支援：有砖场的送青砖，烧石灰的送白灰，有木工、泥工师傅的派来木工、泥工师傅。生产队记工分，学校师生轮流支土工。从春到夏三个月便圈好了坐北向南的一排19孔窑洞，秋天又用两个多月建起了两栋"标准化"教室——都是严格按照设计图纸施工的。

建校工程只买过1.5立方米木材。其所需木料大多是与高阳矿、四七六处、贾壁化肥厂等企业以招生换取的"支援"。学校有了运动场，高阳矿赠送了一副篮球架（照片③）；校门建成了，贾壁化肥厂送来了废钢管焊成的栅栏门（照片④），都是分文不取的"支援"。

照片③：学校有了运动场，高阳矿赠了一副篮球架。

照片④：校门建成了，贾壁化肥厂送来了废钢管焊成的栅栏门。

1971年冬季到来之前，全体师生高高兴兴地迁进新校。白壁关高中挂牌亮相了，只用了一年多的时间。

1972年初，新招第二届一个班60名学生。程学正老师调走，陈政老师继任物理教学。又调来语文教师梁希文、数学教师卢厚铭。卢厚铭兼任排球队教练。缺英语教师，又请来赋闲在家的原孝中外语教师单林源。缺体育教师，又从高阳矿聘来原孝中体育老师郭有德为体育兼宣传队艺术编导老师。

这一年，建校劳动还在继续。又建了两栋教室，在运动场东西两边分别圈了一排窑洞。至此学校有了足够的教学用房、师生宿舍、办公室、厨房、库房、水房、茶炉房。一座双轨制高中初具模样。

从1972年开始，学校在校园空地开辟了菜园，在"教场岭"种地10亩。学农劳动按时令进行；下河滩打石子、上公路铺砂轮班出工；建校已基本结束；支农劳动随叫随到。还是这一年，由高阳镇离休老干部范文、崇源头离休老干部岳正东、留义村老贫农任德耀组成的贫管会参与学校的管理。（后来，于1976年又增加下吐京张兴茂、崇源头陈孝忠两名。张、陈二位还进驻学校。两年后撤离学校。）

劳动相对减少，教学工作加强了。各科教学要求理论联系实际，课堂强调动手动脑，作业注重调查研究、实践第一。语文教师带领学生写调查报告，结合字、词、句与谋篇布局的技能训练；数学教师带领学生测量水渠高程、丈量土地，结合函数、概率的应用；物理教师带领学生运用电学知识到各生产队维修电机、广播喇叭；化学老师把基础知识油印成册发给学生、手把手教学生操作实验，到贾壁化肥厂参观碳铵生产原理及流程，到高阳矿配电室参观矿灯装配液及稀硫酸的配制。数、理、化各科教师制作了多种教具。梁国威老师自制的化学分子模型，参加了吕梁教具展览，后又被选送山西省教具展览。

老师们的心血没有白费。1972年秋天，孝义县教革组举行全县高中唯一一次会考，由教革组命题、各校交叉监考。阅卷结束，白壁关高中的各科成绩较好。并且有高二学生辛改娥理化100分，获全县单科第一名。

从1971年秋季开辟出运动场起，学校开展了各项体育运动，组织了篮球队、排球队、乒乓球队、田径队。1973年的孝义县中学生运动会上，白壁关高中篮球队获亚军、排球队获冠军、乒乓球队男女都获奖。田径比赛，刘志伟同学获高中组男子5000米第一，张志香同学获高中组女子3000米第一，赵象英同学获高中组女子200米第一。

从1971年起，学校组建了毛泽东思想宣传队。1973年11月孝义县中学生文艺调演，白壁关高中宣传队获两项大奖："繁荣文艺创作"奖与"为工农兵歌唱"奖（照片⑤）。

照片⑤：1973年白壁关高中参加中学生文艺调演留念。二排左二：数学教师兼伴奏武济恒；左三：校长杜汀鹤兼文艺课教师；左四：体育教师兼编导郭有德。其余都是学生。

1974年初，县文教办公室召开教育工作会议，县领导要白壁关高中介绍办学经验，校长杜汀鹤作了《真心实意团结教师，同心同德共创辉煌》的汇报，又交了油印材料。主持会议的领导任希圣说："很好，独树一帜。"

这年春季，县里派来了教导主任闫振华、物理教师乔兆田、语文教师高立、黄秀容。随后两年又调来数学教师郭思敬、薛汝珍，还聘来语文教师郭伯羽、事务长闫隆凯。随后又调来语文教师马陆生、史铁山。

1978年春，第二届学生闫承华参加孝义县高中生数学竞赛以97分成绩得第一名，她还参加了物理竞赛，得第二名。

1978年高考结束，吕梁地委文教部副部长刘辉汉及行署教育局有关领导来白壁关高中召开现场会。刘部长讲话"白壁关高中一个学校的达线人数超过中阳县一个县的，升学率在吕梁是第一"。他带来一台黑白大电视作为奖品。

1980年8月县教育局指示，白壁关高中暂停招收高中班。从1981年秋天改招师范班。至此白壁关高中共招九届21个高中班，毕业学生1200余名。

据不完全统计，其优秀学子65名：

1.正研究员、教授、副教授（12名）

靳桂连：核工业部第七研究院正研究员、高级工程师

郑邦山：安阳师院党委书记清华硕士研究生、教授

梁孝平：化二建副总经理、硕士研究生、教授、高级工程师

师亚玲：吕梁市动物卫生监督所所长、教授级研究员

宋儒英：太原师院数学系主任、教授

李晓梅：留美博士，现在加拿大环境中心研究院研究员

闫承华：太原理工大学、纺织工程学院副教授、教研室主任

褚秋霞：山西旅游职业学院副教授

张黎明：天津科技大学生物工程学院副教授

石明卫：西安邮电学院副教授

王云平：山西农大副教授

李玉旺：山西煤炭职业技术学院教务主任、副教授

2.高级工程师、高级农艺师、高级会计师（8名）

张生益：煤炭工业部太原设计院高级工程师

文学良：山西电力勘测设计院高级工程师

李积善：太钢热电厂副厂长、高级工程师

王号志：山西煤炭工业局处长、高级工程师

任岱军：太钢高级工程师

张继红：山西华宁集团财务总监高级会计师

武翠娥：孝义市农技中心技术站站长、高级农艺师

任玉珍：吕梁市科委助理研究员（副高级职称）

3.解放军师、团级军人（5名）

相建忠：北京军区硕士研究生、正师级、高级工程师

武孝平：总参谋部硕士研究生、副师级政委

刘利平：大同预备役一区第一团团长

金生龙：解放军北海舰队某部正团职

魏耀生：解放军正团职复转地方曾任孝义市食品药品局局长

4.行政正副处级干部（11名）

郭庆魁：核工业部第七研究院党委副书记、高级政工师

钮建华：中国工商银行山西省分行营业部副处长

田清震：吕梁市农业局副局长

刘建萍：太原市教育局党委书记

武济顺：太原市农业局执法队队长（副处级）

李殿生：孝义市委常委、副市长

刘旺珠：孝义市人大副主任

闫祥爵：孝义市人大副主任

孟林生：孝义市人大副主任

闫承光：吕梁烟草专卖局副总经理

张泽田：孝义市人民政府市长助理（正处级）

5.医务高级职称（9名）

马秉灵：汾阳医院胸外科主任、主任医师

王清坚：孝义市人民医院主任医师

薛爱芳：阳泉市第三人民医院主任医师

武维波：孝义市人民医院骨科主任、副主任医师

陈云岗：孝义市公安局刑警大队法医室主任、副主任医师

郑香红：孝义市人民医院副主任护理师

褚秋红：孝义市人民医院副主任护理师

宋旭霞：北京市第三人民医院副主任医师

郭丽萍：孝义市人民医院副主任医师

6.中学高级教师（16名）

韩仁兰：古交市职中高级教师

靳秀芳：西山矿务局中学高级教师

闫元英：河南洛阳市中学高级教师

任希贤：孝义市四中高级教师

张守山：孝义中学高级教师

高昌伟：孝义中学高级教师

靳 慧：孝义二中高级教师

杜玉琪：孝义四中高级教师

原玉勇：孝义中学高级教师

薛铁莲：孝义七中高级教师

王 宣：孝义市职中高级教师

辛改娥：孝义市中学高级教师

郑治娥：孝义十中高级教师

王妙兰：高阳初中高级教师

闫改玲：高阳初中高级教师

李彩琴：孝义市小学特级教师

7.艺术家、企业家（4名）

王变兰：民间艺术家，1986年全国民间音乐舞蹈大奖获中华人民共和国文化部、中国广播电影电视部舞蹈表演三等奖，1989年全国首届民间艺术节获特等奖。她创作的短篇小说《这路·这桥·这人》获全国"长征杯"文学大赛二等奖。他创作的小品、辅导的民舞、撰写的论文多次获奖。现任孝义市人大信访室主任、吕梁戏剧协会理事。

任晓军：山西方兴矿业有限公司董事长（民营）

乔俊玲：银云商场董事长（民营）

褚永晖：辉宏楼业房地产开发公司总经理（民营）

（四）"白中"更名时

1975年，孝义县人民政府成立，孝义县革命委员会同时被撤销。1978年在各项工作的拨乱反正中，孝义县人民政府针对中学教育的盲目发展，学校经费的严重匮乏，任课教师的逐级拔高，课程开设的不全，教学秩序的失范等一系列问题，着手改革整顿。县教育局做出对中学布点的重新安排：保留孝义中学、兑镇中学、白壁关中学（即白壁关高中）、城关中学。1985年《中共中央关于教育体制改革的决定》出台后，根据中央文件精神，孝义县教育局对高中又加改制：孝义中学、兑镇中学、白壁关中学、新城初中为县直中学。直到2004年，白壁关中学35周岁时，孝义市人民政府，决定白壁中学更名为"孝义市第五中学校"。次年，孝义市第五中学又迁校于城区。

从1970年10月白壁关高中在善吉村诞生到2004年更名为孝义市第五中学的35年间，薪火相传已经历了四任校长：首任校长杜汀鹤（任期于1970—1976年），二任校长成鼎山（任期于1976—1984年），三任校长范开江（任期于1984—1996年，在成、范任期间有副校长兼总务主任梁清文），四任校长任安华（任期于1996年至今）。教职员工换了一茬又一茬，前后百多名。四位校长和百多名教职员工，人人都洒过汗水，付出心血。但值得大书一笔的当是第四任校长任安华。

1996年6月传闻白壁关中学将被撤销。调离白中已20年之久的原首任校长杜汀鹤坐卧不安，立即走访教育局，晋谒市领导，并呈上建议书："针对我市'办起二中'，垮了两中（兑中、白中）的现状，建议打破我市高中的单一模式，把兑中、白中办成特色高中。比如白中可办成音、体、美特色高中，每年招音、体、美特长班各一个，三年后毕业，除送30名（或许更多）音、体、美大学生外，其余有一技之长的特色人才，可为当地各行各业服务……"市委副书记侯庚扬收阅后，立即批示："思路很好，请教育局研究执行。"

当年7月初，市教育局派血气方刚的年轻校长任安华走马上任。摆在任校长面前的是三大困难：

其一，学生招不齐，生源严重不足。1995年招生出现空白，学校只有1994年招收的两个高中班，学生只有70余名。1996年勉强招到一个班，仅38名学生。无奈之下，又招收了两个小学教师培训班，作为高中办学的过渡。

其二，教师留不住，师资严重短缺。1995—1996年两年流入孝中、二中的教师共有30余名。1996年全校5个班（3个高中班，2个师训班）中，仅有带课教师14名，特别是主科教师缺位，数学、英语几乎空白。

其三，经济转不动，财源严重匮乏。学校年久失修，必要的修缮、改造费用支出很大。如拆除学生宿舍土炕、换钢床、改土炉煤泥供暖为暖气锅炉供暖，仅此两项支出就高达30余万元，但学校当时仅有4万多元的运转费用。

任校长立即组织新班子，书记、校长任安华、副书记兼政教主任张鸿鹏、教研主任郝文祥、教导主任杜光亮、工会主席张世顺、后勤主任刘银喜，群策群力，迎难而上。经过深入细致的调查研究，新班子使出四大招数攻坚克难——

一是大手术，校园整容。1996年暑期高一招生，有一位家长进学生宿舍看到土炕铺席子、土炉堆煤泥，随口甩下一句话"这是猪圈"转身带学生离去。从这一刻起，新班子痛下决心，在经费十分拮据的情况下，带领师生自己动手，改变环境，为校园整容：拆土炕、换钢床、安锅炉供暖；粉刷门面、硬化甬道、植树种草、育苗栽花。两年的努力，义务投工3000个，建成了全市具有特色的花园式示范单位。市政府组织十大口领导，"花园式单位创建现场观摩会"在白中召开。随后教育局又组织各教办、市直各学校在白中召开"创建花园式学校推进会"，受到与会者一致好评。（照片⑥）

照片⑥：白中新建的教学大楼及"花园式单位"一角。

二是走三晋，到处求师。1996年秋季，新生入学之前，校领导新班子，倾巢而出，大请名师。任校长光去介休就跑了11趟，最后终于聘到了董书麟、尉全福两位数学教师。苍天不负有心人，一个暑假共招到中学高级教师12名、特级教师1名。

三是动真格，整顿校风。学校风气不正，关键在教风。两年已调走30多名教师，剩下的也不稳定。一部分不择手段闹调动：有的抱着吃奶小孩携全家赖在校长家不走；有的令丈夫撒酒疯砸了校长办公室门窗玻璃；有的扔下班主任工作和所教课程，不念刚刚入党、评模而带着夫人"私奔"（进了孝中）。另一部分拉帮结伙与新领导对着干。新领导革故鼎新，要让学校重新崛起，他们却唯恐学校步入正轨而打破自己优哉游哉的美梦。校会，他们故意不参加，甚至1996年教师节受县表彰的5名模范进城开会却结伙逛街，让校长一人尴尬地代表他们领奖。还是这一年，元旦假日休息期间，学校请来孝中老师为学生补课，但个别教师请学生喝酒，唆使学生拉开教室桌凳，拒绝补课，而闹联欢。凡此种种，不一而足，以任安华校长为首的新领导班子在歪风邪气已成"黑云压城"之时没有退缩，而是选择了挺进。他们用教师职业道德的八条来规范，又用学校制订的岗位责任制来衡量，让教师们对号入座，最后理直气壮地失聘了5名教师，一举扭转了混乱的局面。

四是出奇招，缓解经费。当时，白中的社会声誉极低，学生招不齐，财源也受其严重制约，极度匮乏，开支捉襟见肘，经济充满危机。在此状况下，学校采取了开源节流的特殊措施。在开源方面：一是依据当时农村学校普遍师资短缺的实际，1996—1997年连续办了两届师训班，收取了20余万培训费，一定程度上缓解了办学的经费不足。二是努力工作，用实绩争取上级领导的支持。如1999年全校师生动手打制六角块，硬化了全校的路面，其精神感动了财政局、教育局的领导。财政局通过评估补拨款18万元，教育局又从学校修缮费中分拨了1万元。在节流方面，办了两件事：一是安装了暖气，解决了土炉取暖耗能耗资的问题，二是改造了全校老化的电路，安装了变台，解决了路耗过大、开支过高以及安全隐患的问题。

以任安华为首的新领导班子，从1996年7月临危受命，到2004年学校更名，这九个年头，既是艰辛跋涉、奋力拼搏的九年，也是播种希望、收获超越的九年。2000年被市教育局评为"德育示范校"，被市委、市政府评为"花园式示范单位"，2002年被市委、市政府授予"责任制考核综合优秀奖"，2003年被吕梁地区评为"地级文明校"，2010年被吕梁地区教育局授予"普通高中办学质量三等奖"，连续11年被市局授予"高考成绩显著奖"。校长任安华被评为吕梁劳动模范、吕梁名师……

"白中"起死回生，步入辉煌。任安华校长功不可没。

（五）疑窦轻松释

社办高中的概况，如前所述。如果你从头读完之后，不禁要问：1.为什么要社社办高中？2.社办高中才三年，就合并了9座，为什么？3.十年头上，所剩3座社办高中都停招高中班，其中白壁关高中停而复招以至保留下来改名"孝义市第五中学"，又是为什么？

带着这些问题，我访问了曾供职于县文教办公室、县教育局，德高望重的耄耋老人靳云焕老师。

关于1，靳老说，当初县革委决定社社办高中时，他正在下堡下乡。当他接到通知，要他主持文教办并得知社社办高中时，也不理解，当即询问了县革委主任刘克诚。刘说"一个人就可以办一座高中，两个教师还有啥问题？"靳老看到已是铁板钉钉，无法移动，况且分赴各公社的教师已经上任。后来他了解到县革委的决定出台，有两方面的原因：主观原因是根据"学制要缩短，教育要革命"的上级指示，全县小学已改为五年制、初中已改为二年制，许多生产队已办起了"七年一贯制"学校，随之而来的自然是普及高中教育。客观原因是，1970年，孝义中学的校舍被驻军4785部队占为营盘。孝义中学要复学招生，当时确实没条件。主客观两个因素的结合，促成了"社社办高中"的应运而生。

关于2，靳老说，社办高中才三年就合并9座，也是形势发展的结果。三年的实践，困难重重。有的高中办在小庙，有的寄办在七年制学校，还有在弃置的公社企事业废址上。另有一些高中自力更生自建学校，精神可佳，但不规范，问题也不少。特别是教师素质难以适应。当时，中小学师资早已出现断层。大学、中师都停招几年了。后来靠推荐招生，质量难保。孝义县一下办起14座高中，急需大批教师，只能从初中拨高，还不够用，再从小学里挑。其结果是高中、初中、小学，层层都不合格。

再者，1973年底，解放军4785部队撤走了，孝义中学有条件复校了。

鉴于形势的发展、办学实践的要求，县革委发出了《关于调整全县高中布局的通知》，于是有9座高中合并。

关于3，靳老说，1980年8月他在县教育局供职。新生的孝义县人民政府，针对中学脱离实际盲目发展、教师逐级拨高、课程开不全、办学不规范等一系列问题，对中学布点作了安排。保留孝义中学、兑镇中学、城关中学、白壁关中学（即白壁关高中）。规定白壁关中学主办师范班、暂不招高中班；东许中学、下堡中学现有在校高中生坚持学习到毕业。本年开始招收初中学生。此后两年，县人民政府本着小学基本巩固，初中适当缩减，高中相对集中的原则，调整为高中只有孝义中学、兑镇中学、白壁关中学三座。1981年，兑中改为三年制高中，由6轨变为4轨；孝中改为三年制高中，由9轨变为6轨。两校因改三年制而使招生量大减，于是教育局决定，白中复招高中班为三年制3轨。

那么为什么单单保留下白壁关高中呢？因为白壁关高中比较具备条件。从20世纪70年代建校伊始就重视质量，办学强调德、智、体全面发展。1972年统考以及恢复高考后的几届高考成绩突出，表明教育质量较好。再者，白壁关高中地理位置恰在孝（义）午（城）公路同白（壁关）枝（柯）公路会合处，交通方便。所以就保留下来了。

结束语

四十多年前，孝义县社社办高中，当时是家喻户晓的一件大事。如今"社办高中"作为历史的瞬间，早已飞逝而去。

然而，即使是"瞬间"，既然是历史，就有研究的必要，因为"前事不忘，后事之师"。更何况这段历史凝聚着数百名教师、数千名乃至上万名莘莘学子的心血与汗水、深情与厚意。那个时代的教师不问收获、只问耕耘；月薪三四十元，四五十元，十年数十年不变；曾不知"奖金"、"津贴"为何物。那时的学生，自带干粮去建校，去"学农"，去"学工"，读书上课是一种惬意的享受。

为了还原这段历史，笔者虽曾亲历其间，但仍然尽其可能走访健在的校长、年迈的老师，还有年过半百、有的已经退休的当年学子。总共60多人次。笔者谨向提供资料的诸君致以衷心的谢意。

笔者心余力绌，拙文舛错疏漏之处，还望读者斧正。

2013年6月1日